MARVA

COLLINS'

WAY

通往卓越教育的路径

马文·柯林斯的教育之道

[美]

马文·柯林斯
Marva Collins

希维娅·塔玛金
Civia Tamarkin

————

著

中国青年出版社
CHINA YOUTH PRESS

图书在版编目（CIP）数据

马文·柯林斯的教育之道：通往卓越教育的路径 /
（美）马文·柯林斯，（美）希维娅·塔玛金著；刘琳红译.
一北京：中国青年出版社，2019. 4
书名原文：Marva Collins' Way: Returning to Excellence in Education
ISBN 978-7-5153-5512-2

Ⅰ.①马… Ⅱ.①马… ②希… ③刘… Ⅲ.①教育—研究 Ⅳ.①G4

中国版本图书馆CIP数据核字（2019）第030009号

马文·柯林斯的教育之道：通往卓越教育的路径

作　　者：［美］马文·柯林斯　希维娅·塔玛金
译　　者：刘琳红
责任编辑：肖　佳
文字编辑：张祎琳
美术编辑：张燕楠
出　　版：中国青年出版社
发　　行：北京中青文文化传媒有限公司
电　　话：010-65511272 / 65516873
公司网址：www.cyb.com.cn
购书网址：zqwts.tmall.com
印　　刷：大厂回族自治县益利印刷有限公司
版　　次：2019年4月第1版
印　　次：2025年4月第13次印刷
开　　本：787mm×1092mm　　1/16
字　　数：200千字
印　　张：19.5
京权图字：01-2018-4040
书　　号：ISBN 978-7-5153-5512-2
定　　价：49.80元

献给我们的孩子，
也献给所有的孩子，
愿他们都能找到他们自己的道路。

Marva
Collins'
Way

推荐序

一个拒绝当教育部长的一线老师
——马文·柯林斯老师印象

春节期间，读完了中国青年出版社寄来的清样稿《马文·柯林斯的教育之道》。

这是一个充满传奇的人物。她不是学教育的科班老师，但是她的教育理念与实践探索却改变了许多贫穷孩子的命运。先后两任美国总统邀请她出任教育部长，她却毫不动心地坚守在她一手创办的西区预备学校（Westside Preparatory School）。

她曾经公开宣称自己可以改变任何孩子："给我任何一个城市中的任何一个班。给我学业不佳排名最后的学生。不要告诉我任何关于他们的事情，甚至不要告诉我他们在学什么，我就可以走进那间教室和他们建立情感的纽带。"

的确，她也实现了自己的诺言。在她生活的城市，那些极有可能走上"辍学、接受公共救济、吸毒"之路的社会底层的孩子们，在她的教育下，"要么以全额奖学金进入了有名的预科学校，要么直接进入有名的学院或大学"。虽然不能把升学作为评价教育的唯一标准，但是马文·柯林斯创造的奇迹的确让人不得不叹服。

这本书，不是一本完整的人物传记，更不是一本系统的教育理论著作。它只是一位媒体记者通过观察马文·柯林斯的课堂教学和学校管理的日常生活，结合马文·柯林斯自己的讲述，客观呈现了一个优秀的教师与校长的成长的历程。

一个优秀的教师，最需要的就是教育反思的能力。马文·柯林斯也不例外。如前所述，虽然她不是学教育专业的师范生，但是在教孩子的时候，她会思考自己的人生经历，回想自己当学生的时候喜欢什么样的老师，喜欢老师怎么对待她？究竟哪些人、哪些事、哪些话，对她的影响最大？甚至自己在家庭中，父亲是如何教导她的？这些思考，是她教育最大的财富。

一个优秀的教师，应该相信学生，更应该让学生们相信自己。只要一个人不放弃自己，就永远有成长的可能。对此，马文·柯林斯坚信不疑。她认为，孩子们不是各种教育问题的原因，而是教育的受害者。她坚信，孩子们是想要学习，而且能够学习的，只要"给予他们恰当的环境、正确的动机和适合的学习材料，孩子们就能够展现出他们与生俱来的特长，脱颖而出"。在这本书的前言中，马文·柯林斯写下了一段真诚的话语："我真希望全世界都能够看见我在教室里看见的一幕：所有的孩子生来都是成功者。他们需要的就是，有那么一个特别的人相信他们，激发出他们最好的一面。"

一个优秀的教师，应该尊重学生，而只有教师的自尊才能激发学生的自尊。这也是马文·柯林斯的重要教育理念。就拿教师的衣着来说，她认为，教师随意的穿着不仅仅是不尊重自己，也是"不尊重孩子们，不尊重这个职业"。她自己的着装总是无可挑剔，她说，这既是为了自己，也是为了学生们。她的衣服都剪裁得很合适，衣服的穿着搭配时髦而简单，她常常会在自己的衣服上佩戴一些美丽的装饰品。在她看来，作为教师，给学生留下独特的印象是很重要的。所以，从上课的第一天开始，她就告诉学生们，"自尊是一个人可以拥有的最重要的东西。"只有尊重自己的人，才能被人尊重。

一个优秀的教师，应该高度重视阅读的作用，尽力把学生带到书籍的世界之中。在她看来，"教育的重中之重就是让孩子阅读。不知道阅读的孩子什么都做不了。"所以，如何激发学生的阅读兴趣，让学生养成良好的阅读习惯非常重要。其中，最关键的就是为学生选择最好的书。马文·柯林斯说，"对于一个正在学习阅读的孩子，你最初给他的那本书决定了他以后会读什么。"如果我们给孩子的书是品位不高、乏味无聊的书籍，他们就会丧失阅读的好奇心。

为此，马文·柯林斯一直关注着图书出版的动态，她坚持阅读《纽约时报》的书评版文章，当地的报纸和《图书馆杂志》等介绍的最新儿童读物，并且通过大型文学工具书《名著概要大全》和《儿童必读书库》来搜索资料。同时，她定期去书店和图书馆，亲自为自己和学生选书。她曾经对一位年轻教师说，绝不能把自己不明白的东西留给孩子做作业，也"绝不能让孩子读你没有读过的书"。

怎样才能成为一个优秀的教师呢？马文·柯林斯认为，对于教师来说，最重要的品质就是对学生的爱。正如她在书中说的那样，老师可以塑造一个孩子，也可以毁掉一个孩子；可以支持一个孩子，也可以污蔑一个孩子；可以激发一个孩子的潜能，点燃他们的兴趣，让他们求知若渴，也可以让他们厌恶学校，甚至厌恶自己。这其中，最重要的分水岭，就是对学生有没有爱。凡是申请到她的学校工作的教师，她每次必须提出也是最在乎的问题就是：你爱孩子吗？因为，在她看来，"这一点是评价一位老师最重要的标准，比资历和大学学位还要重要。对孩子全心奉献，是我在所有申请西区预备学校教学岗位的应征者身上，要寻找的品质。"为什么爱在教育中如此重要？这是因为"每个孩子都需要感觉到被爱和被需要。每个孩子都需要归属感"。

怎样才能成为一名更好的老师呢？马文·柯林斯还提出了十个基本原则——

一是信念：相信每个学生能够攀上想象不到的高度；二是收获：让每个学生每一天收获满满，决不让学生失败；三是忠实：踏实做好每一件事情；四是不要做一个叛徒：做学生的朋友是永远要做的事情；五是公平：一视同仁地对待所有学生；六是发自内心地教书育人，而不是为了薪水：要有激情、决心和奉献精神，不允许任何学生平庸和失败；七是认真：用心做好每一件事情；八是积极热情：把教育事业当作自己的生命；九是不让学生失望：让后进的学生变得更好，让优秀的学生变得卓越；十是决不放弃：

即使一开始不顺利，也能够继续努力。其实，这十条原则都是"对学生的爱"的具体展开。

马文·柯林斯认为，一个好的老师，并不是一个"孤单英雄"，而需要团队精神，需要协调工作。而且，要注重学生的彼此影响，让学生团结协作，互相帮助。她说，"学习是一件需要大家共同努力的事。学校的每个人都是这个团队的一部分，而且和其他团队一样，只有大家齐心合力，这个学校才能有效运作。"所以，尽管她的学生处于不同的年龄阶段（从5、6岁到12岁的同一个班级）和不同的学业水平，她也努力把年龄差距变成一种优势，"创造出一种孩子们可以互相辅导、互相帮助的氛围"。混龄教育，也许是未来教育发展的新的趋势。

其实，马文·柯林斯的成长之路也不是一帆风顺的。通过这本书，我们看到了她如何从一个文秘专业的大学生，一个非教育专业的"生手"，成长为一个有自己的教育理念与思想，有辉煌的办学业绩的卓越教师和校长的过程。这本书的英文是"Marva Collins' Way"，翻译成中文，既可以翻译为《马文·柯林斯的成长之路》，也可以翻译为《马文·柯林斯的教育之道》，甚至还可以翻译为《马文·柯林斯的教育法》。这三个中文书名，大致概括了这本书的主要内容。马文·柯林斯成为卓越教师的过程，正是她作为学生的成长历程。在一定程度上，教师如何塑造自己就会如何塑造学生。马文·柯林斯的经验，值得所有教师借鉴。

朱永新，写于2019年大年初四

序　言

　　如果用"形势严峻"来形容当今的美国公共教育，那么这就是低估了美国公共教育的糟糕程度。事实上，工业领域的领导者们常常会做出极其冷峻客观的评价，他们曾经警告我们的教育者，除非美国培养出更高水平的毕业生，否则美国的产业必然会被置于更加危险的境地。他们指出，我们今天所面对的竞争对手要比我们以往所见到的更加积极，更加训练有素，更加聪明。而且，从国家层面，我们的竞争对手已经将追求更卓越的教育水平作为政府政策。

　　就是在这样的大背景下，这本书让我们认识了马文·柯林斯，对于什么是有效的教育、什么是无效的教育，她提出了自己的观点，使我们从多个层面和角度认识到为什么她是公认的美国最重要的教育家之一。当然，没有哪个中小学校长可以连续被两位美国总统邀请就任教育部部长。然而，马文·柯林斯都一概拒绝，因为她更愿意做她的西区预备学校^①的创始人和校长，一个不受政治和官僚制度约束的女性。

马文·柯林斯所面临的挑战是证明可以做一些积极并有建设性的事情，来应对少数族裔学生可悲的奖学金获得情况以及较高的辍学率。然而，美国公共教育的总体情况，并不比面向少数族裔的公共教育好到哪里去。就连美国高等教育最顶级的学校长久以来也一直在大声疾呼，来自所有族裔的申请者的资质都太差了。美国工业界最近给出了一个让人不寒而栗的数据，超过30%的求职者因为不能恰当地填写求职申请表而被拒之门外。

一次又一次，马文·柯林斯女士发出这个大胆的挑战："给我任何一个城市中的任何一个班。给我学业不佳排名最后的学生。不要告诉我任何关于他们的事情，甚至不要告诉我他们在学什么，我就可以走进那间教室和他们建立情感的纽带。"

而柯林斯的学生所取得的成果比她的挑战更加引人注目。15年前她开始创办学校，而今那所文理学校的每一名毕业生要么以全额奖学金进入了有名的预科学校，要么直接进入有名的学院或大学。

这些学生如果没有接受这样的教育，他们最后可能像他们周围的人一样，辍学、接受公共救济、吸毒。

所以，全世界的教育者不远千里来到芝加哥拜访这所学校就不足为奇了，他们亲身体验由这位执着奉献、竭自己所能为教育

---

① 为孩子进入中学、学院或大学做好准备的学校。根据本书所提及的，西区预备学校的学生年龄从三四岁到十三岁，涵盖学龄前、小学、中学阶段的学生。——编者注

事业添砖加瓦的教师、校长发起的教育项目。

马文·柯林斯在学生的大脑里灌输的信念是，无论他们是谁，无论他们生活在哪里，他们基本上都能实现自己的任何梦想——无论别人说什么。

那么，为什么马文·柯林斯的这本书如此重要？那是因为这本书代表了她的一生、她的信念和她的工作。诚然，如果马文·柯林斯的教育理念在全国范围内推广实施，美国将会受益无穷。

亚历克斯·哈利

第二版前言

1982年，当着手写这本书的时候，我觉得美国的教育几乎已经糟糕得不能再糟糕了。然而，在过去的8年里，多次考察了遍布全美的学校之后，我发现情况比我预料的还要更加严重。我曾经认为只有美国穷困的底层群体才会接受到的低劣教育已经蔓延成了全国的弊病，同样也困扰着中上层社会。我在那些之前认为最不可能的地方竟也发现了质量低劣的教育。

美国正面临着一场教育危机，其影响范围之大让人震惊。就在近期，1990年春，教育部部长劳罗·F.卡瓦佐斯还在谴责这个国家"冷漠、自满、消极"。卡瓦佐斯部长在回应一项关于考试成绩和辍学率的调查时，呼吁对教育系统进行大刀阔斧的改革。

一项又一项权威研究以惊人的数据记录下了这些可悲的现状。每4名美国学生中有1人在进入工作岗位之前就已经辍学了，而这一数据在日本却是96%的劳动力具有高中学历。"成人扫盲项目"

的数据表明，2,000万到3,000万美国人"不能足够好地读写、计算、解决问题、沟通，进而无法有效地工作或生活"。

美国教育考试服务中心得出了这样的结论，在21至25岁之间的年轻人中约有125万人的阅读能力没有达到四年级水平。另有600万人（近三分之一的受试者）无法因为账单出错写信给商店，甚至不能使用简单的算术知识核对支票簿账目。更糟糕的是，在这一年龄范围内，有44万年轻人甚至因为阅读能力有限不能参加测试。发人深省的是，根据预测，随着今天的学生逐步进入工作岗位，以上问题将会变得更加严峻。

读写能力和考试分数大幅下滑，除此以外，教育者们还指出，学生对于简单的地理（比如熟悉的国家的地理位置）、历史（比如美国内战的爆发时间）和基本的数学及科学知识的大致掌握情况也是严重不足。和其他发达国家的学生相比，美国学生的数学成绩一直都几近垫底。一项研究表明，美国最好的十二年级学生的数学能力和日本的同级学生的平均程度持平。

如果我们认定，我们国家的未来是在今天的教室里创造的，那么，显而易见，教育危机是我们所面临的唯一一个最严峻的问题。美国再无法容忍失败、平庸的泛滥和潜在脑力劳动者的悲剧性丧失。25年后，当今天的学生成为几乎不能阅读和计算的成年公民，我们又将置身何地？毫无疑问，从布什总统和夫人到教育部部长，再到公司管理者和地方性的家长团体，有责任感的领导者们都在寻找解决之道。

虽然今天我们听说了许多教育改革，但我们依旧做得远远不够。在我看来，我们一直试图改进学校的做法，就好比在地震之后用牙刷打扫卫生。我们似乎期待学校能发生某种奇迹般的改进。正如保诚保险的董事长罗伯特·C.温特斯所言，"是时候进行系统化的……教育改革了。事实上，我们真正需要的不仅仅是改革，而是一场革命。"

我们的孩子不是问题的原因，他们是受害者。20年的教育经验让我坚信，孩子想要学习，而且能够学习。给予他们恰当的环境、正确的动机和适合的学习材料，孩子们就能够展现出他们与生俱来的特长，脱颖而出。这绝不仅仅是我的妇人之见。著名的教育家和影响深远的著作《教育过程》的作者杰罗姆·布鲁纳就援引了许多研究，这些研究表明学校的管理方式会改变学生的表现。"只要学校表明其在乎哪些方面，学生就会在乎哪些方面，"布鲁纳博士说，"他们会做出回应，按时上课，言行得体，而且学习成绩更好。"

对于当前的困境，我们不能责怪任何人，既不能归咎于教育者、政治家，也不能归咎于父母。没有哪位课堂上的教师、校长或者学校负责人想要参与到一个坏的教育体制中，没有哪位政治家希望在他所管辖的区域里存在教学质量低劣的学校，更没有哪位父母想要看见自己的孩子长大后目不识丁，受教育不足。然而，遗憾的是，我们都深陷这一体制，这个体制让更多的孩子失败，而不是成功。

那么，要责怪谁呢？所有人。为了解决教育危机，我们需要致力于改进整个体制，改进这个轮子中的每一个齿轮。我们需要地方和全国的高层领导者们运筹帷幄，开拓创新并且矢志不渝。我们需要父母有更高的参与度，不仅仅在家，还要参与到学校的志愿者活动中。我们需要强大的校长，他们要把孩子们放在心上，而不是醉心于民意调查、政治前途和仕途安稳。而这其中最重要的是，在社会的每一个层次每一个等级，在教室前面都站着这样的教师，他们全心奉献、训练有素、备受尊敬并且有良好的报酬。

虽然写完这本书已经有8年之久，但我发现书中所表达的信念得到了经验的强化。学生们需要的不是被贴上高于他们水平的标签，也不是更多的联邦基金、助学金，他们需要的是全心投入、聪明、充满激情的老师，这些老师坚信每个孩子都能有所成就，对于任何一个孩子的失败都会自我反省。

这样的老师正是西区预备学校成功的关键所在，这所学校的建设和发展在本书中有详尽的记录。每年有成百上千的老师从全世界赶来参观学习并参加我们的教师培训研讨会，看到我们的方法得到他们的肯定，真是备感欣慰。

诚然，并不是西区预备学校才有高质量的教学。在这个国家成千上万的优秀教师有着宝贵的教学技巧。然而，所有优秀教师所共有的东西就是他们对学生都是高标准，严要求，没有丝毫懈怠。我们学校的教学计划包含教授阅读、写作、算术这些基本技能，学校的整体培养计划是教导每一个孩子，告诉他们自己是独一无二的、特别的，而且拥有足够的聪明才智让他们实现自我。我们学校的教师的人生信条是"我绝不会让你失败"。

我们必须要重新把注意力放在我们的孩子身上，必须重新审视我们对孩子的看法，并且要认识到，孩子是可以充满动力地去实现他们的潜能，无论那个潜能是什么。人们很容易下这样的结论：差生是缺乏动力的，或者是头脑愚笨的。这是一个很糟糕的借口，而且与事实背道而驰。因为一位好老师总能够让差生变得优秀，让优秀的学生变得卓越。"教师"这个词源于拉丁语，其本意是"引导"或者"鼓励"。好老师能够在每个学生的身上激发出最好的一面；他们愿意一直打磨抛光，直到每个学生都能光芒四射。

在过去的这些年里，我的有些想法变得有争议性，有些想法受到了严厉批评，还有些想法得到了认可，它们就是有效的常识。但不容否认的是，西区预备学校的这个教学项目取得了巨大成功。学校座无虚席——满额244名——我们不得不拒绝后来的申请者。最让人欣慰的是，之前的每一位学生——其中大多数都是从芝加哥市内转来的——现在要么已经找到工作，要么继续读高中，要么上了大学。我们的毕业生中没有任何人在后来中途辍学。而且，因为我们曾经教导这些毕业生，所有有责任感的公民都应该回馈社会，所以他们中大多数人现在都会在校外做义工，辅导学生。

之所以写这本书，是因为我相信，别人能够从我的成败之中汲取经验。每一页文字的背后都站着一个真实的我。事实上，我相信，这本书虽然完成于80年代的教育背景下，但对于90年代而言同样有着重要意义。我们在西区预备学校所做的一切，这个国家的任何一所学校都可以复制。这一点已经得到了证实，成百上千的教育者已经把我们的研讨成果——全新的理念和一套简单实用的教学技巧——带回他们的学校。

当出版商和我讨论准备这本书的新版本时，我绞尽脑汁思考该如何改进。当他建议我们应该保留大部分内容时，我非常惊讶（并且如释重负），让我宽慰的是，这本书在教育界已经逐渐被奉为经典。因此，除了这部分前言是新的，这本书唯一更新的部分是书后的材料：两份附录——一份是写给家长的，另一份是给教师的——其中，就如何实现高质量的教育和为孩子创建更加美好成功的未来，给出了切实可行的建议。

有时，我真希望全世界都能够看见我在教室里看见的一幕：所有的孩子生来都是成功者。他们需要的就是，有那么一个特别的人相信他们，激发出他们最好的一面。就在今天，我班上三四岁的孩子们在读古希腊经典神话代达罗斯和伊卡洛斯的故事时，有一个孩子说，"柯林斯女士，如果我们不努力学习和工作的话，我们就可能需要进行伊卡洛斯式的飞行与逃亡[①]。"

那个孩子的评论不仅给我们每个人上了一堂有关生存法则的课，也是给关心后代教育问题的每个人传递的一个信息。

马文·柯林斯

---

① 伊卡洛斯是希腊神话中代达罗斯的儿子，当他与代达罗斯使用蜡和羽毛造的翼逃离克里特岛时，他因飞得太高，双翼上的蜡遭太阳融化，跌落水中丧生，被埋葬在一个海岛上。——编者注

前　言

　　1980年2月，我第一次见到马文·柯林斯，当时我正在为《时代周刊》做一期有关教育的封面报道。那是美国教育正在经历动荡的时期。所有多年日益激化的矛盾似乎就要喷涌而出。学校制度失败，公立学校入学率下滑，阅读能力测试分数偏低，教师资质普遍不合格，所有这一切导致一场巨大的危机正在浮现。

　　作为《时代周刊》中西部分社的特约记者，我说服编辑们去认真地审视在全国的课堂上究竟发生了什么。我不仅仅透过记者的双眼，更是作为曾经的教师和一名家长审视当前的局势，这是因为我女儿先是在芝加哥公立学校，而后在一家私立学校就读，作为一名家长，我对她的许多历任老师都不满意。为了弄清楚美国的教育到底出了什么问题，以及该如何应对，我和其他《时代周刊》的记者们在全国范围内采访了许多家长、教师、学生、学校董事会成员和学者。

在漫长的采访过程中，我采访过的一位老师就是马文·柯林斯，这位芝加哥西区预备学校的创始人果敢自信，直言不讳。当时，马文已经受到了媒体的追捧，被高高树立在教育的神坛之上，并且被封为教育界的女英雄。报纸和杂志发表了数十篇文章，还有包括美国哥伦比亚广播公司的《60分钟》栏目在内的几个电视专题节目，都称她是奇迹的创造者，其他教师没能做到的，她都做到了。我迫切地想了解她对教育的见解，想要确定她是否真的和其他教师不一样，于是我接受了她的邀请，来到加菲尔德公园社区，准备亲眼看看她都在做些什么。

我开车下了高速，进入了加菲尔德公园社区，依稀还看得到这一社区往日的风采，这个隶属芝加哥市的社区如同一个懒散的老姑娘，可怜地站在那儿。道路狭窄而密集的街区环抱着公园外围，这里是位于市区环路以西4英里的地方，簇拥着各种破旧不堪的楼房，有灰石建筑、六层楼和十二层楼，还有庭院公寓。矗立在哈姆林大道两旁的多数庄严古老的宅邸或被滥用，或被遗忘，或被任意地分割成公寓。前面的许多草坪现在已经成了干土块儿，上面布满了碎玻璃，或覆盖着齐膝的草丛。晨星浸信会教堂的门廊上雕刻着的大卫王之星——因为其前身是维尔诺犹太教堂——是唯一一个暗示，提醒人们过去居住在这个社区的族裔。

在斯普林菲尔德和亚当斯大街的拐角处就是德拉诺学校。这所学校曾是芝加哥教育体系中最好的学校之一，已经成为祖辈的曾经的毕业生仍然记得像威尔逊女士那样的老师，她曾经在一年的时间里每天晚下班一个小时，教八年级的学生吹和莱口琴。

而今，这所学校黯然矗立在那儿，一个笨拙又悲哀的建筑混合体，格格不入的增建楼房从主楼的边侧枝生出来。学校的操场——曾经是诸如汤姆·海斯、希德·罗森塔尔、全美篮球明星索尔·法伯和为克利夫兰印第安人队打职业棒球的索尔的兄弟艾迪等，这些生活在这个社区的名人们的聚会和训练场地——现在已经被那些增建楼房埋在了下面，所剩下的不过是几块沙地，上面安放着锈迹斑斑的秋千和滑梯。

如果不是马文·柯林斯，加菲尔德公园社区仍旧会是个被遗忘了的角落。然而，马文·柯林斯却取代了昔日这里所有的英雄。她在这个社区有着强大的影响力。在把车停靠在她的房子前面的那一刻，我就发现了这一点。4名十几到二十岁的年轻人在街上闲逛。我一下车，其中一个人便向我走了过来。

"来看柯林斯女士的学校吗？"他问道。

我很不自在地点了点头。加菲尔德公园毕竟是那种在开车经过时要紧闭门窗的地方。

"好的，"他说，"你不必担心，我们会帮你看着车的。"

他们对马文表现出的崇敬让我很受震撼。后来我把这件事告诉了她，并问她这其中有什么秘诀。

"没有秘诀，"她回答道，"我只是很真诚地对待孩子。他们知道我没有看不起他们。他们之所以愿意听我说，是因为我不是突然造访，然后高高在上地和他们谈论什么样子的学生是差生。我来这里就是和他们一起不懈努力的。如果这个社区的每个人都能同样始终如一地关注这些孩子，那么这些孩子为我做什么，就会为他们做什么。"

在马文·柯林斯身上，我最终认识到，她不仅仅在教室里是一名老师，她无时无地不是一名老师。对她而言，为人师表已经成为一种根深蒂固的思想，以至于在待人接物等所有事情上她都情不自禁地身体力行。如果有人觉得她的这种执着有些好为人师，那么她的学生和社区的其他孩子则把那看作是她对于他们的倾情奉献。而这些孩子对她也抱有一颗赤诚之心。

见到马文，让我想起了芝加哥大学社会科学院前任院长拉夫·泰勒博士曾经对我说的话。"教书，"他曾说，"不仅仅是一个工作。教书是在服务于人类，因此必须被看作是一项使命。"马文好像就是那样想的。她倾情奉献，为了教育事业燃烧自己。对她了解越多，我越加清楚地认识到，她的生活完全沉浸在教书育人之中，别无所求。她的喜怒哀乐都来自于她的孩子们。奇怪的是，这样一种特质出现在父母身上，人们能够接受，但如果出现在一位老师身上，人们就很难理解了。在许多人看来，马文的为人好得让人难以置信。

当我第一次看见马文在教室里上课时，她完全和媒体所呈现的一样让人印象深刻。事实上，对于马文的光辉形象，我之前一直都有所保留，将之看作是媒体大肆宣传的产物。然而，当看到她上课后，我恍然大悟，终于知道了那个形象从何而来。马文·柯林斯虽然没有创造"奇迹"，但她确实是一位神奇的老师。她精力旺盛，活力四射，浑身萦绕着一种既引人入胜又感染人心的能量。

她对学生的掌控以及和学生之间的融洽关系让我大开眼界。

根据我自己作为高中英语教师的多年经验判断，能做到这一点，着实不易。

马文的方法是一种自然的流露，感觉就像母爱洋溢于其中。她一直在教室里走动，拍拍学生的头，触碰学生的肩膀，拥抱和赞扬学生。在教室里有三十几名学生，然而似乎没有一名学生被遗忘在人群之中。在那天的课堂上，马文竟然设法关注到了每一名学生。她不仅仅在教书，还在育人。而且，从学生的反应可以看出来，马文绝不是在给来访者做样子。在她和学生之间有一种令人难以置信的联系。

在马文·柯林斯的课堂上，学习很显然是一种激动人心的集体体验。孩子们学习热情高涨。他们挥舞着手，坐下去又站起来，要求老师叫他们回答问题。我有很长时间没有见过哪个课堂能像这个一样运作得如此之好。这里许多学生的学习能力都处于平均水平以下；而且，有些实际上还被贴上了不具备学习能力的标签。然而，他们的学习动力却让人刮目相看。

对于马文，媒体的关注点大都围绕她教了什么内容——事实上，她教授七、八、九岁的孩子朗读和背诵威廉·莎士比亚和杰弗雷·乔叟的作品。然而，我更加感兴趣的是，她是如何上课的，以及为什么她的方法会奏效。其中一定有窍门，但很难一语道破。为了理解其中的方法，我知道自己必须要在她的课堂上多待些时间。

我并没有天真到认为马文·柯林斯有着能够治愈教育界所有疾患的灵丹妙药。教育问题就是慢性的疑难杂症。从1963年开始，学生的阅读和其他测试分数就一直在下降。超过三千万成年美国人是功能性文盲；18岁以上的美国人中，大约有两千万人就连招聘广告或者工作申请表都读不懂。美国的文盲率比苏联高出3倍。美国学生的学业成绩普遍低于德国、日本和英国等其他工业发达国家。

然而，在听了马文·柯林斯的课后，在为《时代周刊》的那篇报道做完所有采访和研究后，我明白了一件事：教室前面的那位老师才是决定性因素。许多年来，教育者们一直把矛头指向父母、电视、资金不足的学校、对孩子产生负面影响的家庭生活和环境，以及所有被美国教育协会描述为"在过去大约十年间改变了美国生活的那些娱乐方式"。而今，一切突然间发生了戏剧性的变化，公众不愿再接受指责。相反，教师却受到了密切关注。

去年夏天，许多头条新闻报道，达拉斯教育体系中，新入职教师有一半人未能通过韦思曼人员分类测验——这个用以测量语言性推理和数学能力的考试。休斯顿独立学区发现近一半的教师职位申请者其数学成绩要低于高三学生的平均值，还有1/3的申请者在语言水平测试中的得分和数学成绩一样低。而且，这种情况不仅仅局限于得克萨斯州。佛罗里达州的县里有1/3的教师在八年级水平的数学测验和十年级水平的阅读测验中不及格。在亚拉巴马州的莫比尔市，只有1/2的教师职位申请者通过了全国教师考试。波士顿大学的W. 蒂莫西·韦弗所做的研究影响面更广，这一研究得出的数据是，教育专业大学生的学术能力评估测试的成绩要低于几乎所有其他专业的大学生。

公众对于教育财政的关注也让美国教育质量恶化问题凸显出

来。学校倒闭、项目削减、教师下岗以及赋税随时可能增加，父母们开始用质疑的态度审视孩子正在接受的教育。在全国有大量家长起诉学校玩忽职守的案件。于是，管理部门重新推进了对教师和学生进行最低能力测试的制度。各州立法机构开始通过议案，要求对教师进行基础能力测试。师范院校也受到了强烈批评，因为这些学校像发放救济补助票一样给学生发放文凭。家长们冲进学校董事会，要求教师负起责任来。还有些家长直接去了私立学校，有些甚至干脆把孩子拉出了学校，自己在家教。

在这样的大背景下，马文·柯林斯进入了公众视线。从常春藤学校普林斯顿大学到怀俄明州的小学，教育者们熙熙攘攘地来参加她的研讨会，他们涌进课堂，甚至不远千里从德国和西班牙赶来观摩她的教学技巧。出版商对她穷追不舍，请她为教材做宣传；制造商则要她为教育产品做广告。一位好莱坞的制片人计划制作一部以她为原型的电影，还有一群企业家试图设立马文·柯林斯学校的特许经营权。忧心忡忡的父母向她寻求建议，政治家请求她伸出援助之手。就在我见到她之前的几周，她刚被邀请担任洛杉矶教育主管和芝加哥教育委员会成员。同年，她还应卡特总统之邀参加了白宫教育大会，被邀请在当时是总统当选人的里根政府中任职。

从未有哪位中小学老师被给予这样的名人身份。每个人都在马文·柯林斯的身上看到了他想要看到的东西。记者认为她是一个反对体制、特立独行的人。纳税人已经不愿意再资助越来越高的教育支出，因此，不免倾心于马文朴素务实的基本教学方法，尤其是听了她的那句语录之后，即政府支出不能解决学校所面临的问题。差等生的家长们也把目光投向了她，认为她给自己的孩子带来了希望。少数族裔则把她视为捍卫教育平等的勇士。保守党成员紧紧抓住她的独立自主、传统主义思想和应该在课堂上传授传统价值观的执念。而对于自由党人士来说，她是一名匡扶正义的浪漫的理想主义者。有些教师觉得她是有感召力的典范，而有些人却把她看作吹牛者，一个脱离了教育体系的退缩者，甚至把她视为公共教育的威胁。

也许没有哪位教师能够得到如此的关注。头条新闻称她是"超级老师"，把她所做的事情描绘为"黑板上的魔法"和"亚当斯大街①的奇迹"。而两年后，她又由于其他原因再次成为了头条新闻。

为了把真实的马文从马文的神话中分离出来，我花了一年多的时间，观察她的教学，跟进学生的进步，和家长、心理学家及其他教育者交谈。她并不完美，她也不是什么超人。同样，她既不是大学教师或学者，也不是严谨无误的语法学家。然而，毋庸置疑，马文·柯林斯确实鼓舞了孩子们，使他们自己想要有所作为。这就是本书涉及的内容——一名教师教书育人。

希维娅·塔玛金

---

① 西区预备学校的位置。——编者注

1

第一章

马文·柯林斯让弗雷迪·哈里斯脱掉他的圣路易斯红雀队夹克，挂在椅背上。

开学第一天，上课铃刚刚响过，芝加哥近西区德拉诺小学的老师们对学生一忍再忍，因为谁都不想开学第一天就迎难而上。事实情况就是，为了避免针锋相对的恶战，老师们对一切都可以视而不见，只管整理学籍卡和安排座位。没有人想要把学生送进校长办公室，并承认，1974—1975新学年刚刚开始10分钟，事态就已经失控了。

弗雷迪在教室里穿不穿夹克似乎并不是很重要，但马文注意到，他挑衅地把拳头塞进衣兜里那一刻，情况就不同了。事实上，她只不过担心他在教室里穿一整天的夹克会很热。在夏末的热气中，在教室里呼吸已很困难，而且上午还会变得更闷热。当马文走近他时，看见他嘴唇紧闭，双肩高耸，她意识到，弗雷迪·哈里斯正在竭尽全力表现得强硬而粗鲁。

弗雷迪希望他在德拉诺，尤其是在这个班，待的时间越短越好。九岁的他是二年级的留级生，一个捣蛋鬼，他在办公室的档案袋已经被心理学家的报告和历任老师的苛刻评价报告塞得鼓鼓的。上学期五月份，他还因为打架被勒令暂时休学。在那之前，他因为在餐厅投掷食物被赶出了学校。再往前，他还辱骂过老师。秋季开学他被重新接收，但校长已经警告过他，再违反纪律，就把他扔出德拉诺，永不录取。

而这正中下怀，因为弗雷迪不喜欢学校，就像其他孩子不喜欢他一样，他也不喜欢他们。他的同龄人认为，他是滞留在二年级的小朋友；而二年级的学生认为，他高大又笨拙。除此以外，他也想明白了，如果这次被撵出德拉诺，那么就永远不用上学了。他觉得，自己的奶奶也不会付钱让他去读私立学校，奶奶不喜欢教会，所以他也没有机会被送到教会学校。他所需要做的，只是让自己被撵出教室，这样他就能整天无所事事，为所欲为了。

所以，当马文要求他脱下夹克那一刻，他干脆一屁股坐到椅子上，把拳头塞进兜里，双腿伸到了前面的椅子下。

"亲爱的，"马文温柔地说，"在教室里，你不需要穿着夹克。来，我们把它脱了，拿出一支笔来做功课。"她知道弗雷迪试图激怒她，在这种情景下，她的技巧就是就事论事。然而，她不确定，弗雷迪究竟要无理取闹到什么程度。他是不是只开了个头，或者还会有更多的新花样？她用心观察着他的一举一动，想知道曾经有多少老师在这种情况下最终被火上浇油。

弗雷迪突然把头转了过去，目光定在了第三扇窗上的那块碎玻璃。

"小宝贝，"马文说，"这里太热了，你会把自己烤焦的。"

他还是一动不动。她伸出手，开玩笑似地弄乱了他的头发。"而且，"她说，"你英俊又高大，我不明白，你为什么要把你那强健的肌肉掩盖起来。"

马文感觉，她好像看到了他的嘴有些许的松弛，甚至在强忍住不笑，于是，她用双手托着他的脸，慢慢地把他拉近自己。她想，只有新生才会有这样呆滞的眼神、这样闷闷不乐的样子和空洞的表情。不过是八九岁的孩子，却已经任由自己沉沦失败。

弗雷迪拒绝抬起头看着她，虽然他允许她抚摸他的脸颊。

"来吧，亲爱的，我们要学习了。"她说着，高大的身体笔直地站在他面前。马文总是威严地站着，不算她喜欢穿的高跟鞋，就已经有6英尺高了。然而，有这样的身高她从不弯腰驼背，甚至在她还是个长臂长腿、穿着12码鞋的孩子时，同学们取笑她能顶掉教堂的屋顶时，她也站得笔直。"你不可能光坐在那儿，就能变得聪明起来。"她说。她生气时，目光会变得暗淡冷酷，但投射在他脸上的，却是柔软温和的。

随后，因为他并没有挣脱她的触碰，她把一只手放在了他的夹克领子上，开始用另一只手解开前面的扣子。他的手突然从衣兜里伸了出来，紧紧地锁住了她的手腕。

"你这么愤怒，"她柔声细语道，"但我知道，你并不是生我的气，因为我什么都没做。我们所有人的身体里都有好的一面和不好的一面，而且我知道，你有好的一面。你能帮我发现那个你吗？我是你的朋友，我会一直帮助你的，而且会一直爱你。我已经喜欢上你了，即便你不爱自己，我也会一直爱你。"

她把他拉近，轻吻他的额头。她修长的手指按摩着他紧张的肩膀，然后抚摩他的颈背。马文煞费苦心地努力去了解每一个孩子，训练自己去捕捉他们的动作、表情和语言，这样她才能知道孩子需要什么。

弗雷迪坐回到椅子上，坐得笔直，开始快速利落地解开夹克前面的扣子，脱掉了袖子。马文弯下腰，用手指勾住他的下巴，把他的头转了回来，这样他就可以直视她了。她的声音中平缓的语调突然急转为一种未曾有过的坚定语气。"我保证，你会开始好好学习，你会有所收获。我不会让你失败的。"

马文走到了教室前面。她已经执教十四年半了——在亚拉巴马州比特丽丝市门罗县培训学校工作两年，在芝加哥公立学校执教十二年半；虽然她对教育这个职业越来越不喜欢，但对教书育人本身仍充满热爱。每年的九月都是一如既往。她本以为，这样的焦虑现在已经被岁月磨平，但却丝毫没有减弱。开学的头一天晚上，她还是不能入睡，就像第一次上学的孩子一样心神不宁。

每个新班级都有许多工作要做。她的班级成了德拉诺学校"废弃物小站"，全是其他老师不想要的学生。这里总会有些像弗雷迪·哈里斯一样的孩子，有纪律问题的学生。去年，她的班上有詹姆士·托马斯。詹姆士从幼儿园到一年级一直调皮捣蛋，大多数老师都无法忍受他。

当詹姆士在开学第一周的课上表现不好时，马文把他叫了过来。

"詹姆士，你认识你的名字吗？"她问。

那个孩子点了点头。

"那好，"马文说，"你去档案柜那儿，拉开抽屉，看能不能找到你的日常记录卡，然后，看看上面的内容。"

詹姆士拿出卡片，瞥了一眼，满脸困惑地把卡片递给马文。这学期刚刚开始，而马文已经给他的课堂表现一项打了"优秀"。

"你认为自己应该得到这样的成绩吗？"马文问道。

"不应该。"他回答道。

"你想要这个成绩吗？"

"嗯，嗯。"他低声说。

"那你回到座位上，靠自己努力赢得这个成绩。"

那一年剩下的日子，詹姆士没再制造过任何麻烦。

除了麻烦制造者，马文还有一些像贝尔纳特·米勒一样的孩子，那个坐在第一排体格粗壮、动作缓慢的女孩，她说话拖拖拉拉，让之前的老师认为她是一个有学习障碍的孩子。还有像梳着辫子的旺达·刘易斯那样的孩子，她从未学会如何拼写自己的名字，也不知道应在笔记本上的哪一面上写字。但学校还是让她升至下一年级学习，仅仅因为她很安静。

马文在贝尔纳特·米勒的书桌旁停了下来。她什么都没说，但孩子们马上调整坐姿，面朝前方。她不怒自威的气场，几乎可以让学生乖乖就范。马文是个标致俊秀的女人，两侧颧骨高耸，五官棱角分明，还有她对珠宝的热爱，这些都是从她那来自印第安乔克托家族的曾祖母那儿继承来的。她身材高挑，可以在人群中立刻发现她——即便她没有高人一头——这是因为她泰然自若，举止优雅，所以看上去从容淡定。

马文很少穿肥腿裤，而且她从不穿可调节松紧的衣服，也不会随意搭配衬衫和裙子。随意的穿着是不尊重自己，不尊重孩子们，不尊重这个职业。从上课的第一天，马文就告诉孩子们，自尊是一个人可以拥有的最重要的东西。为了自己和孩子们，马文穿得无可挑剔，她更喜欢羊绒衫、西装和水波纹的花呢套装。她衣着合体，风格朴素，但总是加上一件饰品，作为点缀：扣在羊毛衫上的雕花腰带、吊着金色圆形饰物的链子、纱布襟花或者插在口袋中折成扇形的蕾丝手帕，由一个由珍珠装饰的狮子头胸针固定着。在马文看来，具有独一无二的特征是非常重要的。她觉得自己和多数人不一样，并很喜欢这种与众不同。而她的这种态度常常被误认为是一种高傲自大，特立独行。

"我是一名老师，"开学的第一天她就对全班学生说，"老师就是引导别人的人。这其中没有任何魔力。柯林斯女士不是奇迹的创造者。我不能在水面上行走，也不能让海分开。我只不过比许多人更爱孩子，更加努力工作，你们也将会这样。"

"我知道，你们多数人不能拼写自己的名字。你们不认识字母，不知道怎么读书，不知道一词多义，或者如何拼读。我承诺你们，你们会学会的。你们中没有谁是失败的。然而，学校却可能让你们失望了。那么，和失败说再见吧，孩子们。迎接成功吧。你们每天都要书写，这样才能熟能生巧，得心应手。你们每周都要记忆一首诗歌，这样你们大脑的记忆力就会得到训练。如果不去记忆，在学校是学不到东西的。"

"然而，你们必须帮助我来帮助你们。有付出，才有收获。成功不是唾手可得的，你们必须主动争取。"

孩子们看上去很困惑，他们在开学的第一天习惯听到的是警告、威胁和规则。马文发誓她会让这些孩子们明白这些道理，因为她已经下定决心。她比大多数人都要意志坚定，甚至有点过于固执了。因此，她的母亲过去曾经一次又一次提醒她，"马文，你总是一旦下定决心，就不会听其他人的意见，这样是不会有好结果的。"

马文·柯林斯不会给任何孩子机会，让她成为一名糟糕的老师。

"孩子们，我们现在要做的就是相信自己。"

弗雷迪·哈里斯决定给这位老师一次机会，因为她肯定与之前他惹过的那些老师不一样，因为看上去他的调皮捣蛋不会有任何效果，至少在这一刻不会有用。他帮助马文分发了爱默生的《论自立》(Self Reliance)的节选稿。弗雷迪和其他孩子开始快速翻阅这些油印稿，对着所有这些阅读材料难以置信地摇着头，嘴里偶尔咕哝着"哇"或者"天哪，读不懂"。

"你们大家为什么这么担心？"马文说，"我并不期待你们知道怎么读。我会读给你们听，但是你们必须要听一听上面都说了什么。"

她喜欢用《论自立》开启新学年的第一天。马文相信，那是一名学生，尤其是一名黑人学生能够学习的最重要的事情之一。

"下面，我们先来看一下题目。你们永远必须看的第一个东西就是题目。你们必须看的第一个东西是什么，孩子们？题——"

"题目。"星星点点的声音羞涩地回答道。

"非常好。"马文走到黑板前，随手拿起一支粉笔，在刚刚擦过的黑板上赫然写上"论自立"几个字。"题目是《论自立》。"她重复道，用彩色粉笔标出了其中的元音。"这些叫作变音符号，告诉我们如何发元音。self中的e发短音eh，所以我们在上面画一个短音符。reliance中的e和i上标注了长音符，这告诉我们以上两个元音是长音；元音就是字母本来的发音。"

马文沿着窗边的过道走了下去。"现在我们开始读一篇名为《论自立》的文章。题目是什么？"马文问第三排第五个男孩子，他正用手指摩擦桌子的边缘。小男孩低下了头，下巴贴到了胸前，手指紧张地上下移动，等着老师叫下一个学生。

"题目是什么，亲爱的？不要闭着嘴坐在那儿。如果你不会，就说'柯林斯女士，我不知道'。不要害怕犯错误。不犯错误，才会一事无成。"

她轻轻地绕过桌子，来到他旁边，把手放在他的肩膀上。然后，她问了小男孩旁边的孩子同样的问题。

"《论自立》。"小女孩回答道。

"非常好。"马文一边说，一边松开女孩的发带，把几缕散落的头发重新绑好。"不要让头发盖住眼睛，亲爱的，这样你就能看见了。"马文继续沿着过道走下去，要求那一排的每个孩子告诉她题目是什么，让每个孩子习惯在课堂上发言。每听到一个答案，她会分别用英语、法语、拉丁语和德语说"很好"，并告诉孩子们，她在用哪些语言表扬他们。

她说，"'self-reliance'的意思是相信自己。'self-reliance'是什么意思？要……"

"要相信自己。"几个微弱的声音回应道。

"每个人，用在户外说话的音量，这个词是什么意思？"

"相信自己。"孩子们更加勇敢地大声说道。

"非常非常好，孩子们。"马文用平稳郑重的声音告诉他们，她双眼看着下面的材料，因为她在让孩子们高涨的情绪冷静下来，并示意他们继续思考下面的问题。马文可以用眼睛和声音引导孩子们，用她变化的眼神和抑扬顿挫的语调来掌控孩子们。现在她的语调似乎与她之前发出的赞赏前后矛盾，好像在警示孩子们，不要为了一点点小成绩骄傲自满，而是要记住，还有很多东西要学习。

《论自立》的作者是一个名字叫拉尔夫·沃尔多·爱默生的人，"她继续说道，"你必须读出作者的名字。如果你喜欢一位作者写的东西，却不知道作者的名字，那么你就不能找到并阅读他的其他作品。"她停顿下来，揣摩孩子们的兴趣。有几个孩子在椅子上动来动去。旺达·刘易斯，坐在教室后面，似乎沉浸在自己的世界里，双眼凝视着窗外，用铅笔敲打着她胖胖的脸颊。

"亲爱的，"马文走到旺达身边，"如果你只坐在那里发呆，将会一无所获。到前面来，挨着我坐，我们就能关注到彼此。"马文帮助小女孩把书桌沿着过道推到了前面，然后把书桌摆进了第一排孩子们让出的空间。

"好啦，孩子们，"她让全班安静下来，"爱默生是一名生活在19世纪的作家、诗人和演说家。演说家就是在一群观众面前或者一个班级前面说话的人。"马文在黑板上写下了这个单词，并在lecture下面画了一条线。"这个词的词根是lecture，即谈话或者演讲。那么谈话的人或者做演讲的人就是一名lecturer。弗雷迪，什么是lecturer？"

"给很多人做演讲的人。"弗雷迪微笑着低声说道。

"非常非常好，亲爱的，"马文告诉他说，"看看，你已经习惯自己是错的了，你甚至害怕自己做的是对的。下次再大点声。当你轻声细语的时候，暗示着'我不喜欢自己。我不相信自己说的话'。你说的话很重要。你们每一个人都是这个世界上最重要的孩子。"

"好，孩子们，爱默生先生于1803年出生在波士顿。波士顿在哪个位置？"她等着孩子们的回应，"快点，孩子们，想一想，大脑动起来！詹姆士，到地图这里来，给我们指出波士顿的位置。"

一个留着短发、体格敦实的小男孩磨磨蹭蹭地走到了挂着地图的墙边。马文整理了一下他的衣领，告诉他，那件衬衫真帅气。她用一只胳膊环抱着他，用另一只手拿起他的食指，指向了地图上的正确位置。

"太棒了，詹姆士。波士顿是马萨诸塞州的首府。谢谢你，詹姆士，你真是太聪明了。"她对他说道，詹姆士咧着嘴，笑着坐到了座位上。"拉尔夫·沃尔多·爱默生出生在马萨诸塞州的波士顿，他的父亲是一位牧师。爱默生先生出生在哪里，孩子们？"

"波士顿。"他们回答道。

"非常好。波士顿。那么，当拉尔夫还不到8岁的时候，就像你们中有些人那么大的时候，他的父亲去世了。他家非常穷困，拉尔夫和他的兄弟不得不换着穿同一件冬大衣。然而，拉尔夫和他的三个兄弟都刻苦学习，长大后都去了哈佛大学读书。"

她一边说话，一边在教室里来回走动，时而拍拍孩子的头，时而抚摸孩子的胳膊。"大学毕业后，为了帮助他的弟弟威廉支付大学学费，拉尔夫·沃尔多·爱默生做了一段时间的老师，随后他成为了一名牧师。爱默生先生一直都在质疑生活，他并不总是赞同教堂或者其他牧师的观点。你们中有多少人质疑过生活？又有多少人想知道，为什么万事万物的发生都有其方式？"

两个学生马上举起手来。其他学生好奇地看着他们，同学竟能主动回应，这让他们惊讶不已。

"你们想要告诉我，你们中只有几个人对于万物存在的方式提出疑问吗？"马文问道，夸张地做出不可思议的表情。"好吧，我猜想，你们中大多数人都认为生活很精彩。每个人都一直衣食无忧，安居乐业。没有痛苦，没有贫穷……"

她的话淹没在孩子们的抱怨声和笑声中。

"当然，你们并不是这样想的，"她慢慢地继续说道，"每次你们说'那不公平'时，或者你们质疑为什么事情一定是这样的时，你就是在质疑生活，就像爱默生一样。他相信，每个人都有自由意志，能够选择让生活成为自己想要的样子。"

马文大声朗读文章的片段。在朗读时，她能清晰地感受到，孩子们有些坐不住了。他们的眼睛环视教室。有几个孩子把胳膊背到了椅子后面，他们的脚撇到了过道上。然而，马文仍继续朗读。读完后，她靠坐在一个孩子的桌子边，看着整个班级。

她低声说，"你们觉得这个作品对你们来说太难了？嗯，不要期待在这儿学些小儿科的东西。学校能教你如何过上好的生活。我们来到这儿，就是为了让生活变得更好。你们记住的知识将会拯救谁？你们自己，不是我。爱默生先生在告诉我们，要相信自己的想法，独立思考，不必在意别人告诉我们的想法。塔尼亚，爱默生告诉我们要怎么做？"

"相信自己。"塔尼亚回答道。

"非常非常好，塔尼亚，"马文说，"詹姆士，爱默生告诉我们要怎么做？"

"相信自己。"

"非常好，詹姆士。你很聪明，但我不想看到你趴在桌子上。如果你困了，就应该回家。这里是教室，不是医院，也不是旅馆。我不想看到你们任何一个人在座位上打盹儿，或者双手合拢坐在那儿，什么也不做。这不是祷告会。如果我看见有人合着双手，我会在你的手上放一本《圣经》。"

孩子们咯咯地笑了起来，马文也微笑着。就这样，师生之间建立起了情感的纽带。她在开学第一天所说的话和所做的事为整个学期定下了基调。

正是马文·柯林斯的这种态度促使孩子们不断学习。她所做的就是给他们洗脑，让他们相信自己能够成功。她永远都在说"你能做到"，让学生相信，没有什么事是他们做不到的。孩子不学习，没有任何借口。把责任归咎于电视、父母或者孩子们的生长环境，毫无意义。决定性的因素就是站在全班学生面前的老师。如果孩子觉察到，老师并不在乎，那么所有的课本和预先做好的教案、视听设备、铺着地毯还装有空调的高级崭新的教学楼都不能促使孩子们好好学习。

"孩子们，"她开口说道，"今天将决定你们明天的成败。我向你们保证，我不会让你们任何人失败的。我关心你们，爱你们。花钱可以找到人来教你们，但关心是钱买不到的。"

"有些老师坐在大桌子后面，就像一位城堡里的国王，而孩子们就好像贫穷的农民。那张桌子隔绝了老师和学生。而我会站在全班学生面前，不会坐在桌子后。每天我都会沿着一排排书桌来回走动，每天我都会拥抱你们每个人。"

"你们曾经是不是很害怕走到讲台前面？你们是否认为，如果你犯了错，会有人笑话你？"

马文并没有等待学生给出答案。她知道每个孩子都在认真地听她说。"我犯错时，你们要告诉我。如果老师犯错了，你们不要害怕告诉老师。我不是上帝。我的话也不是圣旨。你们中有多少人害怕问老师问题？"

马上，许多小手举了起来。

"米歇尔，你为什么害怕问问题？"

"我害怕老师会吼我。"

"杰罗姆，你为什么害怕？"

"我怕老师会用尺子打我。"他平淡地说道，仔细听着是否有同学在偷偷地笑他。

"贝尔纳特，当你觉得害怕老师的时候，你究竟怕什么？"

"我害怕，她会让所有人嘲笑我。我的一位老师过去常常表现出一副自己很完美的样子。她常常让我觉得自己很愚钝。"

"有时，我不太喜欢成年人，因为他们觉得自己无所不知。我做不到无所不知，"马文说，"但我可以不断学习。"

有时，她还会制造些氛围，就像一位能感觉到观众脉搏的演员一样，把气氛推向高潮。"哦，我喜欢看见你们的眼睛跳舞，"她说，"新来的孩子眼神暗淡无光，但你们的眼睛已经恢复了生机。"她更加严肃地说道。"你们觉得自己足够大，足够聪明了，可以做一些事情了，但有些成年人却告诉你'你不知道怎么做'，这样的情况发生过多少次？我就不喜欢听到成年人对孩子说这样的话。对于你们知道多少东西，我不了解。我不能钻进你们的身体里，也不能进入你们的大脑。我不过是又一个比你们年长的人。我不比你们聪明，也不比你们伟大。我受伤后也会流血，睡眠不足也会觉得累。然而，我会一直在这儿，在这儿做什么？帮助你们。弗雷迪，告诉我，你从爱默生的文章中学到了什么。"

弗雷迪聚精会神地看着马文，但并没有回答。"想一想，"马文告诉他说，"不要在意别人怎么想。你自己的想法才是最重要的。"

"我学会了自立。"弗雷迪低声说道。

"大点声，亲爱的。'self-reliance'是什么意思？相信——"

"相信自己？"

"当然是这个意思，不过，你要自信地说出来，这样我们才知道你相信自己所说的话。让我们知道你有多么聪明。"马文说道，点了点头。"克丽丝，你从爱默生先生那里学到了什么？"

"相信自己的想法。"

"很好，克丽丝。让我看看你们知道了多少？马库斯，你学到了什么？"

"如果你自己不思考，别人就会告诉你该想些什么。"

马文两眼放光。她笑了，戏剧般地抬起手扫了一下额头，靠在了窗沿上，佯装出要晕倒的样子。"哦，我真受不了了。你们都太聪明了。你们都太睿智了。睿智的意思是聪明和智慧。'睿智（sagacious）'是什么意思，孩子们？"

"聪明而且智慧。"他们齐声喊道。

"那么，谁是睿智的？"

"我们。"他们喊道。

"的确如此。"马文故意用低沉的声音强调"的确"两个字，她走过一排又一排，拨弄他们的头发，戳戳他们的脸颊，捏捏他们的肩膀。

这一切还只是个开始。之后每天在针对发音和单词的反复训练中，还需要教学技巧。但首先，她必须让孩子们相信她是在乎他们的，让他们信任她，让他们相信，他们可以做任何自己想做的事。

2

第二章

在开学第二天，马文教孩子们英国民间故事《小红母鸡和麦粒》。她一直都相信，童话故事和寓言能够有效地促进情感、智力和社会能力的发展。她大声朗读，在角色之间来回切换，大多数学生都被她那抑扬顿挫的声音、变化多端的面部表情深深吸引。

在第四次听到一连串嘎嘎声和吱吱声，以及低声咕哝"不是我"之后，马文注意到贝尔纳特·米勒摘下她的挂链，然后把链子缠在手指上，玩起了翻绳游戏。

"你来学校时就已经知道怎么玩链子了，"马文说道，"是不是会玩链子，就能找到工作？收起来，听故事。我读这个故事，可不是让你们从中取乐的。这其中有要学的知识和道理。我们最好把注意力放在要学的东西上，否则我们所生活的世界将面临不断的麻烦。"

马文补充道，"孩子们，我会永远爱你们，即便有时我会纠正你们的问题或者不赞同你们的做法。"

马文讲完了故事。她合上书，一只手把书紧扣在胸前，另一只手高高举起，伸出食指，好像乐队指挥手握指挥棒一样。故事最后一行传递出的紧张情绪还萦绕于心，讨论环节便开始了。

"你们觉得，小红母鸡没有和鸭子、老鼠及小猪分享面包对不对？"

大家都点头赞同，认为小红母鸡的做法是对的。

"她为什么是对的？"孩子们开始扭来扭去，坐立不安，但却没有人主动回答问题。虽然过一会儿他们就会享受这种师生间的频繁对话，但现在这还是一件新奇且让他们胆怯的事。"来吧，快一点，"马文说道，"我是不会让你们成为书呆子的，也不会让你们把时间花在玩贴纸、涂色上。我们需要进行思考。那么现在，你们为什么觉得小母鸡是对的？"

"那都是她自己劳动所得。他们太懒了。"教师后面传来一个声音。

"她都做了什么？她做了所有的事情，不是吗？她播种、割麦子、打谷，还把麦子运到磨坊，磨成面粉，最后烤成面包。其他小动物都太懒了。他们什么忙都不帮，却还想吃面包。那么这个故事讲了一个什么道理？我们从中学到了什么？不劳动，就没有收获。如果我们不劳动，就——？"

"没有收获。"孩子们异口同声地回答。这么多学生一起回答，是很安全的；但让一个孩子主动把握机会，说出他自己的答案，却是另外一回事。

"那么现在，如果我说，我觉得小母鸡是自私的，你们怎么看？她应该和谷仓里的其他小动物分享。你们说呢？"

"不。"他们都摇着头。

"为什么不？大人们不总是告诉孩子，应该和他人分享玩具、饼干或者糖果吗？弗雷迪？"

"那不一样（It ain't the same）。"他说道。

"不一样（isn't），亲爱的，情况是不一样的（It isn't the same）。孩子们，听我说。为了在这个世界上获得成功，你们必须能够正确地表达。我不想在这里听到黑人英语。你们不能仅仅把自己看作是黑人小孩或者贫民窟的孩子。你们必须成为世界公民，就像苏格拉底一样。"

"那么，弗雷迪，你为什么认为，不愿意分享面包的小红母鸡和被告诉要与他人分享玩具的小孩是不同的？"

"小母鸡为了面包不得不努力工作。"

"太棒了，弗雷迪。你说的太对了。小母鸡是通过努力工作赚得她的面包的。两种情况没有任何可比性，是不同的。你们都认得'一样（same）'这个词。让我们来学一些大词。'类似（analogous）'的意思是相同或者相似。"

"假设我请一个孩子帮我做些杂事，事情做完了，我给他一些糖果。那么，那个孩子是不是因为你们说了'给我一些糖'，就要和你们分享？"

孩子们又摇了摇头。

"当然不能分享。你们有劳有所得的权利，因为你们努力了，你们也有权利留住自己获得的东西。你不必每当别人向你要什么你都给予。一个今天向别人伸出手索取的人，明天还会向别人伸手。你不必总是乐善好施地帮别人解决问题。他必须学会解决自己的问题。如果你把家庭作业的答案给了同班同学，那么你是在帮助那位同学吗？不，你是在让他无法靠自己学会该如何找到答案。"

"那么，这个故事蕴含的道理，就是你们能学到的最重要的一个道理。劳动的人才会丰衣足食，身居广厦。懒惰的人总是无所事事，伸手索取。而你们是可以选择的，你们有权利选择自己想成为的那类人。"

就是这样。马文用尽了浑身解数。老师必须要说服孩子们接受要努力学习这个想法。

说来也怪，马文曾经并没有计划成为一名教师。事实上，对于会做什么，她从未想太多。儿时，她和多数女孩子一样，远大的理想总是稍纵即逝。第一天想要成为一名护士，第二天又要成为一名秘书。小孩子就是这样变幻无常，她不断尝试新事物，一本书中的某个人物或杂志里的一张图片就可能塑造了她的理想，这一点她和其他孩子没有什么不同。然而，让马文从她生活的圈子中脱颖而出——区别于和她一同上学的住在小木屋里的黑人孩子——的是她始终怀揣着理想，而其他人要么屈从现实，要么放弃理想。而这并不是因为她受生计所迫。她成长在富足的家庭、民风淳朴的小镇，还有一位对她百般宠爱的父亲。她一直享有别人梦寐以求的自由生活。

＊　＊　＊

我于1936年8月31日出生在亚拉巴马州的蒙罗韦尔，位于莫比尔以北50英里处。我是在美国经济大萧条时期长大的，然而，虽然我会听到大人们谈论世事有多么艰难，大家如何身无分文，但这一切都没有对我的生活产生实质影响。

我的父亲亨利·奈特是蒙罗韦尔最富有的黑人之一。我们生活在有6间卧室的房子里——地板闪闪发光，家具和来自东方的小地毯是从商店里买来的。我们住在镇子的北部，是所有黑人居住的地方，而我们的房子是最好的房子之一。人们常开玩笑说，我们家的房子太精致了，进去之前不得不脱鞋。我的母亲贝茜把我打扮得像个布娃娃，穿着镶边的丝带连衣裙，或是从商店买来的折痕整齐的校服，校服上还系着熨得十分平整的黑色腰带。因为我看起来是那么与众不同，所以不得不经常忍受别人的嘲弄。我的同学大多数都穿着他们妈妈用从我父亲的杂货店里买来的重达25磅的空面粉袋子缝制的衣服。

我的家族有着强大的意志力。我们家族一直都是行动者和成功者的典范。我母亲的父亲威廉·奈特尔斯通宵达旦地耕种，白天又挨家挨户地卖肉，他是这个城镇第一个有汽车的黑人，一辆有手摇柄的福特T型汽车。那时其他人还都坐着骡子拉的四轮车。我的爷爷老亨利·奈特则拥有一家商店和几栋房子，靠收房租养家。他是一个耐心又节俭的人，常常穿着西装，打着领带，带着金表链，蹬着一双油光锃亮的皮鞋，看上去就是一位成功人士。我记得自己曾经一直想知道，爷爷为什么总是如此盛装打扮。

而父亲，我认为是这个世界上有史以来最伟大的人。我从未见过任何一个更让我崇拜的人。他是我生命的动力，我们之间有着非同寻常的纽带。当然，我也爱母亲，但我和母亲的关系却不及与父亲那样亲密无间。母亲是一位中规中矩、谨言慎行的人，不像父亲那般自由随意地拥抱亲吻我。她对我的爱和关怀体现在确保我饮食健康和衣着得体。虽然我知道母亲爱我，但却未曾听到过她亲口对我说，她爱我。长大成人后，我渐渐明白，敞开心扉对孩子表达爱意和感知孩子的情绪是多么重要。直到14岁我都是家里的独生女，总是需要有人和我说说话，而我无法和母亲推心置腹地交谈，这使我觉得非常受挫。幸亏父亲总是在我身边。我和他无话不谈，即便是在胡说八道，父亲也总是耐心地倾听。我从未觉得我需要向他证明些什么。我也一直清楚自己所在的位置。然而对于母亲，我却从未能取悦于她。我从未像她要求的那般端庄娴雅，言行得体或者可爱美丽。父母们没有意识到，他们是多么能抱怨与挑剔他们的孩子，直到挑不出毛病为止。而我的父亲却总是支持着我，他不停地告诉我，我是多么地聪明伶俐、漂亮可爱和独一无二，即便有时我的表现并非如此，所以我总是自我感觉良好。然而，我最终还是取得了超乎预期的成绩，我把这一切归功于总是说我终将一无所成的母亲。

虽然父亲只读了4年书，但却是我见过的最聪明的人。他是一位有着商业天赋的冒险家。接管他父亲的杂货店后，他把这些产业拓展为一千英亩的养牛场和城镇的殡仪馆。他是一位有头脑的生意人，即便在没有足够抵押物的情况下，他最终还是能够让人们信任他。二战期间，所有货架上的商品都很稀缺时，他竟与佛罗里达州的大西洋和太平洋食品公司达成协议，进而可以购买更多的商品。他是亚拉巴马州——无论是在黑人还是白人中——唯一一位能够为顾客提供牛排、尼龙袜、巧克力和口香糖的商人。

除了白人社区，蒙罗韦尔还有黑人社区。经商的黑人有着重要的社会地位和影响力。因为父亲是唯一一位黑人殡葬承办人和唯一一位拥有杂货商店的黑人业主，所以理所应当地成为了那个黑人社区的领袖。白人商人对他尊敬有加，在黑人中间，即便不是很讨人喜欢，他也备受崇敬。有时，人们会说，他们不想再去他的商店买东西，不想让他越来越富有，然而，同样也是那些人会在没钱时来找他，因为他们知道父亲会赊账给他们。

镇上如果有人遇到了麻烦，要被送进监狱，我的父亲便会交上保释金。不仅仅有黑人，还有很多白人——有些人在市中心还拥有大型商店——会在天黑后溜进我家，向我父亲借钱。他们不想让别人知道自己和黑人有什么瓜葛，更别说是向黑人借钱了。那时，我的父亲从未把我撵出去过，或者说"没你的事"，所以我从很小就知道，白人社会并不像黑人孩子所认为的那样，是一个明亮的天堂。

父亲待我像对待儿子一样，我猜，这主要因为我总是围着他转。我没有太多的同龄玩伴，因为其他小孩在放学后或假期里必须在棉花地里劳动。我还常常乞求父母让我和其他孩子一起去棉花地。有一次，父亲让我去了，而我却得了重感冒。父亲说，我在棉花地里摘两天棉花所赚的钱还不够看医生的，所以，打那以后，他再也没允许我去过。工头也告诉我不要再去他的棉花地了。他不喜欢我为了让棉花称起来更重而耍的那些小聪明，比如把石头放在袋子底部，或者摘掉整个棉桃或整枝棉花，甚至连根拔起。其他孩子工作起来则很严肃认真，因为他们必须这样做。

我和父亲在一起的时间很多，其中另一个原因是母亲总是把我赶到外面去。她是一个苛刻挑剔的主妇，无法忍受一个笨手笨脚的孩子不停地弄洒或搞坏东西。"你的房间不可能井井有条。"她总是这样对我说。母亲并没有试图教我学习烹调和缝纫。后来母亲说，当我刚刚嫁给克拉鲁斯·柯林斯，他不得不负责缝衣做饭时，她才意识到自己当初的做法是不对的。有趣的是，我继承了母亲料理家务的习惯，我现在发现，自己竟也有和她一样的洁癖。

从8岁起，天一亮，我就起床，和父亲一起去杂货商店开门。城镇的人们在出发去田里工作之前会来买面包。下午晚些时候我帮助父亲计算当日的账目。我数好一美分和25美分的硬币，把它们包成一卷一卷的；我还把空纸盒和麻袋拉出来，父亲把它们点燃，巨大的火焰腾空而起。当父亲在屋后的大院里杀牛时，我也陪着他，仰坐在楝树伸出的枝干上。

有时，我坐在那儿，做着去异国他乡游历的白日梦。又或者，想象自己已长大成人，嫁为人妇，生儿育女。

尽管我这个假小子调皮捣蛋，无所不为——爬李子树和楝树，投掷又硬又绿的浆果，在漆黑阴凉的洞穴中玩耍——但我一直都很确信自己会结婚生子，我的孩子将有着像奇吉塔·丹尼斯、弗雷纳特·雷内那样迷人的名字。奇怪的是，我最终给孩子们起的竟是些平淡无奇的名字——埃里克、帕特里克和辛西娅。

夜深人静，当所有杂事都做完后，父亲和我便并排而坐，我会大声朗读《蒙哥马利广告》和《莫比尔报》，或者朗读《伊索寓言》或诗集，直到母亲招呼我去睡觉。我会想着自己读过的东西，想象自己就是书中的某个人物，缓缓地进入梦乡。

周六，我会坐在父亲每年为殡仪馆购买的崭新的黑色凯迪拉克车的副驾驶位置上，和他驾车在城里闲逛。当我们驾车经过在市中心广场上游荡的黑人时，父亲总会摇着头，说他们多么有失体面。当我们看见黑人妇女把装着洗好的白人衣服的篮子顶在头上时，父亲总是说："哪怕我必须白天晚上都得工作，我也绝不会让我的家人给别人洗衣服！"

每年夏季，从我7岁时起，我便和父亲一道踏上买牛的旅程。每周有一天，我们会驾车穿越亚拉巴马黑土带，经过一个又一个县，穿行在金菊和藤竹起伏翻滚的草原上。有时，我们还会去蒙哥马利县的牲畜市场。

在20世纪40年代，亚拉巴马州的牲畜拍卖会也像其他场合一样实行种族隔离。虽然所有人都在竞标同一头牛，但黑人和白人却坐在不同的坐席区。我就是在这样的种族歧视下长大的。你不断被周遭的一切提醒着，你是黑人，要有自知之明。黑人要用单独的自来水喷水口和洗手间。我们不能直接进饭店。如果需要食物，必须绕着走到饭店的后窗。父亲常常对我说，如果让他发现我在后面的柜台买吃的，他会用鞭子抽我。他也不允许母亲和我去百货商店，因为白人售货员会在黑人顾客试衣服时百般刁难。在试戴帽子前，黑人妇女必须在头上套一个塑料袋。父亲不允许母亲和我受到羞辱。他负责购买所有的东西，还为我们把衣服买回家。

父亲是一个自尊心很强的人，从不墨守成规，安于旧俗。他所做的事在那个年代是闻所未闻的。他大步流星地从前台走进牙医的办公室，虽然按规矩黑人是应该从后门进去的。而且，他就那样进去了，没有人说什么。我猜，是他的财富让他成为例外。

在拍卖会上，父亲的出价高于来自斯威夫特和卡德希两大肉类加工厂的买家。随后，那几个买家在缴费窗口等着我父亲。他们对他大吼大叫，把他逼到角落，警告他不要再来买牛了。

我就在旁边看着，惊恐万分。虽然我每天都生活于种族隔离的现实中，也习惯了听到"黑鬼"这个词，但却从未亲身经历过由种族主义引起的暴力和恐惧。我只是听说过一些。大人们仍会谈论"斯科茨伯勒男孩"案[1]。偶尔，我也会听到有关对黑人采用私刑的事，或者有黑人深夜被治安官毒打，然后拖进监狱的事。而那一切从未触碰过我的家人。当那些买家围堵父亲时，第一次，我目睹了种族仇恨发生在我身边。

---

[1] 即1931年3月，9名年龄在13至21岁之间的黑人男孩乘坐穿过亚拉巴马州乡村的敞篷货车时因斗殴被捕入狱。随后被控强奸了两名搭乘同列货车的白人女孩而受审。9名男孩中有8人被草率地定罪，判处死刑。当年只有13岁的罗伊·赖特幸免于最终的死刑判决。——编者注

父亲没有道歉。他沉默不语，但眼神坚定，纹丝不动。他威武地站着，硬挺的衬衫，折痕笔直的裤子，还有他一直穿着的史黛西·亚当斯皮鞋，让他看上去气宇轩昂、仪表不凡。他直视着那些人，说下次拍卖会他还会来。如果他们要杀死他的话，他会拉他们其中一个做陪葬。

我以为那些人会伤害父亲。然而，他们犹豫了，都问该拿"那个黑人"怎么办。就在那时，有两个白人走了过来，打断了正在发生的一切。然后这些买家耸了耸肩，走开了。在回家的路上，父亲告诉我，"我光明正大地竞标。如果你相信自己所做的，那么就不必害怕任何人。"

自那以后的每次拍卖，母亲都乞求父亲不要再去了，但他却说"我是不会躲开的，死也只能死一回"。这就是我从他那里学到的坚定不移的决心。父亲是一个有着强大价值观和坚定信仰的人。我始终坚信，勇气是代代相传的。我猜想，自己之所以有着强烈的安全感并且坚定自信，也许是因为我是亨利·奈特的女儿，还因为在像亚拉巴马州蒙罗韦尔这样的小城镇长大，我受到庇护，进而远离了许多东西。这里没有大城市才会有的那些犯罪行为。我们不必担心强奸、抢劫或者滥用毒品这些犯罪行为。如果那些事在其他地方发生了，我们也只是通过报纸才知道，等到我们从莫比尔获得消息时，也已经成了过去时。

我生活的小城镇，人与人之间似乎都相识相知并彼此信任。就好像大家都是彼此的堂亲表亲。和蒙罗韦尔的其他孩子一样，秋天我可以自由自在地从一个院子游荡到另一个院子，采摘山核桃和无花果；尽情地在松林间穿梭，寻找松果；肆意地在红黏土山丘上玩耍，在泥滩上滑行，在小溪里蹚水，沿着河岸筑堤。那真是一段无忧无虑的快乐童年时光。

当我12岁时，我的父母分开了。父亲仍然生活在蒙罗韦尔，而母亲和我则搬到了40英里以南的阿特莫尔。对于父母间究竟出了什么问题，我不太清楚。也许我已经把整件事情从我的大脑中剥离出来。然而，不知怎的，我竟能够应对他们的分离。父亲已经教会我如何生存。他教给我，生活中无论发生了什么，都要勇往直前。也许我是强迫自己去适应这一切，这样我就可以向父亲证明，虎父无犬女。

我和父亲的关系一直都很亲密，他仍然是我生命里最强大的驱动力。暑假、周末，甚至平时我都会去看他。我和父亲的距离仅限于一通电话或者一段车程。与此同时，阿特莫尔成了我的家。我和母亲、她的新任丈夫及刚出生的女宝宝辛西娅在那里度过了我的青春岁月。

然而，在蒙罗韦尔的那些年是我童年时光里最美好的岁月。就是那段岁月塑造了今天的我。

3

第三章

马文沿着一排排的书桌走来走去。她说，"声音构成了语言，而语言就是思想，是观念。你大脑中的思想和观念塑造了现在的你。"

"现在，你们马上就要学习语音拼读。以后读单词时，你们就不用猜了。语音就像钥匙，能够打开通向语言的大门。如果没有匹配的钥匙，你便不可能开门进屋，是不是？同样，如果没有正确的发音，你便不能正确地读出一个单词。"

马文快速地转身走到黑板前，写下了"The catamaran sailed around the ait."（双体船绕着湖心岛航行）这句话。"这句话是什么意思？"她问道。全班学生都一头雾水。"好吧，让我们一起看看这句话，给catamaran划分音节。第一个元音是短元音a，和cat这个单词的a发一样的音。后面两个元音发uh，用这个符号表示，被称为中元音。虽然它的音标看起来就像一个倒过来的e，但我不想听到你们任何人把它叫作倒过来的e，而要叫作中元音。那最后一个a也是一个短元音，发音为ran。连起来读成catamaran。catamaran是一种帆船。"

"'The catamaran sailed around the ait.'中的最后一个单词ait，元音a和i只发一个音，即长音a的音。这里面的发音规则是：当两个元音前后同时出现时，只发第一个元音；发字母本身的读音。'ait'是河心或湖心的一座小岛。"

"那么，现在你们知道了，上面这句话的意思是，帆船绕着小岛航行。现在知道了，你们曾经是如何迷失在语言里了吧？这样的情况以后不会再发生了。你们会学习所有的发音规律，这样单词将不再是什么难懂的谜了。你可以和任何人对话，无论对方多么聪明，多么富有或者多么漂亮。你们都是聪明伶俐的孩子，没有什么是你们做不到的。"

* * *

早在上学年龄之前，我便学会了读书认字。祖母常常大声地朗读《圣经》给我听，她就是用音节拼读单词的。祖母是在学校学会了通过音节读写单词。听她诵读并模仿她所说的，我自然而然地学会了字母的发音，以及如何把发音混在一起拼读出单词来。我一发现拼读单词的规律，便见到什么读什么：食品罐头和包装盒上的商标、农场主的年历、报纸、童话书和寓言故事，当然读的最多的是祖母安妮·奈特的那本厚重的黑皮《圣经》。其中，我最喜欢的是有关约瑟和他的兄弟的故事。每次读《圣经》，我都爱不释手，废寝忘食，直到祖母——我叫她"亲爱的奶奶"——边摇头边说，"宝贝，你读了那么多，我都担心你快要失去理智了。"南方的老人们迷信一种说法，一个过于勤奋好学的孩子是会有麻烦的。

我的文学入门就开始于从祖母那里听到的《圣经》故事。亲爱的奶奶每天都读《圣经》。在美国南部，每个人都是虔诚的基督徒。我就是在盛大的培灵会中长大的，那时去教堂是件很严肃的事。如果你不去，就会受到排斥。而我的奶奶却是我所见过的最虔诚的信徒。每天清晨和傍晚，她都会跪在她那高高的四柱床旁边做祷告。没有在祷告或读《圣经》时，她就会哼唱《亲爱主，牵我手》和《恩友歌》。她总是在背诵一些谚语。"时间不等人。""迟到的好东西不能称之为好东西。""宝贝，"她常常对我说，"一个好名声会比你的生命更长久。"小时候，我非常厌倦听到那些谚语。而现在我却时常把它们挂在嘴边。有时候，谚语是我们表达自我的最好方式。我把这些谚语教给孩子们。我收集了许多谚语，以供学生上课讨论和写作。

我和亲爱的奶奶及爷爷亨利在一起度过了许多时光。数不清的夜晚，我们三个人会坐在炉火前取暖，火焰在墙上投下跳动的影子。松果燃烧的香气弥漫在整个房间里，奶奶则轻声吟诵着《海华沙之歌》和《保罗·雷维尔的奔骑》。在学生时代，她就记下了这些诗歌，而且为自己透彻的领悟引以为傲。

我就是这样被诗歌和文学迷住了。然而，在亚拉巴马州，没有黑人儿童可以进入的图书馆。我所得到的那些书都是我买的、借的或者是收到的生日礼物。父母带我去别人家拜访时，我总会不见踪影，翻箱倒柜找书看。书籍就是财富，我陶醉在找到的每一本书中——从学校拿回来的基础读本、《真实的告白》杂志，甚至是一本字典。我读了南茜·朱尔侦探系列故事、哥特式爱情小说、理查德·赖特的《黑孩子》和《土生子》，还有布克·T.华盛顿的作品，我认为他是除了我父亲之外最伟大的人。我还喜欢欧斯金·考德威尔的《上帝的小块土地》，不过我的母亲不允许我读那类书。我用自己在商店帮忙赚的钱买了6本《上帝的小块土地》，把它们放在不同的地方，以防万一。每次母亲发现这本书，都会丢掉。我就会拿出另一本，继续品读。

是母亲的姐妹露比·琼斯姨妈把我带进了莎士比亚的世界。露比姨妈结婚并且生了两个孩子后，继续回高中读书。当我在她家和两个表兄妹玩耍时，常常会看到她在看书学习。一天晚上，我无意中听到露比姨妈和罗伯特姨父谈论一个叫麦克白夫人的人。随后，她翻开一本灰色的旧书，开始读道：

> 反正她日后也会死的，
> 迟早总会有这么一天。
> 明日，明日，复明日，
> 一天又一天地迈着这细碎的步子向前蠕动……

虽然那时的我只有9岁，但却被那些句子深深地吸引住了。自那以后，不论走到哪里，我的脑海里每天都萦绕着"明日，明日，复明日"。又一次去露比姨妈家玩时，我问她能不能把那本灰色的书借给我。我把《麦克白》通读了一遍，但却不能完全理解。我被剧中的事件和人物所吸引。我觉得反复说着"不惮辛劳，不惮烦"①是一件趣事。然而，我对莎士比亚的兴趣直到上高中后才受到鼓励和推崇。那时的低年级学生从不读莎士比亚。即便今天，大多数学生也没读过莎士比亚。

我和蒙罗韦尔镇上的其他黑人孩子一同在伯利恒学校读完了小学，那是一座装有护墙板的建筑，墙面没有粉刷，每个房间都有一个烧木头的火炉。每个教室有两个年级的学生。那时，书是稀缺资源，而且大多数老师自己也只读到高一。

在伯利恒学校的所有老师中，有两位给我留下了深刻的印象。我和我的第一位老师一开始便没有相处好，她是一位体格敦实的女老师，常常穿着一件印有红绿黄字母的蓝色连衣裙。上学第一周，我们学习阿拉伯数字时，我总是把数字2写反。每次写错，那位老师都会用尺子敲打我的手指。我始终不明白，她为什么一直打我。如果我知道怎么做是对的，我早就做了。她的行为好像是在说，我是有意犯错。

那段经历，我从未忘记过，而且对我的教学方法产生了巨大影响。对我而言，孩子出错，说明他需要帮助，而不能因为做错了就受到指责和嘲笑。没有哪个孩子应该被责骂"你真蠢"，或者"你做不到"，或者"你不知道自己在做什么"。成年人应该对孩子采取积极的策略。作为家长和老师，我们能做的最重要的一

①《麦克白》里三个女巫的台词。——编者注

件事就是建立孩子的自信心。如果成年人不告诉孩子他们是不可能学好的，任何一个孩子都可以学好。孩子们需要的是肯定和鼓励。他们需要知道，犯错是没关系的，因为犯错本身就是学习的一部分。我常告诉我的学生："如果你什么都知道，就不必来学校了。"

赞扬是使学生对学习和学校产生正确态度至关重要的一步。这个道理我们都懂。但在和孩子相处的过程中，我们却常常忘记赞扬的重要性。我们忘记了孩子是多么敏感，自尊心有多么脆弱。作为孩子，被人告知"这样做是错的"，是一种多么痛苦的体验。教师和家长应该做的不是惩罚孩子，而是鼓励他们持之以恒，再接再厉："这很好，这是非常棒的尝试，但方法不太对。我们一起试着改正一下。"

对于每个孩子所付出的努力，我都会赞赏褒奖。不仅仅是那些完美的试卷，我会把每个孩子的试卷都贴在墙上或者公告栏上。我从不让任何一个孩子考试不及格，或者在整张卷子上画满了红叉。那样做，无疑会让孩子们对学习丧失兴趣。换位思考一下，如果你的试卷发下来，上面的分数很低，而其他孩子都得了高分，大家问起彼此的分数时，你会作何感想？孩子们总会问起，"你得了多少分？"而那个孩子一定想要把试卷团成一团，丢掉，最后逃离学校。所以，我在每张试卷上写的都是"非常好"或者"完成得很棒"，或者画上个笑脸。随后，我会一对一地给每个孩子讲解错题。我们会在另一张纸上，在学生自己的作业纸上或者在黑板上纠正错误。我是从我的四年级老师麦克甘特斯女士那里知道了板书的价值。

麦克甘特斯女士是一位循循善诱的好老师。她让学生在黑板上做题，这样一旦学生犯错，她就可以马上纠正。孩子们需要及时的反馈，尤其是数学和语言类课程，在继续学后面的知识前，他们需要掌握当下的知识。我不会在考完几天后才返还试卷。几天过后，在全班学了新知识后，之前的错误对于孩子而言已经没有任何意义了。延迟纠正错误只会让孩子越落越远。

我发现，通常情况下，当把孩子们叫到黑板前演示，要比让他们在座位上观摩，能使孩子更好地理解某一概念。这样做，还可以帮助班级里的其他孩子，尤其是那些从不站起来说他不明白的生性害羞的孩子。我的课程很大一部分是根据学生的错误，而不是根据教学指南。一个孩子所犯的错误对全班学生都有借鉴意义。如果某个孩子遇到不懂的东西，那么其他人也很可能不懂，因此所有人都可以从这次纠正中受益。

我的教学方法能够进一步发展，一定程度上要归结于我自己作为学生的经验。如果说我的一年级老师向我展示了作为老师什么不能做的话，那么我的四年级老师则告诉我作为老师该做些什么。而我在艾斯坎比亚县培训学校读高一时的老师洛儿小姐则是我的最爱。虽然她可能没有我当时认为的那么漂亮，但她的一举一动却让她看起来非常高雅成熟。那时我就想能够像她一样。虽然洛儿小姐也来自亚拉巴马州，但她的南方口音并不重。她善于表达且发音清晰，这让我印象深刻，并一直练习模仿她。我一直都从词典中学习词汇。城镇上的居民过去常常和我的父亲说，"你女儿说话的方式，像在读书一样。"从莫比尔来取豌豆罐头和盒装鸡肉订单的白人售货员常常走进我父亲的杂货商店，问道，"亨利，你女儿呢？我确定，我非常喜欢她说话的样子。"

我认为，是洛儿小姐让我觉得应该重视学生的措辞和发音。在他们说话时，我总是尽可能地让他们养成正确使用语法的习惯，我让他们大声朗读，这样就可以检查他们的发音是否正确，理解是否到位。让孩子们在教室默读，是不会发现他们的错误的。我听到过，孩子们把capacity读成了capa-city，把deny读成了denny，把does读成了doze，因为他们把does后面的s看成了doe的复数。在朗读时，孩子们还常常颠倒字母顺序。比如，他们会混淆sacred和scared，diary和dairy，angel和angle。如果孩子们默读的话，会继续犯那些错误。

大声朗读的另一个原因是能够提升词汇量。默读的孩子会跳过他们不认识的大词。如果我在旁边听孩子朗读，就可以打断他们，问他们某个词的意思是什么。在我们查找定义、单词的词根和例句时，全班学生都能从中受益。我还让学生大声读出句子的抑扬顿挫。大声朗读能够帮助孩子认识到逗号、句号、问号和感叹号之间的区别。刚刚学习朗读的孩子倾向于一个单词一个单词地读，而不是以词组或短语为单位朗读。那种朗读方式限制了孩子的理解力。我一直鼓励学生要去读思想，而不是去读单词。通过大声朗读，孩子们学会了在一句话的语境下理解单词的意义，他们会看到单词和单词之间是如何连接起来进而表达某一想法的。这一做法不仅仅能够提升学生的阅读能力，还能促进他们的写作。

我让学生朗读所有内容——文学、科学、社会研究和历史。我甚至让他们把自己的作文大声读出来，这样，孩子们就能够更加有意识地关注句子的结构，有助于他们校对错误的标点符号和遗漏的单词，还可以帮助孩子们练就胆识，在观众面前也能表现得大方自信。洛儿小姐常常让我们站起来，把自己的文章大声地读给全班同学听。

除了在洛儿小姐和麦克甘特斯女士的班级感受到的正能量，我的学校生活最典型的特征还是四五十年代黑人孩子在亚拉巴马州所接受的隔离且不平等的教育。尽管如此，我还是在周围的种种不公正现象中找到了属于自己的那条路。

在艾斯坎比亚县培训学校——所有黑人学生读的高中都叫作培训学校——女孩子如果不修完家政课就不能毕业。我认为，白人是在以此表明，所有的黑人女性只能做家庭主妇或者佣人。于是，我拒绝上家政课，转而选了打字课。毕业前夕，校长把我叫到了办公室，说除非我上了那门必修课，否则我就拿不到毕业证书。我告诉他说，我对家务的了解已经足够了。虽然我不知道自己进入社会后能做些什么，但打字一定比家政学更有用。我从不知道是什么让校长改变了想法。我是艾斯坎比亚县培训学校唯一一名没上家政课却顺利毕业的女生。

从知道什么是大学的那一刻开始，我就下定决心，一定要去读大学。我的父母从未强调大学学历有多重要，因为他们自己连高中都没读，然而，他们却一直强调学习的重要性。

于是，我选择了亚特兰大克拉克学院，一所专门针对黑人开办的女子文理学校。父亲一点也不反对。相反，我作为这个家庭里第一个上大学的人，让他引以为荣。他始终认为，确保孩子拥有一切最好的，是做父母的责任。邻居们对此争论不休，就好像父亲犯下了什么滔天大罪。"为什么要送你女儿上大学？"他们质问他，"上大学的钱，你是永远拿不回来的，因为那个女孩不能为你做什么。"

克拉克学院的一切都有着非常浓厚的南方特色，并且有一种女子精修学校[①]的氛围，一切都要正式得体。学生的衣着打扮和学习一样重要。女舍监会监督我是否戴了帽子和白手套，有一次，因为我错误地同时穿上了羊皮鞋和皮夹克，她竟然把我送回房间换衣服。从那天开始，我就非常注意自己的衣着和仪表了。

我觉得自己在大学没学到什么东西。那是我自己的错。我虽然上了大学，但并不真的清楚自己到底要做什么。在最后一刻，我决定主修秘书学。这门专业似乎是很实际的专业。从父亲那里继承来的商业头脑，再加上打字和记账的技能，我希望从克拉克学院毕业后能在公司从事文职工作。因为感兴趣，我还上了一些教育类的课程，但我并没有当老师的意愿。

1957年6月，我大学毕业，回到了亚拉巴马州，却发现黑人可以获得的唯一的办公室职位就是行政工作。没有一家私人公司要雇用黑人秘书。我填写了一份申请行政工作的表格。然而，我最终还是拒绝了这唯一一份可以去做的工作，原因是那份工作在蒙

---

① 富家女孩学习社交技能的一种私立学校。——编者注

哥马利市，而我并没打算再次离开家乡。尽管如此，能够找到工作，还是一件值得骄傲的事。在那些人因为父亲供我上大学而对他百般责备之后，我是不会让我的大学毕业证书闲置在那儿的。

最终，我在门罗县培训学校找到了一份教打字、速记、记账和商业法的工作，我觉得自己还是很幸运的。在那个年代，亚拉巴马州的教学岗位是很难得到的。教师们都会在自己的工作岗位上干一辈子。对于一位受过高等教育的黑人女性而言，教书可不只是一份适合女性的职业，而是唯一一种职业。为了能够与众不同、脱颖而出，我做了许多尝试，但最终我还是接受了现实。我必须让自己适应亚拉巴马州的现实情况。

然而，有些事却是冥冥之中自有天意。

开始工作的第一天，我就觉得教书很惬意。因为曾经在教堂带过主日学[①]，我已经习惯在一群人面前站着讲话。我喜欢被人围着，和他们一起工作，帮助他们理解某些事情。我一直都酷爱学习，享受发现新事物的过程；门罗县培训学校的高一、高二和高三学生与我一同分享他们的发现，总能让我兴奋不已。

对于教育理论，我一窍不通，而我常常觉得，一无所知其实是件好事。没有先入为主的观念，没有被规则束缚，我只能因材施教，和他们谈心，倾听他们诉说，发现他们的需求。我并没有试着搞清楚他们适合哪些学习模式或者教育模式。我只不过跟着感觉走，只要感觉是对的，就照做。我总在思考学生时代的我是

---

① 主日学是基督教教会于星期日进行的宗教教育。——编者注

如何学习的，进而把自己的学习经验带进教室。我记得什么是我厌倦的，什么是我感兴趣的，什么样的老师是我喜欢的，什么样的老师是我不喜欢的，然后把这些经验应用在我的教学上。

因为没有任何正式的理论或者教科书上的方法论，我很容易接受新方法。我和学生一道持之以恒地学习，不断寻找各种让课堂变得更加生动有趣的新方法。我的同事也给了我很多帮助，为我提供建议，分享他们的方法。他们所有人似乎都非常关心自己的学生。也许我有些幼稚或者过于理想主义，但那时整个教师圈子看上去是鼓舞人心的。

真正教会了我该如何做一名老师的是门罗县培训学校的校长。他对新进教师尤其严厉。他会连续两个月每天坐在教室里观察，边摇头或点头，边做笔记。下课后，他会让我坐下，然后给我上一课，仿佛我就是他的孩子。他告诉我，每节课都要直奔主题。他说，"嗯，最后一排第三个座位上的小男孩没有跟上。"他训练我观察孩子们的面部表情，通过他们的眼睛判断他们是否听懂了。我学会了，一名优秀的教师不仅要了解所教授的课程，还应该了解学生。

在门罗县培训学校工作了两年，虽然我喜欢教书，但还没有准备好终身致力于这一事业。我还不够成熟。周末我和父亲待在一起，平日和祖父母在一起。我对于自己想投身于什么职业仍然没有想好。

作为一名教师，现在的我总是试着教孩子们如何应对生活。不仅仅教他们阅读、写作和算术，我还想教给他们一种生活的哲学。然而，当时21岁的我是被百般呵护、精心照料的，不知道如何靠自己去应对生活。虽然我自己有薪水，但父亲依旧给我零花钱——我也坦然接受了——他还给我买昂贵的衣服，为我安排好一切。他甚至一大早就帮我暖车，在他的杂货店后面的加油站为我的车加油。

某些时候，对父亲的依赖开始让我觉得很困扰。小城市的生活让我倍感拘束。在亚特兰大生活了4年后，我发现蒙罗韦尔太过狭小。是时候该长大成人，独立自主了。

4

第四章

    1959年6月，又一个学年结束后，我去了芝加哥，拜访祖母的表亲安妮·汤森德，开始了两个月的假期。我并没有计划在那里找工作、找到我的伴侣、建立家庭，甚至在加菲尔德公园那里定居。

    在芝加哥小住了一段日子，我厌倦了东游西逛的生活。一时冲动，我仔细读了报纸上的招聘广告，申请了西奈山医院医疗秘书的职位。我被录取了。虽然我一点也不懂医学，但为了了解那些医疗术语我开始自学拉丁语。那份工作非常有趣，于是我决定待在芝加哥。我住进了哈姆林大道上一座U字形大楼里的公寓，那里可以鸟瞰整个加菲尔德公园。那是一间面积不大的公寓，室内有一张折叠床，阳光洒满整个厨房。在我看来，这里简约而雅致，但最让我开心的是，这个地方是属于我一个人的世界。这是我的第一间公寓，邻近西奈山医院，邻近安妮奶奶，邻近克拉鲁斯·柯林斯。

克拉鲁斯和他的父母生活在一起，和安妮奶奶家是邻居。在他身上，最先吸引我的是他对家庭的奉献精神。他家一共有11个孩子，8个男孩和3个女孩，那是一个亲密无间的大家庭。我认识克拉鲁斯时，他在阳光电器公司做绘图员，这份工作他一做就做了近20年。虽然他没有大学学历，也不像我一样博览群书，但他却和我一样坚定执着。他甚至比我还要客观冷静。他心地善良，温和儒雅。邻居家的孩子都喜欢围着他转，第一次约会时，有几个孩子还和我们一同去了里弗维尤游乐园。那时我就知道，能够对别人的孩子表现出极大耐心的男士一定会是一个好父亲和好丈夫。这样，认识不到一年，我们就结婚了。

虽然我还在做医疗秘书那份工作，但没多久我便开始怀念教书的工作了。我怀念教室，怀念帮助孩子们找到解决问题的方法时的那种兴奋之情。

于是，我去了市中心的教育委员会，填写了教师职位申请表。我所要做的就是提供我的大学成绩单和在亚拉巴马州的教学资历证明。因为我没有上过与教学法相关的课程，所以没有资格参加执教证书考试，但这并不重要，因为芝加哥教育系统的教师不一定都要有证书才能执教。那时教师非常稀缺，所以，只要你有大学学历，便可以上岗。然而，如果没有从业资格证，便只能成为全职代课教师，那意味着，虽然你被安排在学校工作，但你的工作不算作资历，而且不是终身职位。几年后，迫于芝加哥教师工会的压力，教育委员会同意授予在教育系统工作3年以上的教师职业资格证书。

我收到了一封回执信，告知我到杰克逊林荫大道上的南卡尔洪小学报到，负责教二年级学生。虽然没有什么教小孩子的经验，但我认为，其原理和教大孩子是一样的。那就是，我必须鼓励孩子，让他们对学习产生兴趣。我必须要他们明白，为什么学习很重要。我要让他们能感觉到，一切付出都是有回报的，他们会因此越来越自信。

我从儿时的记忆中汲取营养，回忆那些让我感觉快乐、悲痛、兴奋、受伤或者恐惧的往事，那些让我大悲大喜的过去。我竭尽所能去感知学生的那些情绪。我发现，在教室里拥抱、触摸他们和说"我爱你"，会马上让他们产生安全感和舒适感，在师生之间及孩子们之间建立起爱的纽带。

孩子都擅长模仿，有样学样。如果老师嘲笑或者有意责备某个孩子，那么其他孩子很可能也会欺负那个孩子。反之亦然。

起初，我的教学是按照教育委员会的课程设置进行的。然而，不久我便发现，孩子们的能力远远超出功课的要求。他们可以学更多的东西。于是，我便拓展了课程内容。如果某节课的教学计划要求孩子们找出课本上所有的三角形并用蜡笔涂上颜色的话，我会让他们在第二个三角形上面用绿色的笔写下大写的D，把第四个三角形涂上红色，第七个三角形涂上蓝色。然后，我会让他们在那些三角形上面写上"红色"和"蓝色"。这样，孩子们不仅仅学会了认识形状，还学会了听从指令、思考、数数、区别颜色和写字。我还发现，相比让他们独自安静地学习，小组活动能够让他们更加用心和专注。

开学几周后，我的学生就已经厌倦了二年级学生的必读材料。这不能怪他们，因为那些书里没有真正的故事，没有任何能够让他们冥思苦想或者激发思考的东西。书上都是些男孩女孩玩耍的图片，在图片下面写着"跑，佩珀，快跑"和"看见佩珀在跑"这样的句子。学生完全没有必要读这些句子，他们所做的就是看看图片。

因为之前从没有教过二年级的孩子，对于如何教孩子们阅读，我知道的并不多。我不知道语音教学法支持者和"看—说教学法"支持者之间的争论。前者是让孩子们学习在单词中识别元音和辅音，后者是让他们通过图片来认识单词，并且通过反复读由相同单词组成的句子来建立"视觉词汇"。而对我来说，最自然的做法是教孩子们拼读单词。我就是用这种方法学会了阅读，所以我也是这样教那些二年级学生的。我摒弃了遵从"看—说教学法"的教学指南。

在我看来，如果孩子们对所读的东西感兴趣，那么他们就会更加渴望阅读。这里没有什么高谈阔论的大道理，这是常识。一个孩子怎么可能为了读一句"看见佩珀在跑"而付出努力？于是，我不再使用这些必读材料，而是从图书馆和书店找来一些书。我让孩子们读《伊索寓言》《格林童话》《安徒生童话》《拉封丹寓言》，以及列夫·托尔斯泰的《寓言和童话》。我之所以选择那些故事，是因为它们教给人们的是价值观、道德和生活经验。童话和寓言能够让孩子们树立正确的观念——贪婪、困苦、幸福、卑劣和喜悦。读了这些故事之后，你总有要反复思考和讨论的东西。我希望我的学生如饥似渴地读书。我希望他们明白，阅读不仅仅能训练我们记住单词，还是一个让我们了解别人思想的途径。

我还让学生通过画画来讲解故事。有时，我们还会把寓言故事表演出来，或者自己编个结局。我们甚至自己写寓言故事。我起个头，然后每个孩子加上一句话。在尝试新想法和试验不同的方法与内容的过程中，我摸索出了一条路。而且，这恰恰是我喜欢的。我喜欢看见孩子们在发现解决数学难题的方法时或自己辨识出两个故事的相似之处时显露的表情，那种欣喜若狂的样子。

我在南卡尔洪小学工作了一年，在怀上我的第一个儿子埃里克时便离开了。然而，我知道自己还是会回到教师岗位上的。

在南卡尔洪小学时，克拉鲁斯和我在西亚当斯大街3819号买了一座两层的灰石楼房，就在德拉诺小学的那条街上，绕过一个拐角就到了我在哈姆林大道上的公寓。

加菲尔德公园是一处漂亮体面的社区，里面大多数居民都是犹太人、意大利人和爱尔兰人。我们是第一批入住那个社区的黑人家庭。回头想想，我本应该认识到那个社区发生的变化是那么快。麦迪逊大街上的银行倒闭了。夜间，一些商店的门前出现了钢栅，而且许多商店的橱窗上摆出了"待租"的标牌。当时，我并不知道周围的邻居都换人了。在我成长的小镇上，那里的人基本上一辈子都生活在一个地方。

1962年，在我们搬进那栋房子的第二年，埃里克出生了。3年后，我们有了第二个儿子帕特里克，1968年，我们的女儿辛西娅也来到了这个世界。那时，加菲尔德公园已经变成了芝加哥市的又一个贫民窟。这里成了妓女和街头匪帮出没的地方。满眼尽是被夷平的空地、用木板封起来的窗户和无人居住的楼房。最严重的一次损毁发生在马丁·路德·金离世之后1968年4月的暴乱中。人们失去了理智。他们在街上奔跑，砸碎窗户，抢劫掳掠，恶意纵火。当时的情况非常可怕。我们把自己反锁在家里，许多天都不敢出门。暴乱结束后，加菲尔德公园几乎一无所有了。所有的商店都关门了。为了买一加仑牛奶，克拉鲁斯要走上一英里路。

因为孩子还小，家里又添丁增口，克拉鲁斯和我无论如何也没有能力搬离加菲尔德公园。我们的许多朋友都陆续搬走了。也许是我叛逆的天性在作祟，看到越多的人逃离，忘记他们的旧友邻居，我留下来的决心就越坚定，即便后来我们有足够的钱，还是留了下来。我既然在加菲尔德公园扎下了根，就不会轻言放弃。

从那以后，许多年里我一直在和冷漠的处世态度抗争。人们似乎已经丧失了自豪感。我不明白，在像加菲尔德公园这样的市区里，人们都怎么了。在亚拉巴马州，贫穷的黑人常常用八角牌洗衣皂彻底地清洗没有油漆过的小木屋。即便没有从商店买来的扫把，他们也会清扫门廊。他们从树上砍下树枝，用破布或绳子把树枝绑在一起，做成扫把。在亚拉巴马州，如果人们看到谁家门口的栅栏上晾着一把脏兮兮的拖把，或者晾衣绳上悬挂着发灰的床单，便会摇摇头表示蔑视。我的母亲常说，看一个人的房子外面，就知道他是什么样的人。

在亚拉巴马州，每个人都有的一个特质就是自豪感。那种自豪感一直都是美国南部家庭教育的一部分。贫穷家庭的孩子都穿着打着整齐补丁的衣服去上学。他们的衣服虽然旧，但很干净。如果你的孩子脏兮兮的，那么你便没有遵从那个城市的社会秩序。如果你的水桶很脏，那很丢人；如果你直接用瓢而不是用玻璃杯喝水，你会被认为是野蛮人。如果你没有修剪草坪或树篱，你会受到排挤。周日，在礼拜结束之后，每家每户都会摆出他们的户外晚餐，大家能够看到谁家的晚餐最丰盛。如果你家的晚餐看起来不怎么样，那也很没面子。

加菲尔德公园的居民们多数都和我一样来自南方。我不明白的是，为什么我心中那种南方人的自豪感还在，而他们的却没有了。这一问题的出现，部分要归结于人们凡事都喜欢寻找捷径。他们被误导，进而相信，凡事总会有人代劳。太多黑人轻信人言，落入圈套，那些自称为领袖的人发现让人们觉得这个世界有"顺风车"可搭，他们就能从中攫取最大利益。如果如此多外国移民在来到美国后获得了成功，加菲尔德公园的那些人当然也能做到。然而，不幸的是，许多黑人仍在坐等白人来解救他们。

我认为，那些政客改变不了什么。而且，从长远来看，游行或者暴力抗议不会有任何作用。我一直告诉我的学生："如果今天你举起拳头，冲着某人大喊，他也许会施舍你点东西，因为他觉得对不起你或者害怕你，但是明天、后天、10年以后你又该怎么办？"

我坚信，真正的解决途径就是教育。我们必须教会孩子自尊自立。我们必须教导他们，读书、培养技能和自立是非常重要的。我常常警示他们，授人以鱼不如授人以渔，一条鱼只能管一天，会钓鱼才能一辈子有鱼吃。我想要留下的遗产是，这一代孩子能够意识到，不付出就没有收获，他们自强自立，聪慧机智，完全可以自给自足。在这个混乱的世界里，唯有拥有意志坚定的父母或强大的老师的孩子才能有所成就，至少具备其中一个条件，或者二者都具备。

1963年2月，我回到了教学岗位上，那时我的儿子埃里克才6个月大。我并不想把他整日丢给保姆，但我不得不工作。没有薪水，我们便难以偿付抵押贷款。幸运的是，我被安排到德拉诺小学，这所小学和我的家在一条街上。这样，午饭时间或者事出紧急的时候，我就可以回家。第一年，我教的是六年级学生，第二年，我接手的是二年级学生，从那以后，我就一直在二年级教书了。除了帕特里克和辛西娅出生时休了两次简短的产假，我在德拉诺小学一待就待了许多年。德拉诺小学的工作满足了我的各种需求，是再好不过的了。然而，最终这份工作还是变成了一场噩梦，不是因为学生，而是因为其他老师。

刚在德拉诺小学工作时，我印象最深的是校长，一位年纪较长的德国男士。他是一位古典主义学者，午餐时间还会给学生读《伊利亚特》。他组织教师参加专题讨论会，会上他背诵约翰·邓恩、叶芝和拜伦的作品，背诵到中间，会突然停下来，让老师们补充下一句。老师们如果说不上来，他会厌烦地挥挥手。我从他那里学到了很多，而且我也开始教学生诗歌和古典文学。

起初，我和大多数老师相处得都很好，尤其是那些我可以向之请教的年长一些的同事。我常常在午餐时间和一位来自阿肯色州的女士探讨让孩子们喜欢上阅读的方法。她给我的建议是，让孩子参与到故事里，不要让他们被动地盯着每一页的单词。她告诉我，让他们站在故事中某一人物的立场上，然后问他们都有哪些想法和感受。她还建议，我可以让孩子们给故事中的人物写信。直到今天，我都认为那些是让孩子们迷上故事的最有用的方法。

多年来，德拉诺小学的教师队伍一直在发生变化。有些教师退休了，有些主动要求去其他学校了，有些被行政机构满芝加哥市地调来调去。取代他们的是另一类教师，那些根本不在乎也不知道自己在做什么的人。有几位年轻男士之所以当老师，是为了躲避征兵和去越南参战。更多的人不羞于承认，他们其实并不想教书，只不过是想不出来自己还能干什么别的工作。他们想要的就是混日子。

新校长来到了德拉诺小学。他不太关注教室里进行的一切，对他而言，只要安静有序就够了。事实上，他唯一一次走进我的教室，是为了告诉我窗帘不够平整。他说，那样会给经过学校的人留下不好的印象。一次，一个孩子在背诵罗伯特·弗罗斯特的《火与冰》时被他打断了，他告诉我，最好马上让孩子们到教室外参加消防演习。而那是两个星期内的第六次消防演习。走出教室时，那位校长走到一个小女孩面前，告诉她，在教室里不能脱鞋。一个孩子的鞋和她的大脑有什么关系？那个小女孩刚在其他两个班闹得天翻地覆，现在好不容易才安静下来开始学习。

在公共教育系统工作的时间越长，我越逐渐认识到，学校唯独不在乎的就是教学。教学永远是排在最后的，教学是在收齐了牛奶费，张贴好公告栏——要求上面一月不能出现春天的花朵，三月不能出现残冬的景象——把窗帘整理好，书桌摆好，填好一式三份的表格，把考前和考后分数记录在计算机穿孔卡片上，根据不同阅读水平制好图表，然后运送到市中心的教育委员会之后，才应该做的事。每个人都是考试狂。那些管理者好像只想着调查学生的智力水平和考试排名。学生是否学到了东西，并不重要。除了学生在统一考试中的表现，什么都不重要。教师们必须针对那些考试教学生答题技巧。奇怪的是，如果孩子不学习，没有人会责怪老师。如果一名初二的学生不知道该如何阅读，没有人会找孩子的第一位、第二位或者第三位老师追究责任，问他们究竟出了什么问题。没有人那样做，错的一直都是孩子。

我已经忍无可忍。我无法忍受，他们装作若无其事的样子，好像教学还在有条不紊地进行，孩子们正在接受教育。孩子们还没准备好，就被推着往前走，注定会遭受更多的失败。他们不会读，不会写，却还是被推到了下一个年级。

我坚信，芝加哥教育体系中阅读能力很差的人都是"看—说"阅读教学法的受害者。这一方法最早使用于19世纪30年代，用来教聋哑人阅读。包括霍瑞思·曼在内的一些教育家把看—说教学法（整词教学法或视觉阅读法）引进了公立学校，他们认为，如果聋哑儿童能够通过这种方法学会阅读，那么对于所有儿童来说，这种方法会把阅读变得更加简单。到20世纪20年代，视觉阅读法被众多学校采用，进而在全国受到追捧。自那以后，这种教学法便大行其道。鲁道夫·弗莱施在1955年出版的经典著作《为什么强尼不能阅读》中认为，使用《迪克和简》这类基础阅读教材的看—

说教学法，导致一代又一代儿童不能阅读，不能拼写，没有任何语法知识。然而，他的观点并没有成功阻止众多学校使用那种教学法。越来越多的儿童不识字这一事实也改变不了这一做法。

我永远无法理解，怎么会有人期待孩子通过视觉认字来学会阅读。把那些注解单词和熟悉的单词序列的图片拿走，阅读便成了猜谜。使用看—说教学法，就是在教孩子记忆受控词表。因为没有学习元音和辅音的发音规则，孩子便不能独立拼读新的词语。比如，学习单词"look"时，如果没有学习两个o的发音，当遇到took或者book时，孩子就会不知所措，他就只能等稍后再去记住这些单词。

我没有让孩子依赖记忆积累词汇，我一直认为，教会孩子如何通过语音来攻克单词要好得多。多年来，我亲眼见证了，当孩子们通过语音学习单词后，阅读和写作能力都有了显著的提高。但孩子们必须学习详尽的语音——英语中所有规则的和不规则的发音模式。我看到，如果一个孩子知道元音和辅音以及划分音节的规则和特例，那么他不管拿到什么都可以阅读了。

因此，我没有遵从主张看—说教学法的教学指南。事实上，我的许多上课内容已经远远超越了课程大纲的要求。例如，在教学生做加减法的同时，我还告诉他们，"arithmetic（算术）"是一个希腊词汇，意思是"数数"；数字被称为"digits"，"digits"由拉丁语"digitus"而来，digitus的意思是手指，因为人们过去常用手指数数。我给他们讲了毕达哥拉斯，他相信，数学能够让人变得更加完美，进而可以见到诸神。我还告诉他们苏格拉底说过的话：

冷静有条理地思考，便能冷静有条理地生活。我给他们大声朗读《伟大的语录》和《101首名诗》。我们探讨爱默生的《论自立》、培根的《论教育》和梭罗的《瓦尔登湖》中的篇章："如果一个人没有和他的同伴保持同步，也许是因为他听到的是不同的鼓手。"

我教学生这些东西，并不是为了卖弄学问。我希望，他们的所读所学能够影响他们的一生，教导他们如何生活。我试着把我的孩子们引入一个超越加菲尔德公园贫民窟的世界。只有为孩子们开启一个更大的世界，他们才能真正地意识到自己也有渴求的东西。

我的方法就是教孩子们做一个完整的人。一名教师应该有助于孩子性格的发展，帮助他们建立积极的自我认知。我关注孩子的一切——观点态度、举止仪态。我要确保，学生的脸是干净的，头发是整齐的，衬衫是塞进裤腰里的，袜子是提上去的。我告诉他们，走路要抬头挺胸，肩膀向后展开，这样才能有尊严、有自信。我还警示他们，一个人对自己的看法会决定他们的命运。那些话是我的父母告诉我的，而且我至今仍坚信不疑。

从小到大，我都会遵循自己的信念，从不为了取悦他人而改变自己。然而，因为我一向我行我素，所以德拉诺小学的其他老师不喜欢我。在我的一生中总会碰到同样的问题。我坚定的意志似乎总会拒人于千里之外，即便在儿时也是如此。

在德拉诺小学，我打过的最艰难的战役就是做自己。不知怎的，我所做的每件事都会惹怒同事，从我的穿衣风格到我的教学方式。这样的批判日积月累，最后他们竟怀疑我图谋不轨。我和他们保持距离，全情地投身于教学中。但我的隐忍疏离却让事态变得更加糟糕。我不与他们来往，激怒了他们。

年复一年，我对德拉诺小学越来越不满。除了办公室政治——老师之间因为谁得到哪些学生、谁拿到了补助、谁公休、谁负责午餐秩序斤斤计较，争吵不休——我和众多公立学校的许多教师一样由于官僚主义、档案记录工作和电影《桃李满门》里的典型教育问题而灰心丧气。他们从哪里找到那么多细枝末节的工作，让你无法聚焦在教学上？

一心血来潮，就要改动课程设置。教材也在不断变化。某些地方的某些人决定降低教材的难度。教材被编写成比应有难度低两个年级的水平。为什么？因为学生不能阅读。新教材没有使用可能提高阅读技巧的材料挑战学生，相反，却增加了图片，减少了单词，使材料变得更加简单了。有一本教材，在一个故事中原本使用了enormous（巨大的）和apprehension（恐惧）这两个词，而修订版出来后，竟用big（大的）和fear（害怕）取而代之。教材的标准越来越低了。

我从未想过，自己竟会怀着敬畏之情回首19世纪60年代。我看到过一本出版于1862年的《修辞学读本》，其中收录了约翰·拉斯金、奥利弗·哥德史密斯、约翰·弥尔顿和列夫·托尔斯泰的作品。这本书是专门为小学生编纂的。今天，这些经典著作却被认为太难了。就连一年级学生的阅读词汇量都减少了。1920年一年级学生的阅读词汇量是345个新词。今天，使用最广泛的一年级学生的阅读材料一整年的词汇量只有53个单词。然而，一个5岁开始上学的孩子，他的词汇量就已经达到约4,000个单词了。

错误的教育及易读易学的教材、练习册、教师手册、教育游戏和视觉教具耗费了大量的财力。教材行业是一个年收入超过10亿美元的产业，而其中最大的利润部分来自于"视听教辅设备"——教学卡片、盒式磁带和幻灯片。由此看来，教育产业鼓励学校关注表面化的教育，这样的做法就不足为奇了。

对于这样的教育体制，在德拉诺小学有相当一部分同事和我的感受是一样的，但大多数人都冷眼旁观，不敢有所作为。这其中包括校长。校长，就其本质而言，其态度永远都是多一事不如少一事。通常情况下，他们只想在一所学校安稳地履行完任期，尽可能不出差错，才能有望在学区办公室寻求一个职位。他们谨小慎微地和老师们打交道，更不敢在年终评估中给出任何负面评价，也不敢往教室里多送一名学生。在这个世界上，任何一位校长最不希望的事就是和教师工会发生纠葛。

所有的一切累加起来，让我十分沮丧。忍无可忍，我最终变得更加直言不讳，这似乎让我进一步受到其他老师的排挤。如果我抱怨教材和课程设置不好，他们就会十分气恼。如果我抱怨消防演习次数太多，或者餐厅太脏了，或者学生洗手间里没有卫生纸，他们就会斥责我浪费了全体教师大会的时间。他们告诉我，把我的教室门关好，然后忘记那些事。然而，我做不到。

最终，关系越来越紧张。每当我走进教师休息室，所有人就会陷入一种让人不舒服的恶意的沉默。那些老师坐在沙发上喝着咖啡，交谈学生之间的事，我一进去，他们就突然不说话了。虽然我一向很自信，但对于他们的冷漠，我还是做不到无动于衷。我讨厌那种被人排斥的感觉。这让我想起了童年时经历的那种痛苦，同学们取笑我穿着昂贵的衣服，或者笑话我个子太高，行动笨拙。我不知道该如何和同事们和平共处。我只是不太会聊天。坐在那里，谈论某个六年级男孩第三次留级，或者刚刚转来的学生去过7所学校，却还没学会写自己的名字，我做不到。那些事情对我来说并不可笑。我常常听到一些老师说"我讨厌那些可恶的孩子"，那样的说辞让我崩溃。作为一名母亲，我不愿去想，辛辛苦苦让孩子穿好吃好，把孩子送到学校，老师的态度竟然是"我讨厌那些可恶的孩子"。无论我个人付出多大的代价，我都做不到和他们一样。

我处境堪忧。多少次我都想换一所学校工作，但我不想在这座城市的其他地方教书。我想要和我居住的社区里的孩子们一同努力。到1974年9月，我下定决心，唯有把注意力放在我的学生身上，才能挺过这一关。新学期伊始，一切都进展得非常顺利，开学6周以后，我的学生都已经求知若渴。直觉告诉我，这会是很棒的一年。

5

第五章

马文站在门口迎接孩子们，他们从她的身边经过，涌进教室。
"我喜欢你的毛衣。"她对其中一个男孩子说道。"你好，甜心，"
她说，她的大手扣在小女孩的脸颊上，"谁给你梳了个这么漂亮的
辫子？"她告诉一个用尽全力要冲到所有人前面的小男孩，"你的
鞋子真好看。把鞋带系上，亲爱的，这样你才不会摔伤自己。"每
一天马文能很确定地在每个孩子身上找到要赞扬的东西，虽然她
赞扬的不过是诸如袜子的颜色、新铅笔、明朗的微笑或者脖后颈
洗得很干净这些小事。

孩子们争先恐后地跑到座位上，在书桌里摸索着，把午餐放
进去，把铅笔和书本拿出来。4个男孩子在教室后面凑在一起，商
量放学后的计划。前排的一个小女孩在梳头发。马文走到黑板处
时经过那个女孩，顺势从她手中把梳子拿了过来。

"亲爱的，把梳子收起来。你看见我在班里梳过头发吗？我怎

么做，你就怎么做。我们不在人前梳头发。如果我拿着一块湿毛巾来到班级，开始擦脸，那成什么样子？洗脸、梳头和刷牙都是我们私下里做的事。"

马文环视整个教室，看见学生都到齐了，就开始上课。"谁能告诉我什么是同音异义词？"

"第二遍的上课铃还没响呢。"杰罗姆抱怨道。杰罗姆唠叨不停，爱管闲事，他永远都在提醒马文有关程序的问题——明确指出课文前一天讲到了哪里，提醒马文收家庭作业，提示她距离午饭时间还有5分钟，全班同学应该开始把书收起来了。

"你需要铃声提示你的大脑开始工作吗？"马文问道，"有一位俄罗斯科学家，名字叫伊万·巴甫洛夫，P-a-v-l-o-v。"马文在黑板上写下了这个名字，指出其中的短元音。"巴甫洛夫做了一个实验，每次拿食物喂狗时，都会摇一摇铃铛。很快，那只狗就知道了，铃响，它就能得到食物。那只狗一听到铃声就会联系（associated）起食物。那只狗做了什么？它听到铃声，就会联系（associated）起食物。"

她用力在黑板上写下了"associated"这个单词，还标上了音标。"这个词的词根是'associate'。其中第一个'a'发中元音，然后是长音'o'，长音'e'和长音'a'，associate。'associate'是什么意思？"

马文指定杰罗姆回答这个问题。"宝贝，'associate'是什么意思？那只狗一听到铃声，就会associated（联系）起食物。铃声让狗做什么？想起了——"

"想起了食物。"杰罗姆回答道。

"非常好。'associate'指联系或联结在一起。我们把万圣节和南瓜联系在一起，把圣诞老人和圣诞节联系在一起。"

"这里，巴甫洛夫博士的狗把铃声和食物联系在一起。那已经成为一种习惯，即便不给食物，只要它一听到铃声，嘴巴就会流口水。铃声一响，那只狗就表现得很饿。杰罗姆，你应该不需要铃声告诉你，你很饿吧？你当然不需要。你足够聪明，饿了，自己会知道。同样，你也不需要铃声提示你，什么时候该开始思考。"

从这个学期开始到现在，6个星期过去了，马文的学生已经习惯了这些题外话。马文从不因为学生像杰罗姆那样出言不逊而批评他们。她把那看作是一种考验，是对她个人的挑战。她喜欢自己的这个想法——她可以把任何事都变成一次学习经验。

课间活动时，一个小男孩踢了同班同学一脚，他就必须要去查找"kick（踢）"这个词的词源，并向全班汇报他的查找结果。当旺达·刘易斯嚼着泡泡糖，吹了一个巨大的泡泡，盖住了脸颊和鼻子时，马文让她去查口香糖的历史，并告诉全班所有关于树胶和人心果树的事。

这件事在全班引发了一场关于植物学、地理和国际贸易的讨论。马文告诉她的学生，人心果树是常绿植物，和加菲尔德公园里的枫树、橡树和榆树这些落叶乔木不同，因为常绿植物到了秋天也不会落叶。她拉下了一张很大的世界地图，给学生指出了墨西哥、中美洲和南美洲热带地区这些人心果树生长的地方。她还继续解释道，这些国家是如何把从树上取下的胶体卖给美国以换取他们没有的商品的——"这里，我们使用的那个词就是'export

（出口）'"。

　　这就是马文日常即兴给孩子们上课的典型例子。只要能被用来激发孩子的求知欲，她都可以信手拈来。

　　就像开始上课时那样，她随机应变，突然开始讨论巴甫洛夫心理学，然后又言归正传，讲解同音异义词。

　　"同音异义词就像双胞胎一样。"她说，"同音异义词听起来很像，但意思不同。安东尼，用同音异义词'meet'和'meat'造两个句子。"

　　"下周见？（Meet you next week?）"安东尼回答道。他是一个安静的小男孩，那种在教室里很容易被忽视的孩子。

　　"用完整的句子，亲爱的。我们必须一直说完整的句子。我能见你吗，在什么时候？（Can I meet you, when?）"

　　"我能下周见你吗？柯林斯女士？（Can I meet you next week, Mrs. Collins?）"安东尼回答道。

　　"非常非常好。"

　　"柯林斯女士，柯林斯女士，"弗雷迪·哈里斯大声说道，把胳膊伸得老高，从座位上跳了起来，"我来，我来。"

　　"好的，弗雷迪，"马文说道，"你用单词'meat（肉）'给我们造个句子吧！有ea的同音异义词。"

　　"巴甫洛夫博士的狗吃了肉。（Dr. Pavlov's dog eats meat.）"弗雷迪说道，自信满满地靠坐在椅背上。

　　"哦，你真是太聪明了，实在太聪明了，"马文说道，"如果没有人对你说过——你是一个多么聪明的孩子这样的话，我都不信。"

那就是她的教学方法，尽可能收集更多的信息，用名字、事实和轶事轰击孩子们的大脑，这样他们以后就可以为己所用。当然，孩子不会记得所有信息。但接触知识才是最重要的。有些知识需要慢慢地吸收和领会。

孩子们正在学习语音。每天，就像瑜伽修行者唱颂一般，孩子们在马文的带领下，反复齐读元音、辅音和混合辅音——br、bl、tw、spr。

按照"一二、一二三"的节奏，他们在学习长元音，朗读道："a, e——i, o, u. I like reading, how about you?（我爱阅读，那你呢？）"随后，他们又学了短元音，马文认为，短元音对于黑人孩子来说尤其难发，他们一齐读道："at, et, it, ot, ut. Let's push the last door shut.（让我们关上最后一扇门。）"

为了把发音和拼写联系起来，马文在黑板上写了几个例词。

"元音是a的单词有ate。元音是a的单词有tail。元音是a的单词有may。元音是a的单词有straight。元音是a的单词有eight。"

全班同学找到节奏后，也跟着读起来。很快，整个教室都沉浸在布道会上才有的那种震撼人心的气氛中。琅琅书声起起落落，一个个小脑袋摆呀摆，一双双小手拍呀拍。那种能量是极具感染力的。

"Play和stay。Play和stay，"他们唱着，"我看见了两个元音，一，二。我看见了两个元音，一，二。我看见了两个元音，发音a。那个单词就是play。"

这样，在读完长元音和短元音后，又读了辅音，每个辅音都有一个可以产生联系的要点。字母b是the heart beat sound（心跳声）；c和k是两个音节听起来都像cracking nuts（坚果开裂的声音）；d是a knock on the door（敲门声）；f是a fighting cat（打架的猫）；g是a croaking frog（呱呱叫的蛙）；h是奔跑的男孩大喘气；z是a buzzing bee（小蜜蜂嗡嗡嗡）——他们就这样一路从头唱到尾。

094 / 第五章

Heart beat, heart beat, bh, bh, bh

Cracking nut, cracking nut, ck, ck, ck

Knock on the door, knock on the door, dh, dh, dh

Fighting cat, fighting cat, fff, fff, fff

Croaking frog, croaking frog, gh, gh, gh

Running boy, running boy, huh, huh, huh

为了能跟上节奏，马文也拍着手，这样能让孩子们保持高亢的情绪。孩子们唱完后，马文表扬了他们，但还不忘提醒他们，"如果知道元音和辅音的发音规律，你就能拼读所有的单词。"

* * *

到了十一月，每天规律的语音训练开始初见成效。这种教学生阅读的方法单调枯燥，且需要不断重复，老师都觉得乏味至极，何况那些孩子。然而，这种方法的效果却是不可取代的。有节奏地用双手拍着节拍，一定程度上可以缓解那种单调。很快孩子们就能像熟练地哼唱电视广告里的旋律一样，熟练地唱着元音和辅音儿歌。有一次，我曾经听到我的一些学生在食堂和走廊唱着他们自己用爵士乐风格改编的"Cracking nut, cracking nut, ck, ck, ck. Buzzing bee, buzzing bee, zzz, zzz, zzz"。

课堂上,孩子们现在已经能够把元音和辅音搭配起来,拼读出单词了。他们开始阅读了,用的是《阅读真有趣》这本书,这是Open Court出版公司推出的语音教学法系列阅读教材的第一册。德拉诺小学的前任校长在多年前订购了这批书,并鼓励教师们尝试使用这本教材。多数教师都拒绝了,因为他们觉得Open Court出版公司的书对孩子们来说太难了。新校长到任后,这些以语音教学法为主的阅读教材就被收到了仓库里。

我喜欢Open Court出版公司的这套教材,因为其中选录的诗歌和故事旨在教授价值观,而不仅仅局限于词汇。

> *说好,做好,*
>
> *两句话,都有"好"。*
>
> *说得好,很好,*
>
> *做得好,更好。*

像古老的《麦加菲读本》,Open Court出版公司这套教材所教的东西远远多于"看,看,看见我"这样的阅读材料。就这样,我的学生学习了诗歌、寓言和像《迪克·惠廷顿和他的猫》这样的故事,除此以外,每天午餐后,我还会读一些选段给他们听。这些孩子像海绵吸水一样吸收着信息,好像要去参加儿童组"大学知识竞赛"。他们知道,巨魔和精灵来自斯堪的纳维亚,小鬼生活在英格兰,妖精来自爱尔兰,法国才有地精,以及吵闹鬼是制造噪音的德国小精灵。他们知道,《灰姑娘》有343个不同的版本,第一个版本是公元340年在中国印刷的。

对于一个正在学习阅读的孩子,你最初给他的那本书决定了他以后会读什么。如果我们给他们的是《迪克和简》这样乏味的故事,又怎么能激发他们的好奇心,让他们读更多的书?童话和寓言能够刺激孩子的读书欲望,而且是教孩子文学分析的最好方式。在童话故事中,总会有冲突和问题存在,有正义力量与邪恶力量的对抗。我教孩子们辨别正面人物和反面人物。我还指出,在童话故事中常会出现"三"这个元素——三只小熊、三只小猪、三个愿望,灰姑娘参加舞会的三个夜晚。我解释说,"三"这个数字具有广泛的象征意义,代表着许多事物。我常举的一个例子就是组成我们人格的三个部分——本我、自我和超我。我告诉孩子们,"本我"是我们刚出生时的那个人,那时的我们还一无所知。"自我"是当下的自己,我们眼中的自己。而"超我"是我们的良知,我们觉得自己应该成为的那个人。

即便是小孩子,他们也喜欢这样去分析故事,解开谜题,喜欢看见所有细节都相互吻合,最后问题迎刃而解。孩子们还提出了其他和"三"有关的事物,比如棒球比赛中的三振出局或者一日三餐。在他们所读和所见之间寻找某种关联,能够让孩子们的大脑在课堂讨论中灵光乍现,而这就是这节课的核心。我提醒学生,每个人都应该有自己的观点,而且他们的观点很重要。我没有告诉他们该想些什么。我只是在尽力教他们如何思考。在这类讨论中引入没有明确答案的开放式问题是非常有用的,因为这样的问题可以激发批判性思维。金发姑娘是否可以不经允许就进入别人的房子？她弄坏了小熊的床，吃了小熊的东西，对不对？

为了拓展学生的思路，我会让他们做些热身练习。比如，在算术课上，我也许会问，"如果在一锅水里煮一个鸡蛋要花3分钟，那么煮两个鸡蛋要花多长时间？"常常有人冒出来说，"我们还没学习乘法呢。"另一名学生也许会试探着说，"那就是两倍时间那么长。"

我说，"如果你那样算的话，鸡蛋就煮过头了。再好好想想。如果我把一个鸡蛋放在水中，把水烧开，和在里面放两个鸡蛋一起煮，有什么区别吗？煮两个鸡蛋所花的时间和煮一个是一样的，不是吗？"我这样做的目的，就是让孩子们不仅仅会用课本的知识，还要会用生活常识来思考。有时，我会有意给学生提出一些故意省略了事实的不完整的问题。我这样做，是为了教他们如何评估信息，并让他们意识到，并不是所有的问题都能回答。最后，他们学会了告诉我，信息不充分。

*　*　*

马文的学生就这样突飞猛进地成长，有一天，他们在教室里讨论《杰克与魔豆》[1]的故事。

"哦，那杰克呢？"马文问道，"你们认为杰克是什么样的性格？"

"那个杰克，一定很傻。"克丽丝说道。

---

[1] 该故事讲述了杰克通过用一头奶牛换得的魔豆种出巨大的藤蔓爬到巨人国，利用智慧从巨人国得到财富。——编者注

"是哦，"弗雷迪笑道，"居然招惹老巨人。他死定了。"

"所以，你认为，他不应该找机会进入巨人的城堡？"马文问道。

"我觉得他应该去，因为他要把他的爸爸带回来，还有他爸爸的东西。"贝尔纳特回答。

"他只想着偷东西，"弗雷迪争论道，"他怎么就那么肯定，钱和会下蛋的母鸡是他爸爸的？"

"'是'要用复数，亲爱的。"马文纠正道。

"是的，那些东西就是他爸爸的。"

"他不是什么好人，"杰罗姆抱着胳膊靠在椅背上，表示赞同，"他就是懒，他不想工作，看吧，所以他希望的不过是蒙混度日。就像您一直告诉我们的那样，柯林斯女士，他就是那个伸出双手、不劳而获的人。"

"他向女巨人乞讨食物。"安东尼小声说。马上，他就惊讶地意识到自己竟然在课上回答问题了。

"安东尼，我们真是越来越聪明了！"马文惊叹道。

"哼，我还是觉得杰克很傻，"克丽丝大声说，别人评论时，她就一直在摇头。"你不会为了别人口中神奇的魔豆就拿一头牛去交换，除非那个人能证明给你看。天哪，杰克被骗了！"

克丽丝从这个故事中提出了一个新问题。现在想阻止学生提出问题都阻止不了。

多少次课上，当她的循循善诱和所有的努力最终产生成效，孩子们可以独立学习和思考时，这位全心奉献的老师才知道豁然开朗的感觉是什么。马文看着孩子们急切的样子，想着她是经过了多长时间的带领，他们才能像这样尽情释放。要知道，开学第一天，这些孩子都带着坚硬的外壳、倔强的面孔和迷茫的眼神，没有希望，没有喜悦。现在的他们居然有了激情。

"我不知道，圣彼得为我做了什么计划，"马文说，"但你们这些孩子给予了我人世间的天堂。"

* * *

不言而喻，我的终极目标是让这个班级的孩子们看到教育的内在价值，这样他们就能为了学习而学习。这个目标终究会实现。他们还只有七、八、九岁。虽然我不贿赂学生，但我坚信奖赏的力量。赞扬——每一天中的每一项任务都要赞扬——是最主要的激励方式。但偶尔，当学生赢得了他们该得的赞扬，再多给一点其他的奖赏也是可以的。

因为我的学生学习一直都很努力，所以我安排他们去参观本地的一家快餐店。我们当时正在学习的单元是有关科学的——人类如何获得食物，来一次实地考察似乎刚好切中主题。餐厅老板同意让孩子们参观一下餐厅后厨的工作，让他们看看如何准备食物，如何做生意，参观结束后，老板还会请他们吃午餐。我事先和校长说明了情况，校长说这是个好主意。"那些孩子总是吃垃圾食品，"他笑道，"也许他们这次可以看看那些食物里面都有什么。"

这家连锁餐厅用小丑做宣传，中午十一点，小丑来到班级，准备把孩子们带到餐厅。离开德拉诺小学时，孩子们叫着笑着，虽然他们已经非常努力地表现得像成熟的女士和先生一样。孩子们尽可能地不再跌跌撞撞，因为他们记得我提醒过的事——他们都是学校的使节，言行举止必须得体。

当行进队伍刚刚拐弯时，校长沿着人行道冲了过来，叫我停下来。他为了不让衣服在奔跑时摆动，双手紧抓着西服前面，看上去，比平时还要烦躁。

"马文，你们不能去了，"他边说边喘着粗气，"你必须把班级带回到教学楼。其他老师给我找了很多麻烦。因为同意你带孩子去餐厅，他们一直在刁难我。"

"但是，您已经批准了。"我说。

"我知道，我知道，但我不想因此惹出什么麻烦。"

"看看这些孩子，看看他们兴奋的样子。我不会让他们失望的。您既然对孩子做出了承诺，就应该遵守，要么，您之前就不要答应。"

于是，我和孩子们继续向餐厅走去。为了这个决定我付出了沉重的代价。校长回去后，显然会说，他并没有批准我带孩子们外出。从那以后，我和其他教师之间的冲突便公开了。

有人开始传播谣言，说我打学生，他们才有这么好的表现。二年级学生学习有关恐龙的科学课时，我把他们的文章张贴在教室外的公告栏上，有些老师散布谣言，说那些文章是我自己编写的。我的学生不可能写出关于雷龙、翼龙和霸王龙的文章，因为他们班级的学生还在艰难地学习基础阅读教材的前13个单词。

这样的困扰丝毫没有减弱的迹象。我有两次在学校的邮箱里发现了"仇恨信"："你觉得自己很了不起。我们觉得你什么都不是。"署名是"一位同事"。

有一段时间，我一站在黑板前就感到头晕。我开始晚上睡不着，总感到头部两侧有规律的阵痛。我会突然坐起来，无法呼吸，然后又快速地喘气。我感觉自己就要死了。

我花了很多时间考虑如果我不再教书了会怎样。我知道自己必须再找一份工作。即便拿着当老师的这份工资，我们的钱也不太够用。许多钱都用来支付埃里克、帕特里克和辛西娅的夏令营及私立学校的学费了。一直以来，克拉鲁斯必须要做两份工作，凌晨两点起床到工地上和水泥，然后去阳光电器公司上班。我常常在周六打医学报告，这样就能多赚一点儿外快。如果我让我的孩子到德拉诺小学上学，日子会好过多了，但到埃里克该上学的时候，我已经在德拉诺小学工作4年多了，我意识到，那所学校永远不会提供我想要给孩子的那种教育。

我也很确定，除了教书，还有很多工作可做。我考虑在办公室找个工作，为教材出版商工作或者为报社写文章。我写了一些咨询信，但终归都是徒劳。这是因为每次一有主意，那个主意就会被挥之不去的想法赶出我的大脑——我不可能离开我班上的那些孩子，尤其不能在这一学年还没结束的时候离开，也不能在他们刚刚有了生机的时候离开。连续性对这些孩子来说很重要。

我感觉，自己再也无法忍受这种紧张的关系了。我讨厌没人和我说话，讨厌全世界都恨我。然而，让我觉得欣慰的是，最后圣诞节来了。

6

第六章

假期期间，克拉鲁斯和孩子们用尽浑身解数让我高兴起来，把在德拉诺小学的烦心事抛在脑后。如果没有他们的支持，我很可能早就崩溃了。我是个急性子，遇到事情，常常恐慌。然而，克拉鲁斯却头脑冷静，性格体贴，从来都是临危不乱，稳如泰山。而那正是我所需要的。就连我的儿子埃里克也在安抚我。"妈妈，你看，"他说，"是你一直告诉我们要坚强。那么，首先你自己就要坚强。"虽然那时他只有12岁，但已经有了些"一切尽在掌控之中"的气场。

我在房子里漫无目的地走来走去，试图弄清楚我到底怎么了。许多天，我都处在一种自怜的情绪当中。然后，就开始怀疑自我，甚至感到内疚。我是不是太自以为是了？太顽固刻板了？我一辈子都很严肃，太严肃了。我希望自己也能和别人一样。我甚至也尝试着让自己活得随意一些，晚饭后把盘子丢在水槽里，打算第二天再洗，但最后我还是在睡觉前洗了。

当我认准了某件事，便绝不后退，甚至不妥协。作为一名老师，我只去理解学生的感受，我是不是也应该努力理解一下我的同事？我很困惑。最简单的价值观，那些我一直都能理解的东西，现在却变得错综复杂。

过了一段时间，我逐渐明白，不仅仅是和同事之间的矛盾触发了我的这些情绪，是当今的教育包含的一切，是事不关己的态度和官僚制度下的繁文缛节使每天的教育工作越来越痛苦。作为家长，我也深受其扰。为了让他们接受良好的教育，在为我自己的孩子找学校时，我就遇到了很多困难。

那时，我把孩子送到了距离加菲尔德公园几英里的路德教会学校，我得给出租车司机或邻居交通费，让他们接送孩子。然而，我对那所学校还是不满意。这已经是7年之内我换的第四所学校了。

起初，我把埃里克和帕特里克送到了位于芝加哥市另一端的一所天主教学校。我每个月要支付60美元学费，为了把他们送到学校，还要支付私人出租车100多美元。然而，我还是觉得物有所值。他们接受了良好的基础教育——语法、大量传统的训练，而不是什么引人注意的花招和游戏。

从学龄前教育到小学一年级结束，他们的老师都很好。到埃里克7岁时，学校开始引进更加"先进的"教学法。为了吸引更多的学生，雇用一些没有经验的老师。我看到我的儿子在做看图识字游戏，在课本上涂色，而不是在积累他们的阅读技巧和词汇量，那时，我就在另一所学校给他们报了名。

私立男生预备学校虽然享誉在外，但很快也被证明不过是徒有其名。埃里克和帕特里克在那所学校里没有学习语音拼读，而是被训练记住教学卡上的单词。他们只阅读基础读本，教师没有通过课堂讨论、练习或者提问来激发他们的批判性思维。更糟糕的是，他们使用的是看图说话读本。帕特里克刚到预备学校上一年级时，还是个特别喜欢读书的孩子，后来竟然开始表现得好似一盏灭了的电灯。他不再学习，对阅读也失去了兴趣，而且学校劝我让他上补习班。

我见了校长。不是作为一名专家，而是一名关心孩子的家长，我想要提供帮助。我感觉，如果父母愿意参与进来——不仅仅帮助筹款和陪伴孩子们校外实地考察——那么，也许孩子能接受到更好的教育。校长对我的建议似乎颇感兴趣。事实上，他让我起草一份示范课的教案和教授语音的学习计划。我都做了，但我能感觉到，他是在敷衍我。

果然，一切都没改变。四年级结束时，埃里克遇到了很多不会的单词，如果知道自然拼读规则，那些单词他本应该能拼出来的。帕特里克在阅读上也遇到了困难。晚上，我会辅导他们学习，但大多数时间都是在消除他们白天在学校学习所产生的消极影响。于是，我告诉克拉鲁斯，我下学期不想再让两个儿子去预备学校读书了。克拉鲁斯无法理解为什么我要不停地找好学校。我想，他一定认为，最初我的行为还只是家长对孩子学习的正常关心，但在不停换学校的过程中，逐渐变成引发广泛争议的事情了。他觉得只要他的儿子被送到昂贵的私立学校，就一定能接受到可信赖的教育。

而我也理解，一个不在教育领域的人，不在教室里和孩子们一起学习的人，很容易认为我是在小题大做。每个人都认为，学校是孩子们学习的地方。否则，学校还能干什么呢？人们仍然相信学校的老师和以往的老师一样，全心奉献，牺牲自我。他们不知道的是，这个职业已经发生了很大变化。

为我的三个孩子寻找学校的过程着实让我大开眼界：教育质量差绝不是公立学校所独有的。错误的教育比比皆是，这是一种快速传播的流行病，影响着从城市到郊区的每一所学校，无论是公立学校、教会学校还是私立学校，无一幸免。曾经只有穷苦人才需要面对的烦恼已经成了所有人的重担。

另外，我还意识到，无论作为教师还是作为母亲，我都逃避不了这个问题。这两个角色实际上是紧密相连的。在德拉诺小学，我在为自己心中的教育战斗着，而那也正是我想要自己的孩子所获得的教育。作为家长，我渴望保护自己的孩子，作为老师的我也有着同样的冲动。我做不到每天下午3：15走出德拉诺小学，就完全地把学校和学生抛在脑后。我的学生是回家了，还是在街上游荡？他们的衣服穿够了没有？他们今晚会不会吃饱，床上有没有被子？

课间休息时，我总是站在门口观望，确保没有孩子被同班同学欺负或者被排除在游戏之外。当我看到有人独自站在一边时，我会牵起孩子的手，叫另一个孩子过来，重新组织游戏玩伴。让每个孩子都感觉到被集体接受，这一点对我来说很重要。我太了解被人排斥是什么感受了。

一月份，我回到了德拉诺小学，我比以往更加坚定地教书育人。然而，开学两周后，一切都毁于一旦。

一个周五下午，校长派人捎来口信，说要我马上去他的办公室，他要见我。我想象不到，什么事情这么紧急，就不能等到下班后再说。是我忘记了填什么表格？还是我的学生闯祸了？

校长坐在办公桌后，看起来非常郑重。他本就个子不高，坐在书桌后，看上去又矮了一截，被吞没在档案柜和一摞摞文件中。他告诉我坐下。我知道，他要告诉我的事，一定不是我想听到的。

他要我离开现在的班级。由于拨款削减，学校已经取消了一些监管职位，所以他必须让一位老教师重新回到教室上课。校长准备把我的班级给那位老教师，把我换到另一个班去。他解释道，那位老教师工作了30年，六月份就退休了，他想让她在这里的最后几个月过得尽可能轻松些。我没有心思再认真听他说什么，恍惚地听到他说了一些虚与委蛇的赞美之词，我的孩子们学习多么好，行为举止多么得体。这样，那位老教师就不会遇到什么麻烦了。

可是，那些孩子怎么办？我一路跑上楼，回到教室。我的心怦怦地跳着。我关上门，靠在墙上，环视着堆满了书本、海报和植物的教室。虽然一些来访者会觉得看起来不太美观，但这里的一切都是为了孩子。我的目光落到了墙面的海报上：胜利者从不放弃，放弃者不会胜利！生活中的胜者积极地应对压力。如果生活给了你柠檬，就为自己做杯柠檬水。每天我都在传递这些信息，让学生领悟积极的态度有多么重要。我希望我的学生能做到积极面对。然而，一瞬间，我自己的积极态度却不复存在了。

* * *

孩子们能够看出来，马文很沮丧。

“怎么了，柯林斯女士？”安东尼皱着眉，低声说道。马文双手放在他的肩膀上。

“孩子们，我一直和你们坦诚相待，所以，我现在也不打算骗你们。学校要做一些调整。”她用力握住了安东尼的肩膀，“马上就会有另一位老师来教你们，我猜我也要接另一个班级了。”

不出所料，孩子们叹息抱怨着，摇着头，不约而同地喊着“不”。泪水顺着安东尼的脸颊流了下来。弗雷迪猛击了桌子一拳，把桌子推到了墙边。

“我再也不来了！”他喊道，嘴巴紧紧地噘着，他的双臂和肩膀由于愤怒快速地抖动着，“我要把这里所有的玻璃都砸了。”

“那就是我教你们的吗？那就是我这几个月一直在做的事吗？教你们砸玻璃，摔桌子？当你们出去找工作时，某个雇主肯定会说，‘天哪，天哪，快看看这个年轻人。他一定能胜任这个工作，因为他上了学，而且学会了怎么砸玻璃、摔桌子。’”

几阵笑声打破了紧张的氛围。马文走到弗雷迪面前，把他的桌子推了回去，然后抱住他。

“我爱你，”她告诉他，“我爱你们所有人，而且我会继续爱着你们，关怀你们，担心你们。有时，生活中会发生一些事，我们也无能为力。但我们不能让那些事击垮我们。我们会继续竭尽所能，努力上进。如果你停止了学习，如果你不再充实你的大脑，那么我就白教你们这一切了。这样，你们就让我成了一个失败的老师。"

＊　＊　＊

孩子们回家后，我把一些海报卷起来，还收走了一些书和植物。我决定，剩下的东西随后再来拿，或者让克拉鲁斯过来取走。现在的我开始释然了。

我曾经目睹了这一切：来上学的孩子们太脏了，我必须带他们去卫生间，用酒精擦洗他们的手臂与胳膊肘；一位家长冲进教室，用延长线打孩子……我一直努力工作着，直到自己精疲力竭。我一直努力改变这一切，我竭尽所能给予孩子更多的东西，想要给孩子们展示加菲尔德公园以外的世界，让他们对生活有所期盼。如果我像自己认为的那样坚强，那么我就应该坚强地承认失败。

一位学生的母亲走进教室。她告诉我，家长们已经听说了校长要给孩子们换老师的事。那位老师的助手也已经得到消息，并开始给家长逐一打电话。一群愤怒的家长已经来到楼下的办公室。他们对换老师这个想法非常生气，因为学校竟为了给一个老师找职位，就要扰乱两个班级和60名学生。

那位母亲说话时，目光注视着书桌上装着植物的箱子。她说，"柯林斯女士，当您开始把植物装起来时，我知道您已经准备好要离开了。然而，我们想要您留下来。"其他家长正在楼下，和校长在一起，他们坚持反对换老师。

我没有回答。我试着想象办公室里的吵闹声和混乱的场面。

想到校长被蜂拥而至的家长团团围住的情景，我不禁笑了笑。可怜的人，他从没想到会这样。他可能认为那些父母会和以往一样视而不见——而这并不是因为他们不在乎，而是因为许多家长很容易被老师和学校管理人员震慑到。他们害怕自己不知道说什么，害怕自己看起来木讷呆滞，因为自己没有读多少书而觉得难堪。他们常常由于自己言谈举止、着装打扮的方式觉得不自在，担心孩子的老师会笑话他们。这些家长能够表明立场，让我倍感欣慰。然而，我不会再被卷入其中了。我自己已经放下了这件事，而且做了这一决定后，我已经开始觉得轻松多了。

我穿上外套，关掉灯，最后关上教室的门。在楼下，我听到了一阵骚动。我转过身，跑出了教学楼，生怕有人看见我。在那一刻，我最无法忍受的事就是抗争与争吵。我必须要做的是保持理智，守住尊严。我的自我认同感都在于此了。

那天晚上，克拉鲁斯和我谈了许久，我告诉他，我已经下定决心从德拉诺小学辞职了。他说，我需要做出自己认为最好的选择，但我想他比看上去更加释然。上床后，我想，一切都尘埃落定了，这几个星期以来，我第一次酣睡如泥。

第二天清晨，几位家长给我打电话，询问有关我要离开的传言。他们告诉我，如果我不回学校，他们也不打算再把孩子送回去了。他们要抵制学校，让孩子待在家里。

无论他们是不是真的会说到做到，我都非常担忧。在像加菲尔德公园这样的地方，事态很可能会失控，我担心，这种抵制最终将会带来危险。虽然我并不怀疑那些家长的动机，但我担心，社区里一些年纪大一些的男孩子会把抵制上学当作借口，进而制造混乱。

星期一，我回到了德拉诺小学。校长把班级还给了我，我又开始上课了。对于之前发生的事，孩子和我都没再提起过。

对我而言，那已经是一个结束。我要做的只是撑到六月份。我不能再抗争了。一个星期又一个星期，一个月又一个月，我越来越抑郁，已经到了一走进学校这栋楼就害怕的程度。周五晚上，我已经开始担心下周一自己该怎么办了。周日，我在房子里像旋风一样快速地走来走去，一边清扫擦洗一边痛哭流涕。要么，我便会陷入沉默，一言不发。我的家人不得不忍受我无法抑制的负面情绪。我在喊叫、抱怨和痛苦之间不停地挣扎。我要坚持到六月份。

这一学年的最后几个月是最艰难的。很快就解脱了，指日可待。然而，每一天都那么漫长，那么痛苦。我把所有剩下的精力都倾注在学生身上，完全不顾自己。我不梳头，而且常常不洗头就外出。我不再在意自己穿什么，也忘记了化妆。早上，我抓起什么，就穿什么，甚至会穿牛仔裤上班。有时，同一套衣服，我会连穿两天，我以前从未这么做过。

显然，我的学生看到了我的变化。我也不会对他们隐藏自己的感受。我告诉他们，有时我很受伤，总想哭，但这绝不是因为他们做了什么错事。让孩子们知道，这很重要，因为孩子，尤其是小孩子，很容易认为是他们做了什么事，才给大人添了许多麻烦。有时，整个班级就像在做群体治疗。他们分享彼此的经历，我也毫不避讳地谈论我的事。我从不认为，教师应该故作完美。如果老师从不展现人类脆弱的一面，那么孩子也会羞于承认他们自己脆弱的一面。不可能有完美的老师，就如不可能有完美的家长一样。

尽管如此，我的这些学生仍在努力学习，学习阅读，做数学题，锻炼思维。上一年九月，我的二年级小学生们就已经开始学习Open Court出版公司系列教材中的第一册了；到六月，这套教材的五年级读本，他们已经学完了一半。他们知道亚里士多德、伊索、托尔斯泰、莎士比亚、爱伦·坡、弗罗斯特和狄金森。如果说我已经变了，但我的教学方法没有变。

这一学期的最后一天，我拥抱、吻别每一个孩子。我给了他们在暑假期间的阅读书单。"你们是这个世界上最聪明的孩子，"我最后一次提醒他们，"这一点你们绝不能忘记。记住，没有人能够夺走你的知识。只有你自己能决定你这一生成功与否。你们绝不能放弃，要去翱翔。"

我收好自己的东西，走出德拉诺小学的时候，已经是下午了。孩子们围在教学楼前，跑上来，拖住我。"我爱你们。"我穿过马路，对他们喊道。我说的是事实。他们是我撑过那最后几个月的唯一原因。然而，我对自己发誓，我不会再回去了。有生之年，我不会再踏入那栋楼半步。

7

第七章

　　我离开德拉诺小学，绝不是摆出什么抗议的杀手锏。我马上就39岁了，并非年轻气盛、需要向自己和这个世界证明什么。虽然我还热爱着教育事业，但那得需要在一个我觉得自在的地方。我愿意待在公立学校，和许许多多教师一样，竭尽所能让这个系统运作起来。然而，我再也没有精力那样做了，也没有精力再去挑战我的那些同事。

　　我用了14年才学会了如何教书育人，因此我不打算放弃。我想，我要利用这个夏天让自己放松下来，然后再考虑其他可能性。直觉告诉我，一切问题都会得到解决的。

　　七月，一群组织社区学校的女性邻居来看我。她们对公立学校很不满意，因此，想要为加菲尔德公园社区的孩子们建一所私立小学。他们请我做负责人。那听上去太棒了。对于学校应该是什么样子的，我的观点很坚定，而这正是我把那些想法应用于实践的好机会。我马上接受了她们的邀请，甚至都没有认真考虑过建立一所学校都需要些什么。在我看来，我所需要的就是学生、课本和一个黑板。

关于建立学校，那些女人和我一样，知道的不多，但西区一所社区大学丹尼尔·黑尔·威廉姆斯大学的校长给我们提供了一些帮助。他同意为我们的新学校提供一间免租的地下教室，还让我们使用打字机和油印机。

随后，我们与非传统学校网络（Alternative Schools Network）的负责人见了面，这个组织里的学校都在芝加哥市内及其周边，且有社区参与。非传统学校网络由政府资助，这个组织付给我作为学校负责人和课程开发者的薪水，其工作人员还向我展示了如何创立一所私立学校。

在八月的最后几个星期，我马不停蹄地到处收集课本。有些课本是我在二手书店买来的，还有的是借的。一天，当经过德拉诺小学的校园时，我注意到垃圾箱里装满了书，就是我的学生曾经用过的那些书，Open Court出版公司的读本。其他老师没有人用这些书。我将那些语音拼读系列教材从那堆垃圾中拯救了出来，我很自信我能够用这些书拯救孩子们。

1975年9月8日，丹尼尔·黑尔·威廉姆斯西区预备学校开学了。虽然我们已经在社区内做了宣传，但报名的人并不多。家长对于新学校还是不放心。许多人因为每个月60美元的学费打了退堂鼓。可我并没有气馁。亚里士多德说过，"伟人所取得的高度不是一蹴而就的。"我要利用现有资源努力工作。我只有4名学生，跨度从二年级到四年级。其中一名是我的女儿辛迪。如果我要建一所对其他孩子而言足够好的学校，那么首先它必须是一所对于我自己的孩子足够好的学校。

我也曾犹豫，教自己的孩子，效果可能会不尽人意，但我还是决定，无论她的母亲成为老师对她来说有什么样的难处，肯定都比不过辛迪在其他学校学习所面临的问题棘手。至于我的儿子们，埃里克会继续待在之前的学校，因为他已经初二了，年底就要毕业了。帕特里克进入了林肯公园附近的一所私立学校学习，从此摆脱哥哥和妹妹的影子并学会独立，我想这会让他受益匪浅。

我不太了解我的其他3名学生，也的确不想知道他们的背景信息。知道一个孩子之前的情况可能会影响老师对他的期许。每个孩子来到我这里，都是一张白纸。然而，从我和这些孩子以及他们的家长初次见面时的情况看，我还是能够判断出每个孩子都有这样或那样的问题。

加里·乐福是一个9岁的孩子，易怒且戒备心很强。在面试时，他跟他妈妈还有我顶嘴，并非常明确地表示，他讨厌学校。

8岁的艾伦·普拉特由他的父亲抚养，他的父亲是飞车党成员。我不知道，为什么普拉特先生让他的儿子到这所学校登记入学。他也绝不会告诉我原因。我怀疑，也许是因为他没有固定住址，很难让艾伦在公立学校登记入学。当我让艾伦读课本上的一句话时，他连单词and和the都不认识。而且这些都不算什么，艾伦还是我见过的最脏的孩子。他的头发打着结儿；食物干在嘴角和脸颊上，胳膊上还有油渍，看上去就好像几个月都没洗衣服了。

我的第三个学生，特雷西·尚克林，7岁，曾经被送进了德拉诺小学二年级。她连像"山姆坐在垫子上"这样的句子都读不出来，也不知道如何做简单的加法算术。她是个文静的小女孩，非常顺从，而且情绪低落，好像浑身上下都传递着这样的信息："我是个无名小卒。"尚克林太太对于她的女儿在德拉诺小学的学业成绩非常恼火。听到同住一个公寓楼的女人说起丹尼尔·黑尔·威廉姆斯西区预备学校，她便给特雷西报了名。

换个角度看，教室里只有这么少的学生，这是最理想的教学环境。任何一名需要时刻监管三四十名学生的老师都会非常乐意和我换地方。然而，这样的教学规模也暴露了一个问题。我怎么做才能把4名学生和一个教室变成一所真正的学校呢？我决定采用我在德拉诺小学发展起来的教学风格。对我而言，开学第一天上午，4名学生坐在教室里，就如同有40名学生一样。我已经准备好开始上课了。

* * *

辛迪已经坐在第一排了，和马文面对面，这时其他学生也陆续到了。特雷西·尚克林握着妈妈的手，第一个走了进来。她的妈妈站在门口，温柔地推了特雷西一下，让她进去。小女孩踌躇地抬头看了看，然后低头看着地板，走进教室，慢吞吞地走向最后一排的最后一个座位。尚克林太太低声对马文说，在德拉诺小学，无论在哪间教室，她的女儿都被安排坐在后面，被老师忽视掉，因为她太安静了。这正是马文反复在学习迟缓的孩子身上发现的模式。她快速赶上特雷西，在她坐到椅子上之前，一把抓住了她。马文一只手搂着这个孩子，把她带到了辛迪旁边的座位上。

"我非常爱你，所以我不能让你离我那么远，"马文说道，"如果你坐到教室的后面，我会孤单的。"

马文正把特雷西介绍给辛迪时，个头高过同龄人的加里·乐福蹦跳着进了教室，一边摇晃，一边打着响指，伴着想象的音乐跳着摇摆舞。

"亲爱的，你的臀部是不是受伤了？如果没有，那你就没有理由那样走进来，还用你的手指打响指。为什么不坐过来呢？"马文拍了拍前排的一个椅背。

加里一屁股坐到了教室中间的位置上。"你让我坐的。"

马文耸了耸肩。"我不强迫孩子们做任何事。你成为什么样的人由你自己决定。在这儿，你必须自己决定要做什么，小家伙。你有学习的权利，你也有失败的权利，这都是你自己选择的。"

马文不再说话了，让他自己好好想想。她走过去，把艾伦·普拉特领到了座位上。她刚要给艾伦一个拥抱，这时一股汗味扑鼻而来。

她转向其他学生说，"孩子们，你们自己先浏览一下书桌上的课本。我马上回来。"她牵起艾伦的手，低语道，"跟我来，亲爱的。"她牵着他沿着走廊来到了女士洗手间。艾伦觉得非常难为情，拒绝进去。马文推开了门，大声问有没有人，等着人回答。听到没人回复时，她说，"没关系，亲爱的。里面没人。虽然你是一个非常帅气的小伙子，但你的脸上那么多灰，我都看不见你有多么英俊了。让我们把灰洗掉，找到真正的你。"

马文就这样连哄带骗地把他带到洗脸池前，淋湿了纸巾，擦洗他脖子和胳膊上的油渍及汗渍。他有意拉开和马文的距离。马文不停地和他说话，问他暑假都做了什么，之前的学校和他爸爸的摩托车是什么样的，和他聊着所有她能想到的让他放松的事。

洗完后，马文递给他一块干纸巾。"好了，明天我会给你带来些干净的衣服。从今天开始，你一生中的每一天，都必须洗脸。"

她搂着他走回了教室。艾伦快速溜进了座位。辛迪和特雷西在小声地聊着天，看上去相处得非常融洽。加里躲到了左边远处的角落里。从东扭西歪的桌子可以看出，在坐在那里之前，他已经试坐了这个教室的每一个位置。加里闭着眼，边摇头，边打着响指，跟着他脑海中正在播放的曲调律动。

"亲爱的，没有人会把好工作交给一个坐在那里打响指的人。"马文边说，边抚弄他的头发。他后退了一步，转身对着墙。"如果想的话，你有权整天坐在那里盯着墙。那样的话，你永远不会成为百万富翁，但只要你高兴，就可以一直盯着。但是，你不能坐在那儿，打响儿或者敲打，因为你影响了其他人学习的权利。"

她走到教室前，开始了她在开学第一天一贯要做的开场白。她穿着得体的套装，戴着环状耳环，穿着高跟鞋，她和之前在德拉诺小学一样仪表端庄。丹尼尔·黑尔·威廉姆斯西区预备学校也许只是一个临时组建的学校，但无论是老师还是教室，没有什么是随意的。也许因为来自南部，马文一直赞同这样的观点——让一切都很正式，能够设定一种庄重的基调，无论学校的环境如何，都能鼓励学生把学校看作一个圣地，一个学习的地方。

"你们是世界上最好最聪明的孩子，没有什么是你们做不到的。"她开始说道。她认为他们之前的学校没有让他们成功，她向他们承诺：她不会让他们任何一个人学无所成。她深知孩子们对学校的恐惧和挫败感，并告诉他们，她爱他们，然后"把球踢回给他们"——他们要么选择学习，要么坐在一旁当局外人。她总会使用一些比喻，比如："生命犹如一场足球赛：你必须努力射门。"她收集了一堆名言警句，部分是出于习惯，但主要是因为这些句子会帮助孩子们记住重要的思想。

"没有人可以不劳而获，在这个教室里如此，在生活中也是如此，"她继续鼓舞学生，"你们将来会做什么，会取得什么样的成就，全部取决于你们自己。我在这儿是帮助你们的，但你们必须帮助我来做这件事。如果不虚度光阴、无所事事的话，你们都能赢得胜利。"

"在其他学校，你们每天做的第一件事很可能是宣读《效忠誓词》。在这里，我们每天做的第一件事是对自己宣誓。"

她要求孩子们认真听，跟着她重复每句话。"上帝赋予我的这一天清新又明朗……"马文等了等。辛迪大声说着那句话。特雷西紧跟着，轻声咕哝着。听到了艾伦说出"明朗"二字，但加里却嘴巴紧闭，挑衅地靠在墙上。

"我可以用好这一天，也可以丢弃这一天，"马文继续说着，"我承诺，我将充分利用这一天，因为我意识到，光阴一去不复返。"除了加里以外，全班都齐声重复着，而且声音越来越洪亮。"我认识到，这就是我的生命，要么使用，要么丢弃。"

孩子们跟着说完后，马文一大步就迈到了艾伦的书桌前，把她的手放在书桌两侧，躬下身体，正视着孩子的眼睛。

"你会丢弃你的生命吗？"她问道。

艾伦俯身向前，情不自禁地笑了起来。

"这并不可笑。你怎么对待你的生命这件事，不是个笑话。你会抛弃你的生命吗？"

艾伦露出害怕的表情，坐直了，很快地摇着头。有时，马文表现得太有震慑力了。她也知道，她的教学有时负载了太多的愤怒，不是对孩子愤怒，而是对他们生命的荒芜愤怒。她微笑着，小心翼翼地轻弹了一下他的脸颊，然后敏捷地走到特雷西面前，给出同样的问题。特雷西羞怯地低声说不。马文又问辛迪，她一本正经地做了答复。马文绕来绕去，走近加里。

"亲爱的，你会怎么做？用好生命，还是丢弃生命？"

加里抱着肩膀，面部僵硬地坐在那里。

"当然，那是你自己的生命，任由你处置，"马文提醒道，"但在外面，整个世界都在对你大呼小叫。如果你放弃了你的生命，就是对社会给予你的评价无动于衷。"她忽然转身，面对着其他孩子。"你们要知道，男孩和女孩们，有些人看见像这样的地方，像加菲尔德公园这样的社区，会说：'哦，从那儿出来的孩子都不太聪明。他们长大后会一无是处，一事无成。'如果你们决定浪费自己的生命，就是在证明那些人说的是正确的。没有人能断言你们将来会做什么。只有你自己才能决定你的将来。"

马文借题发挥，又进一步谈到了爱默生和《论自立》。和以前一样，在开学第一天的上午，她用了大部分时间，试着让她的学生们相信，他们是渴望学习的。她的方法是，让孩子们看到教育和工作之间的联系，那是一条可以走出贫民窟的路。她会抓住一切把二者联系起来的机会。

还有半个小时就到正午了，特雷西翻着她的午餐袋，这时，马文提醒道，"不要着急填饱你的肚子。先喂饱你的大脑，然后你就一直都有为你的肚子找到食物的办法了。"

"孩子们，你们在学校学习，不是为了父母，不是为了老师，不是为了其他任何人。你来这儿，是为了你自己。你接受的教育会对你有益，而不是我。"她轻快地走到书架前，伸手够到了一本《圣经》，旁边还放着柏拉图的《理想国》《荷马史诗·奥德赛》《小妇人》《赣第德》《夏洛特的网》《卡拉马佐夫兄弟》和《查理和巧克力工厂》。她打开《圣经》，翻到了画了横线的句子，读道："箴言第3章第35节：'智慧人必承受尊荣，愚昧人高升也成为羞辱。'第6章第6节：'懒惰人哪，你去察看蚂蚁的动作，就可得智慧。'第10章第4节：'手懒的，要受贫穷；手勤的，却要富足。'"

马文停顿了一下，目光越过书看了一眼孩子们。"你们认为这些箴言是什么意思？"她知道，孩子们还不会争先恐后地举手，因为还没到时候。这些孩子之前从没和老师有过对话。他们还不习惯别人询问他们的想法。"好吧，辛迪，你可以告诉我这些箴言表达了什么思想吗？"

"懒惰的人会很穷，将会一无所有。"辛迪脱口而出，她在重复妈妈的口头禅。

"非常好。"马文坐在特雷西书桌的边上。那是个亲密的姿势，好像要分享一个秘密一样。"箴言告诉我们，智慧的人会学习和进步，能够照顾好自己。然而，愚昧的人会毁灭自己。一个没有远见的人——没有获得知识，没有接受教育——终将灭亡。"

"孩子们，那就是你们在这里的原因。为了过上好的生活，你们必须接受教育。为了能够幸存下来。我现在告诉你们的话，你们也许还不相信。而且，你们也不相信你们父母和其他成年人告诉你们的话。然而，你们肯定会相信《圣经》告诉你们的话。"

有那么一段时间，孩子们充满敬畏地安静地坐在那里。加里再也保持不住他有意表现出的冷酷和疏离。马文说，午饭时间到了。深沉的思绪被午餐纸袋的沙沙声和交换食物的声音打破了。

除了辛迪，其他孩子都没有达到符合他们年龄的阅读水平。马文从最基础的内容开始，复习字母表，发元音和辅音。随后，马文选择了两个辅音和一个元音，写在黑板上，并读出来。

"辅音m，"她说，"Mmm是当什么东西尝起来很美味时，发出的声音。元音e，在这里我们有两个e，所以我们把长音符号标在第一个e上面，表示它发字母e的读音，我们在第二个e上画一条斜线，表明这个e不发声。最后，辅音t，发音像钟表的滴答声。"

孩子们重复着每个发音，而马文则看着他们的发音是否标准，并演示给他们，在发m的音时，双唇必须闭紧；发e时，嘴巴必须打开；而发t时，舌尖必须撞击口腔的上牙龈。

她写下了Meet me（和我见面）。艾伦、特雷西和辛迪每个人轮流大声读着这句话。加里不愿意读。加里在手指间转着笔，好像在旋转飞机模型的螺旋桨。马文并没有强迫他就范。她说，"如果你能专心学习，你就可以选择自己的生活。"

然后，她把注意力放在其他孩子身上，让他们起立，走到黑板前听写。她的教学思路是同时让孩子们学习读、写和拼写。

辛迪还沉醉于妈妈变成老师的新奇劲儿，还不确定她是在玩上学的游戏还是真的在上学，她冲到了黑板前。艾伦耸了耸肩，好像在说，"好吧。"也在黑板前找了个地儿。特雷西挤到了辛迪旁边，手里拿起一只粉笔，开始啜泣起来。她说，她不会。

"我爱你，"马文告诉她，"在这儿你是没有理由哭的。我们不流泪，只要去做，尽全力去做。在这儿没有人因为你犯了错，就对你大喊大叫或者嘲笑你。"

特雷西说她会尽量努力。马文决定，是时候让加里加入这一课了。她走向加里，把一只手放在他的肩膀上，然后低声说，"我不会让你一个人待着的。我在乎你。让我们试着做些功课。"

"我才不要做什么功课呢！"他反击道。

"你太重要了，所以不能一个人待着。你是这个世界上最重要的孩子，那些人让你一个人待得太久了。上帝给你大脑是为了让你思考，如果你真的在乎自己，我知道你在乎，那你就要用用脑子。我不会放弃你。我也不会让你放弃你自己。如果你一整天都背靠着墙坐在那儿，那么最终你一生都将依赖别人。你所有被抑制的内在才华也将白白浪费。"

马文牵起他的手，把他带到黑板前。他站在那儿，铁了心就是不动。但马文还是将其看作一次胜利。至少他没跑回座位，或者更糟，跑出教室。

"好吧，孩子们，"她开始说，"我们首先写一个大写的M，mmm。为什么要大写？因为这是一句话的开头。再写元音e，然后，再写一个元音e，最后写辅音t。"她边说，边从孩子身边逐一走过，手把手地帮助他们写出那些字母。"现在你们写完了单词Meet。把你们的手指放在黑板上，留出下一个单词的位置。好的，一个手指的距离，然后写辅音m，mmm，元音e，最后写上句号，因为这是句尾。"

马文说完后，回头看了看加里，他仍然站在那儿，双手插兜。虽然她更喜欢用爱来让孩子顺从，但她可不会被轻易打败。她觉得孩子们需要而且想要大人的管教的。她站在加里身边，就事论事地发话了，与此同时，她还斟酌着自己的声音，以免他把她的坚持误会成敌意。

"在这个世上，还没有谁能让我成为一名很糟糕的老师，"她说，"如果你不想加入进来，就去打电话，告诉你妈妈，'妈妈，在这所学校里，我们必须学习，而且柯林斯女士说了，我不可能在这儿混日子，你能把我接走吗？'"

加里掂量了一下马文的话，掰断一截粉笔，草草地写下了Meet me。他回到他的座位上，在回去的路上故意撞到其他桌子。马文压制住了责备他的冲动，反倒问他有没有伤到自己。加里怎么也想不到老师会问这样的问题。他咕哝着，"我没事。"声音甚至透着一些失望。他坐了下去。

第一天的下午，这个学生四人组初尝了文学之美，学习了《伊索寓言》。马文在大声朗读之前，先给学生做了些背景介绍。她解释了单词fable的拉丁语词源，而且对这一术语给出了定义，指出寓言和童话的区别。

"伊索，"她继续说道，"是生活在萨摩斯岛上的一个希腊奴隶，那个岛屿隶属于希腊这个国家。有人认为，伊索是黑人，或者，至少他的皮肤很黑。他的鼻子肥大，嘴唇很厚，而且相貌平平。当描述一个人的相貌特征和一个人看上去的样子时，我们就是在描述面相（physiognomy）。"马文在黑板上写下了physiognomy这个单词，并在元音字母上加了一个变音符号。

"据说伊索生活的年代比基督还要早600年，那意味着，他生活在2,500多年前。"她停了下来。艾伦盯着钟，一只手撑着头。

"我们坐在这儿，不是在白日做梦，虚度光阴。"她把他的手从脸庞拿开，然后握住那只手，继续说道，"尽管伊索是一名奴隶，却是一个有大智慧的人。有这样一个故事，伊索和另外两个奴隶站在一起，一位主人要从中选择买哪个。主人问那些奴隶，他们都能做什么。一个奴隶说，'我能做任何事（anything）。'第二个奴隶说，'我能做所有的事（everything）。'当轮到伊索时，他说，'我什么事也做不了。'主人问，为什么他什么事都做不了？伊索回答，'如果这个人能做任何事，那个人能做所有事，那我不是没事可做了吗？'"

孩子们咯咯地笑着。加里也咧嘴笑了，但当他无意中看见马文正在看着他时，马上板起了脸。

"那位主人认为，伊索是他见过的最聪明的人，于是他买了伊索。过了一段时间，主人放伊索走了，因为伊索的才智和博学让他刮目相看。"

马文为了让孩子们好好领悟最后一句话，故意停顿了片刻。她所讲的这个故事，是关于尽可能发挥自身潜能的很好的例子。"在伊索生活的时代，人们对政府和政治家非常不满（disgruntled）——他们非常沮丧。让我们尽可能多用些新词，孩子们。让我们扩充一下词汇量。'不满（disgruntled）'是什么意思？就是让人很沮丧。尽管人们对政府不满，但他们不敢抱怨。伊索没有抱怨，而是通过故事，嘲讽政府。嘲讽某件事的故事被称为讽刺作品（satire）。嘲讽某件事的故事被叫作什么？"

"讽刺作品。"辛迪回答说。

"非常好。还有一个词是用来描述我们嘲笑某件事的方式的，既可以通过语言，也可以通过语调，那个词就是讥讽（sarcasm）。当我们看见一个胖子嘴里塞着一块蛋糕，我们会说，'他真的非常需要那块蛋糕，不是吗？'那就是在使用讥讽。我们在说一些讥讽别人的话。"

现在，马文的学生已经准备好听《青蛙们想要一个国王》的寓言故事了，在这之前，他们已经初步涉猎了一些词源学、词汇、文学术语和希腊历史。虽然这个故事还不到半页长，但马文的讲述却用了大约20分钟。有时，她会停下来解释某些词的意思，分析前缀，问一下都有哪些同义词。遇到某些短语，她也会突然停下来，看学生是否理解了，或者补充一些背景信息。

"青蛙请求谁帮他们找一个国王？"马文问。

"宙斯。"艾伦回答，双眼看着地板。

"你说得对，但不要和地板说，和我说。没有人会相信不敢正视他们眼睛的人。他们之所以去问宙斯，因为他是希腊最重要的神。古代希腊人信仰许多神。他们有一个太阳神，还有一个月亮神。有爱神，还有战神。等我们学习希腊神话时，就会了解希腊众神。宙斯是众神之王。他统治众神，同时，还统治人类。希腊人建造漂亮的庙宇和神殿来纪念宙斯。最著名的宙斯巨像被认为是世界七大奇迹之一。"

马文继续讲这个寓言故事，时而中断，时而继续，她不时地提出问题，激发学生作出回应："你们认为让一块木头给青蛙做国王这个主意好不好？木头能听到青蛙们的抱怨吗？能够给青蛙建议或者告诉它们该做什么吗？不，木头只能立在那里，不是吗？有时，我们政府的那些人的行为表现和木头一样，不是吗？他们似乎一直听不到我们在说什么。你们听过'圆木头上凸起的小块（like a bump on a log）'这个说法吗？那是什么意思？它指一个人很慵懒（lazy），或者懒惰（indolent）？这里出现的新单词indolent是什么意思？它的意思是懒散，慵懒，对不对？"

马文采用的是苏格拉底式教学法，教师使用这种方法提出一系列容易回答的问题，引导学生得出有逻辑的结论。在这位哲学家的教学方法之上，她添加了独具个人特色的活力——在教室过道踱来踱去，轻拍学生的头，触碰学生的胳膊，出其不意地提出问题，赞美学生给出的答案，使用戏剧化的动作表情。故事的最后一句话讲完了，但这节课还远远没有结束。是时候开展道德教育了。

"孩子们，我们从这则寓言中学到了什么？伊索想要告诉我们什么？"教室里陷入了沉默。"这个故事里的两类国王是什么样的？第一类国王是木头，木头会做什么？特雷西？"

"什么都不会。"小女孩低声回答。

"亲爱的，你必须大点声说话。如果你做不到，我就得爬到桌子上，踮起脚尖，伸手够到天花板那么高，那样你就可以练习说大声一点。"

孩子们都笑了，马文也笑了。"好吧，好吧，让我把这个故事讲完。我们有一块什么都不会做的木头，然后又来了一只鹳做国王，但最终怎么样了？"

"它吃掉了那些青蛙。"艾伦说。

"第一位国王太懒惰，而第二位国王——"

"邪恶。"辛迪大声说道。

"青蛙请求赐予它们一位国王，对它们来说一点好处都没有，是不是？"

除了加里，所有人都摇头，表示没有一点好处。

"如果青蛙学会管理好自己，结局是不是就好多了？这则寓言告诉我们，我们必须领导自己，而不应该找别人领导我们。我们每个人都必须成为自己命运的主宰者和自己灵魂的导师。"

从那一天起，这些学生读的或者写的所有东西都和这个主旨有关，而这正是马文教学的基石。无论学的是词汇、阅读、数学还是从埃斯库罗斯到左拉的文学，马文作为老师的最高目标就是赋予学生为自己学习的意愿。

第一天的课结束时，马文已经清楚地了解了每个孩子的水平。在下午放学之前，她根据每个孩子的不同需求，因材施教，把数学作业和语音练习题发给了学生。艾伦第一个发现了作业之间有差别。

他探身过去，看了看特雷西的作业，然后说，"我怎么没有那些作业？为什么她有，我却没有？"

马文眯起了眼睛，皱了皱眉，"你和她不一样，不是吗？你为什么一定认为，你应该和她做同样的作业？"

她走向加里，把3页家庭作业放在了他的书桌上。他好奇地审视着每一页。"你开什么玩笑，"他说道，把所有的力量都用在了"开"这个字上，"你要我回家把这些双面的试卷都做了？"他问到一半，难以置信地顿了顿。

"双面？"马文用低沉的声音，故意拖长腔调说，"你妈妈给你准备好晚餐时，你只吃一块排骨的一半吗？有人雇用你做某项工作，你也只做一半吗？"

加里没有回答。当所有孩子都陆续走出了教室后，马文发现加里的家庭作业躺在他的书桌下。虽然这个男孩必须改变他生活的重点，但马文并没打算强迫他。总有一天，在无数次赞扬和拥抱之后，他的抵触情绪会自动消解。孩子们最终想要的是，一个真实的自己可以被接受，感受到自己是有价值的。一旦他们感觉到自我价值，就会痴迷于学习，而且永远都会求知若渴。

8

第八章

在我看来，教育的重中之重就是让孩子阅读。不知道如何阅读的孩子什么都做不了。然而，孩子并不能在耳濡目染中学会阅读。要学会阅读，需要学习——艰难且乏味的学习，没有任何捷径可走，需要练习，反复练习，重复和记忆。孩子们必须学会如何用关键的语音读出单词，他们必须背诵一长串单词，那些单词有些和apple中的a发音相同，有些和Indian及it中的短音i发音相同，有些和umbrella中的短音u发音相同，还有些和ostrich中的短音o发音相同，或者和eskimo中的短音e发同一个音。

开学第一天，孩子们学会了读、写和拼写Meet me。第二天，我用同样的方法介绍了一个新的词首辅音，字母s。孩子们在See me中学发辅音和元音，然后到黑板前听写单词。知道了ee的字母组合发元音e后，全班学生继续学习了ea也发长音e。我在黑板上写下e，在e上标记上长音符号，在不发音的字母上画一条斜线。

然后孩子们朗读与拼写See me eat。

第三天，孩子们继续读写See me eat meat。第四天，我教了他们辅音h，孩子们练习读写See me heat meat。第五天，我装作一无所知，带领他们复习了之前学过的所有知识。我装出那些知识对我来说很难的样子，就能够诱导孩子们自己背诵那些语音。这对他们来说是一种非正式的测试，同时，也是在建立他们的自信心。孩子们欣然接受这样一个机会，借此显摆一下他们居然会连老师都不知道的东西。

"孩子们，我复习这些语音的次数越多，忘记的也越多。我老了，脑子不好使了。我觉得这句话应该读成see-ee me ee-ate me-ate。对不对？"

不出所料，孩子们都开始笑起来。"你们的意思是，我说的不对？好吧，我哪里错了？"

"不该发音的字母，您也发音了。"他们喊道。

"我发了吗？"我惊讶地说，"你们的意思是说，我忘了那个规则，当两个元音连在一起时，第一个元音——"

"才发音，发字母的读音。"他们大叫道。

从第二个星期开始，孩子们已经从词首辅音学到了混合辅音。我用一个常见的画面解释了混合辅音："当妈妈烤蛋糕时，她只把鸡蛋、糖和面粉放进碗里就行了吗？她还把所有的东西搅拌在一起，把那些原料混合在一起，才能做成蛋糕。我们混合两个字母，就是把两个字母放在一起，发成一个音。"

我教他们的第一个混合辅音是th，给他们演示如何把舌头放在齿间发出声音。我们练习把舌头放在齿间的单词：thirty，thirteen，three，they，the。我把the写在黑板上，在th下面画了条线。下一步是让孩子们把他们这节课学的东西和之前学的组合起来。他们在黑板上写下See me heat the meat。

在那之后，我们继续学习了igh的字母组合发成元音i。在这里，我采用了与学习ee和ea同样的方法，在字母i上写上长音符号，并在不发音的g和h上画上斜线。这样，孩子们一眼就能辨别出哪个字母发音，然后我让他们发出一声叹息。我把s放在igh前面，让他们读单词sigh（叹息）。然后，我又在sigh后面加上了辅音t，这样就有了单词sight（视力）。

孩子们学习了把igh发成i的词：night，might，tight，fight，light。再用上之前学习的语音，他们已经能写下See the night light这句话了。

我告诉孩子们，现在他们已经踏上了阅读这条路了。他们一定想学习另一个混合辅音fl。为了给孩子们演示混合辅音fl是如何使一个单词发生变化的，我让孩子读fat和flat，fight和flight。我再次给他们复习了th，然后让孩子们把迄今学习的所有东西结合起来，说出并写下来See the night flight。

第三个混合辅音是br，孩子们说出并写下了See the bright light。之后，我们又回到了元音，继续学习如单词mine和kite里的长音i，单词gale里面的长音a。我解释道，当这些元音后面跟着一个辅音和一个e时，发长元音，这就构成了i使e不发音的规则和a使e不发音的规则。孩子们把所有的单词连在一起，读出并且写下了

I might take a night flight。

前面学的这些课的内容都是阅读的要素。孩子们用同样的方法学习了整个字母表。他们通过组合和重复朗读，学习了所有的长元音和短元音。他们学习了所有的词首混合辅音，然后学习了词尾混合辅音，比如ble, gle, tch, nk, ng, dge和tion。

他们学习了所有元音和辅音的发音规则及例外情况。比如，他们知道当字母c出现在e、i或者y前面时，发s的音，其他情况下都发k。他们知道，当x出现在词首时，发z的音，出现在词尾时，发ks的音，在字母e后面时，发gz或者ks，比如textile和exist。

对于那些语音和规则，孩子们左耳进，右耳出。虽然他们习惯性地开始在椅子上扭来扭去，但我还是不停地哄着他们继续学习。"这可不是小儿科。这些是语言的规则。工欲善其事，必先利其器，没有工具，又能做什么？你们在莎士比亚、西塞罗和但丁的作品中读到的每个单词都是由这些发音组成的。你们自己选择。你们可以学习这些发音，然后成为改变这个世界的有识之士；也可以选择这一生做个懒虫，向你旁边的人乞求帮助，勉强过活。"

"有识之士（literate lifter）"和"懒虫（lazy leaner）"这两种表达方式常常引起一阵笑声。孩子们喜欢头韵这种修辞手法。我常常让我的学生通过背诵绕口令练习词首辅音，比如"彼得·派铂挑了很多腌辣椒（Peter Piper picked a peck of pickled pepper）"和"贝蒂·波特买了黄油（Betty Botter bought butter）"。我多次使用"有识之士"和"懒虫"，最后孩子们自己也开始说这两个短语了。不止一次，我听到辛迪和艾伦互相逗趣，问对方，"你想要成为'有识之士'还是'懒虫'？"

一个月后，我便开始给4个孩子使用Open Court出版公司的二年级读本《奇境之旅》了。每天，他们都大声朗读，我就在一旁检查他们的发音和理解情况。辛迪不费吹灰之力便读完了这本书。从她3岁起，我就和她一起学习，大声读给她听，玩填字游戏，学习字母的发音。虽然她5岁就开始看书了，但路德教会学校并不鼓励她这样做，其他的幼儿园小朋友都不知道怎么阅读，这使她很不自在，因为阅读并不在幼儿园的课程大纲之内。辛迪上一年级时，远远地超过了她的同学，那些孩子用看图说话课本学习阅读，而辛迪早已经对那些课本失去了兴趣。对于辛迪，我最重要的工作就是唤醒她的热情。

艾伦也学得非常快。他是个非常聪明的孩子，只是之前被忽视了，大人们任由他每天心不在焉。那些脏兮兮的孩子或者外表看起来没有吸引力的孩子常常会在教室里被人忽视，这是一个可悲的事实。我不得不反复要求艾伦注意他的仪表，让他去洗手间洗脸，刷洗指甲里的泥。我还给他买了些干净的上衣——短裤和衬衫是我的儿子帕特里克穿小了的——然后，把他自己的脏衣服拿回家去洗。渐渐地，他似乎比以前更在意自己是否干净整洁了。一天，我看见他站在自来水管前，正想办法洗掉裤子上的污渍。

然而，特雷西和加里两个人都有各自的问题。特雷西不想阅读。她总是边哭，边抱怨头疼。我看得出来，那个读本对她来说确实太难了，可是，当我试着给了她一本简单一些的一年级读本，她却不要。她和辛迪倒是一副相见恨晚的样子，很快成了好闺蜜；

特雷西想要和辛迪做一样的功课。我仔细琢磨了一下，从更高水平开始学习，对她来说，也许是件好事，因为这样更有助于她建立自信心，而不是感觉自己不如她的新朋友。

尽管如此，让她阅读还是一件很困难的事。她不停地说，"我做不到，我做不到。"而我则不停地告诉她，她是多么的聪明美丽。我用《小火车头做到了》的故事鼓舞她。当轮到她读的时候，我会搂着她，每读出一个词就表扬她一下。她正确地连读出三四个单词，我就会让她停下来，生怕第五个单词太难了。我不想让特雷西感到沮丧。在能够更加积极地看待自己之前，不能让她受到失败的打击。

让特雷西哭的东西，就是容易让加里愤怒的。他总是看一眼那些练习题或者家庭作业，摇摇头，就把它们推到了桌子底下。对此，我并没有小题大做。第二天，我会把前一天的作业和当天的作业一并给他。就这样，加里用了5天时间，终于明白了，他那招儿在我这儿是行不通的。他不可能摆脱那些作业，也不可能挫败我的决心。我要让加里和其他孩子明白，这个教室一直都在我的掌控之中。当加里把一大堆作业丢在地板上时，我知道这是一个教育的机会。

"我知道，小孩子总是在试探自己所能触碰的底线，"我说，"因为当我还是个小孩子时，我总是在试探自己所能触碰的底线，总想知道，我做了什么不会受到惩罚。你对我耍这些小把戏我不是不知道。我在你这个年纪的时候，也这样做过，因为我也很调皮，而且脑子里总是有各种各样的主意。我总会灵光乍现，但有时也会自讨苦吃。"

我把话题扯远了一点，告诉他们我是怎么把一堆李子倒进了邻居家井里的。我躲到篱笆后面偷笑，看到一位老太太从井里提上了一桶紫色的水，尖叫着跑进屋子，大声喊着耶稣向她行了神迹。孩子们哄然大笑，包括加里。我还讲述了，为了能在外面多玩上一个小时，我如何偶尔把父母起居室的钟调慢的事。我还告诉他们，我在上大学时，有多么讨厌周日去教堂做礼拜。为了不去教堂，我常常把外套穿在睡衣外面，大步流星地走出宿舍的正门，在女舍监不注意时，再溜回去。

"但是，有一天早上，女舍监抓住了我，我不得不在炎热的教堂里坐上整个上午。为了藏住睡衣，我把外套的扣子一直扣到脖子处，直到礼拜结束。你们看到了，我可没那么聪明，是不是？我和所有的孩子一样，总是在试探成年人的底线，试探老师的底线。那些不知道自己在做什么的老师更会被我耍得团团转。如果哪位老师放我一马，我就得过且过了。我记得自己把同一篇论文交给同一位老师10次，她竟然从未发现。

"上小学时，我常常把大理石放在裙子的口袋里，老师转过身，我就把大理石摇得咯咯作响。我还在书桌里放了6块坚果巧克力。我会提前拆掉包装，这样拿的时候就不会发出声音了。当老师没有看着我们时，我就会把几块融化了的巧克力传给其他孩子。

"但是，现在，我可不会让你们因为觉得无聊而有时间做那样的蠢事。你们上交的所有作业我都会看。要求你们去读的东西，我都会去读。所以不要试图编造人物或者故事来糊弄我。在这里，谁都不可能欺骗谁。因为那不是我们来这里学习的理由。你来到这里就是来学习的，只有这样，才能有所成就。"

我并不期待我说的那些话会马上对加里产生效果。我知道，对他而言，为了维护自己的骄傲，他必须时刻都要占据上风。为了面子，他不会让我认为，我说的那些事情改变了他对学校的看法。那天下午剩下的时间一切如常。我递给他作业，他把作业丢到了地板上。我要求他读课文，他坐在那里一言不发。我说，"那是你的权利，加里。"

第二天还是一样。然而，到了第三天，当我要求他读课文时，加里决定试一试。头几个单词他都勉强读出来了。很快，一遇到不认识的单词，他就把书丢到教室的另一端去了。

"在你学会走路之前，肯定会摔几跤，"我告诉他，"犯错误没什么大不了。我也会犯错。我只是个可怜的凡人，我并非什么都知道。我也不是什么都明白。我还要靠你们来帮助我纠正错误，我也会帮助你们纠正错误。然而，我到底还是没有那么多钱去买书，所以你没有权利毁坏我们现有的书。如果你不想用，别人还要用，所以你没有权利毁坏别人的书。"

他捡起书，坐下来，我弯下腰，蹭了蹭他的胳膊，大声和他一起读。

几周过去了，加里发现很难再继续与我为敌。多少次，他对我大喊，"我恨你，我不要做什么鬼功课。"我总是回答，"我一直都爱你，即便你像现在这样。"我猜，这样的回应让他觉得抗争也没有什么意思。渐渐地，加里开始做功课了，虽然他依然很有个性，和其他孩子也处不来。

* * *

1975年10月16日，丹尼尔·黑尔·威廉姆斯西区预备学校接收了它的第五名学生埃里卡·麦考伊。从某方面讲，是埃里卡让加里进入集体队伍的——并不是因为埃里卡做了什么，而是因为埃里卡这个人。她的状态非常糟糕。她是一个胖乎乎的小女孩，还不到6岁，似乎决意要毁灭自己和所有见到的东西。

其他孩子见到她站在门口，舔着鼻涕的那一刻，爆发出一阵笑声。而加里看到埃里卡的那一刻，他就立刻有了自信。直到那一刻，他才知道自己有多么好。如果说他不像辛迪那样天赋异禀，甚至没有艾伦优秀，但他很确定自己比这个新来的女孩强。他从教室后面的座位上站起来，爬进艾伦旁边的座位，和大家一起边笑边摇头。

"你们现在也许知道前进的方向了，但那并不意味着，你们就应该忘了自己最开始的样子。"马文瞪了这4名学生一眼。当然，她理解他们为什么笑——她自己也很惊讶——但不能允许他们这样做。"你们有些人是不是忘了自己的问题？"她把目光投向了艾伦，"在别的学校大家笑话你的时候，你喜欢吗？在这里，我们不笑话别人。我们互相支持，互相帮助。在这所学校，我们都是同一个家庭的成员。一家人要永远互相帮助。"

当埃里卡走进教室时，她故意撞到墙上。她被打扮得很漂亮，穿着一件棉绒套衫、白色长筒袜和玛丽·简牌皮鞋。她的妈妈用丝带给她梳了辫子，但埃里卡的头发看上去却蓬松凌乱。她的袜子掉到了脚踝上，她的双脚趿拉着鞋，鞋子后面已经被她用脚后跟踩坏了。一条丝带已经松了，而另一条丝带被她放在嘴巴里咀嚼着。

她摇摇晃晃地走进教室，撞到桌子，掀翻椅子。她的表现就好像一个心理严重失常或者智力发育迟缓的孩子。然而，从临床诊断来看，她两者都不是。不知怎的，她就觉得自己应该那样表现。

埃里卡·麦考伊在近6年里，大部分时间都和她在密西西比的祖母生活在一起。她是这个夏天才搬到芝加哥，和她的妈妈一起生活的。艾拉·麦考伊作为公立学校的老师，觉得自己虽然了解孩子，但并不了解她的女儿。当她为埃里卡在路德教会学校报名读一年级时，没有发现任何有问题的迹象。她之所以选择教会小学，是因为她对芝加哥的教育体系一点信心都没有。

每天下午，当麦考伊太太到那所教会学校接女儿时，她都会诚恳地问老师，埃里卡在学校表现如何，是否需要她在家辅助做点什么。每天，老师也同样诚恳地告诉麦考伊太太，"没有，一切都很好。"然后，就来了个电话。那位老师要求和她正式商谈一下"埃里卡的问题"。

麦考伊太太一下子丢了魂儿。开学才不过3个星期，会出什么问题？晚上，她开车去了学校。那位老师说，"埃里卡不能阅读，而且她很可能永远都学不会阅读。我们打算让她离开一年级，把她送进一个特殊班级。"

后面的话麦考伊太太已经听不见了。她的女儿刚刚五岁半，却已经被这些人彻底否决了。麦考伊太太失魂落魄地回到家，辅导埃里卡学习。埃里卡摇着头，"不，我不会。我的老师说，我学不会的。"无论麦考伊太太多么努力地诱导她的女儿，用冰激凌、糖果和新玩具贿赂她，埃里卡只会不停地重复，"哦，不，妈妈，老师说我做不到。我学不会的。"

麦考伊太太因为担心女儿，连续3个晚上睡不着觉。周日晚上，她恰好看到了地方电视台播放的有关非传统学校的节目。节目中有一段谈到了马文在丹尼尔·黑尔·威廉姆斯大学地下教室开设的学校。麦考伊太太查到了马文的号码，打了电话。马文让她把埃里卡带到学校来。

第二天早上，马文让埃里卡坐在座位上，然后告诉她，"你什么都不要担心。你是一个非常聪明的小女孩。很快，这里其他人能做的事，你都能做。现在，他们领先一点，那是因为他们已经在这儿很长时间了。我会和你一起努力，教你知识。很快，你也会阅读，并且会做加减法。"

这个班级刚刚开始学算术。

"什么是算术（arithmetic）？这是一个希腊语词汇，意思是什么？"马文问道。

"关于数字的技巧。"4个孩子齐声说道。加里第一次加入进来，当然他的参与并没有被忽视。

"我的天哪，加里，这一天终于来到了。你看到了，当你努力尝试的时候，就会知道自己做得多棒了。"马文微笑着，加里看上去也对自己很满意。

马文在黑板上写下2+3=5。

"哪个数字是和？孩子们？"

"5。"他们回答道。

"2和3叫什么？艾伦？"

"加数。"他说。

"非常好。"马文在黑板上写下了"addends（加数）"这个单词，并在元音上面标上了变音符号。语音教学被融入到从数学到科学的所有知识中。

"加数是被加到另一个数字上的数。你们必须记住'和'与'加数'这两个词，因为它们会被用到所有的标准考试中。那些词难倒了许多学生。如果有这样一个题目'找出加数2和3的和'，你们的答案是什么？"

"5。"他们回答道。

"非常好。"马文拿出了数学练习本。孩子们开始做不同难度的题。辛迪正在做两位数的加法，学习一百以内的加法。简单的加法对于特雷西来说，还是很难。加里和艾伦正在学习乘法。马文逐一从孩子身边经过，独立教学，因材施教。

每道题，特雷西都要用小棍子数数，指望用这些棍子找到答案。

"你不能在这儿数棍子、数格子、数圈或者数兔子，"马文弯着腰对她说，"快看，亲爱的，6加7不应该等于8。8只比7大一个数。你需要把6加到7上。和我一起大声数：8、9、10、11、12、13。6加7等于13。"

特雷西开始擦掉错误的答案。

"不，亲爱的。记住，我们在错误的答案上画一个圈，然后把正确的写在上面。我们校正错误，但不能擦掉。如果你把一个错误从纸上擦掉了，也就从你的大脑中擦掉了，你以后还会反复犯同样的错误。"

马文抬起头，看了看。她看见埃里卡已经不再嚼丝带了，而是脱掉了袜子，嚼着袜子。

"世界上最聪明的孩子可不会做这样的事。"马文说道，把袜子从埃里卡的嘴里拿出来。马文递给她一支铅笔，问她会不会在数学卷子顶端写上自己的名字。埃里卡摇着头，说她不会。"不要说'我不会'，"马文告诉她，"说'我试试'。如果你说'我试试'，我们就可以一起来完成它。"埃里卡拿起卷子，把它团成一团，丢到地上。

"我爱你，而且我知道，你做得到。"马文说着，又拿出一页新的来。

"不！"埃里卡喊道，用铅笔在卷子上戳着洞。

吃午餐时，埃里卡拿下了保温瓶的盖子，果汁流满了裙子。她掰了一块儿三明治，舔着面包上的蛋黄酱，弄得满脸都是。其他孩子情不自禁地笑了，窃窃私语。

"她疯了。"加里说道。

"我不想听到任何骂人的话，"马文告诉他，"上帝让每个人都与众不同。如果你不喜欢别人，就给上帝写封信，说'上帝，你是不是搞错了'。"

突然，埃里卡直视着大家，鼻头上还沾着一点儿蛋黄酱。"我的老师说，我不会读书。"

"如果你再不把那位老师说的话忘掉，我会非常生气。"马文反击道。对马文而言，以后的日子将是数周的洗脑，她要反反复复告诉埃里卡，"你不是个坏孩子，你不是个笨孩子。"这对她们两个人来说都不是件容易的事。

* * *

我预计，埃里卡要用一个月的时间才能开始阅读，这和大多数孩子花的时间差不多。学生通常要花一个月的时间，才能基本完成语音课，才能在课上自如地表达自己的想法。埃里卡是我遇到过的最难教的孩子。我似乎都无法和她沟通。虽然我一直对自己改变孩子的能力很有自信，但我的方法对埃里卡不管用。所有的爱意、赞美和鼓励，她都充耳不闻。到圣诞节放假前，埃里卡已经来学校快两个月了，但和她第一天到学校相比，没有任何改变。

上课期间，她会离开座位，坐到地板上或溜到座位后面去。在其他孩子大声朗读时，我常常得让她坐在我的膝盖上，不让她乱动。埃里卡在黑板上蹭来蹭去，后背上覆盖了一层粉笔灰。她不是把袜子塞到嘴里，就是在咬铅笔。她的课本上画满了水彩笔道儿，当我把第一本小说《小妇人》发给孩子们时，埃里卡居然啃书角。我告诉她不要啃。她反驳道，"我愿意！"并挑衅地把头甩了过去。

麦考伊太太告诉我，她的女儿在校外也是一样的行为恶劣。

在车上时，埃里卡会一把抓住方向盘，或者把毛衣扔在她妈妈的头上。只要去别人家做客，她都会把人家的房子弄得乱七八糟。有一次，她居然用石头换掉了人家糖果盒里的巧克力，这让邻居家的老奶奶惊愕不已。麦考伊太太完全控制不了自己的女儿，更不知道拿她怎么办。我也一样。

我并不是对埃里卡失望，而是对我自己很失望，因为我不能和她沟通。有几个晚上，一想到那个孩子，我的眼泪就会夺眶而出。克拉鲁斯试着安慰我，告诉我忘记那件事，但我做不到。我不会让任何孩子成为"失败"标签的受害者。圣诞节假期结束的几天之后，埃里卡跑出教室，上了楼，然后冲出了教学楼。我追上她，紧紧地抓住了她的胳膊。我把她拉过来，告诉她不可以这样做，小孩子不能随意跑出教学楼。她把我推开，喊道，"我想做什么，就做什么！我的妈妈允许我这样。我只要说'求你了，求你了'，她就让我做我想做的事。"

那一刻，我才意识到，我有多么糊涂。我应该早就认识到问题的根源。所有事情就像彩色绘本中的图画一样，历历在目，一切都显而易见。我回忆起，麦考伊太太在埃里卡来的第二天为全班同学买了意大利面。我想起，听她说过，她在工作日的下午带埃里卡去看电影或者去游乐场。难怪所有的甜言蜜语和赞扬鼓励都没用。这个孩子一直都听惯了这类话，毫无原则地被纵容溺爱着。那一刻，我明白了，埃里卡乞求的不仅仅是关注，还有管教。

我牵起她的手，把她带回到教室里，让她坐到座位上。我把老版的加利福尼亚试卷中的阅读理解题发了下去。我常常拿老版考试题给学生做练习，即便在德拉诺小学也是如此。我自己其实是不太看重统一考试的，但只要其他教育者看重，当我的学生转到其他学校或者读高中后，就很可能要经常参加这些考试。因此，对于他们来说，知道如何考试很重要。

"我不需要任何考试来向我展示，你们知道多少。看到你们每天在这里所做的一切，我就知道。然而，我们之所以要学习如何考试，是因为我们生活在一个通过考试成绩来评价我们的世界。"

我正在指导学生做前面几道题时，听见了撕纸的声音。埃里卡正在把她的试卷撕成一条又一条。

"我昨天看见一个人，他要给会撕纸的人一百万美元。雇主会为了雇用会撕纸的人花很多钱，不是吗？知道怎么撕纸，你就会得到这个世界上最好的工作，不是吗？"其他孩子摇着头。我把试卷拿走，给了埃里卡一张新的。"现在，我要你把试卷上的同义词圈出来。"

"我不！"她尖叫着。

在埃里卡身上，我看到了自己的影子，同样坚定的意志和决心。我必须向她表明，我比她更有决心。其他4个孩子早已忘记了自己该做的事，在一旁观望。如果我不马上做点什么，我就会在所有人面前失去威信。我突然转身，抓起随手碰到的物件——一根保洁人员留下的吸尘器延伸管。我手中紧握管子，居高临下地站在埃里卡旁边，死死地盯着她的眼睛。

"如果你不完成这张试卷，我今天就杀了你。"我喊道。这句话脱口而出的那一刻，我就震惊了，我竟然说出那样的话。我被气晕了，听到孩子们倒吸了口凉气。他们都睁大了眼睛，表示难以置信。我的喉咙震动着，呼呼作响，身体也不停地颤抖着。

我不知道自己怎么了。我永远不可能打孩子。绝不。有生之年，我也从未威胁过哪个孩子。我都不知道，这种绝望究竟是为了埃里卡，还是为了我自己。我希望自己能够把管子丢到地上，继续上课，就好像什么都没发生过一样。然而，这件事一旦开始了，便不能轻易收场。重要的问题是这个孩子是否能看出我是在吓唬她。

我压制住颤抖的声音，告诉她，"大家都说你疯了。我不相信。但如果你不完成这张试卷，我就知道你是疯了。如果你以这种方式活着的话，你可能也跟死人差不多了。"

埃里卡的目光聚集在那张试卷上。她的双手牢牢地按在卷子上，手掌摊开着，十指用力按着。她的右手抽动了一下，铅笔从书桌上掉了下去。她探下身，捡起笔来，拇指和食指捏着笔，急忙把pitch的近义词throw圈了出来。做到第二道题时，她又把silly和foolish连起来。

我想笑。埃里卡居然一直都在听课！一直以来，她都在调皮捣蛋，撕卷子，吃书，看上去一点也没用心，她居然一直在听课，在学习。我站在那儿，直到她完成那一页试卷。在做完最后一题后，埃里卡向上歪着她那圆圆的脸，说，"我是要读一年级，还是要退级？"

我惊讶不已地看着她。她竟然完全明白别人给她贴上的标签。我说她当然要留在一年级。"在这儿，我们是不退级的。过去的就过去了。我们只往前走。"

这下她放心了，把试卷递给我，然后又把辫子上的丝带放在嘴里嚼起来。我决定一次只解决一个问题。

埃里卡加入了其他孩子的阅读小组。在随后的几天里，她都像变了个人一样。当然，她的变化并非突然发生的。之前的那些星期，她很可能一直在脑子里琢磨该怎么办，观察着自己和其他孩子。她也一直在打量着我，考验我对她的态度，我是否可信，是否能接受她。放眼这一段时间她的一言一行，改变她行为的并不是我的威胁。在埃里卡的内心支撑她做出这一改变的，是她自己决定要安定下来，这个决定取决于我是否会为她经受住所有考验。而我尽了全力。

虽然开始时埃里卡看上去还是兴致不高，但过了一段时间，她变得积极主动，充满好奇，她从没精打采变成了雄心勃勃。她的不服管束也让步于一定程度的自律。她一直都是一个有潜力的孩子。每个孩子身上都存在着这样的潜能。老师的挑战就是要把这种潜能引导出来。对于学生来说，没有所谓的定法。只要对某个孩子管用，任何方法都是可行的。

像艾伦和特雷西这样的孩子，对爱意和热情会很快回应。其他孩子，比如加里，会采取防御的姿态隐藏他们的恐惧和挫败感；他们需要向自己和其他所有人证明些什么。埃里卡似乎认为自己哪里出了问题，而且没人会接受她。她通过自己的行为发出了一个挑战："无论我做了什么，你都会相信我，并且接受我吗？"

我发现埃里卡想取悦别人，她会去做别人期待她做的事，成为别人期待她成为的样子。据她的妈妈说，之前的老师曾经告诉埃里卡，她是个笨蛋，所以那正是埃里卡之前一直努力要变成的样子。她并没有试图证明那位老师是错的。而我对她的期待是截然不同的。而且埃里卡也有了回应。大量研究表明，孩子们会努力达到老师为他们设定的标准。

埃里卡仍然有着强烈的表现欲，但现在她是通过一些夸张的表现寻求这种关注。埃里卡成了一名积极热情的学生，有时热情过了头。每次我问问题时，她会突然举起手，焦急地挥着手。"我，柯林斯女士，叫我，求求你了！"我让学生每个星期背一首诗，埃里卡会背下三四首。她交上来试卷后，会要求再做一遍，因为之前的试卷不够整洁。

她一开始阅读，发现了其中的乐趣，就一发而不可收。她痴迷于阅读。她不是在读朱迪·布鲁姆的书或者萝拉·伊丽莎白·英格斯的系列作品，就是在尝试着读《拉封丹寓言》或者《罗兰之歌》。一天，我在教室里走来走去，逐一问他们，他们学到了什么新知识，埃里卡说，"我喜欢苏格拉底。我唯一知道的一件事就是，我有很多东西是不知道的。我每天都在学习新知识。"

埃里卡的学习成绩，一跃成为班级第一名，但她的社交能力却远远不行。她不知道如何和其他孩子交谈，如何融入进去，而且她的过度热情和她之前的古怪行为一样，让其他孩子对她反感。然而，这一切对埃里卡来说都没什么大不了的。她知道，我已决心教她，并证明她并不蠢。就目前而言，这就足够了。

9

第九章

　　因为人们口口相传，还因为电视新闻专题节目和《芝加哥卫报》上的一篇文章产生了一定的宣传效应，截至1976年1月，学校创办4个多月以后，我的班级的规模几乎扩大到原来的3倍。教学变得比以往更加复杂了。我管理着只有一个教室的学校。我在德拉诺小学上课时，所有的学生都在同一个年级，而且年龄相仿，与之形成鲜明对比的是，我现在要面对的是处于各种年龄段的并且有着各种各样问题的男孩和女孩们。

　　新来的孩子们全都被塞到了教室的前半部分。西奥多是年纪最长的，12岁，一身健硕的肌肉，看起来就像足球队里的拦截队员。他的阅读水平还停留在三年级，我需要花一年的时间来提升他的阅读水平，并让他准备好参加高中入学考试。他旁边的乔治·比彻大多数时间都萎靡不振地坐在椅子上，一副事不关己的样子。他有着一张圆圆的脸，走起路来摇摇晃晃，11岁了，却连自己的名字都不会写。他算不出来4加1等于几，不认得"bat"和"cat"。尽管如此，他之前在天主教会学校的老师们还是用一份写着"进步很大"的报告，把他送上了六年级。他在教会学校的5年都荒废了。他不给老师添麻烦，老师也就随他去了。5年来，他一直坐在教室后面，听着其他同学回答问题。这个类型的学生我以前也见过。肥胖的孩子、安静的孩子、脏兮兮的孩子和外表不吸引人的甚至面部有疤痕的孩子，都被隐藏在教室的后面，被遗忘了。

瘦弱的珍妮特·摩尔刚刚6岁，不说话。她坐在那儿，盯着前面，没有知觉，没有情绪，一副空虚茫然的样子。她的妈妈告诉我，这个孩子曾经被猥亵过。我没有和珍妮特谈起过这件事。我用了4个月时间，才让她在被逗趣的时候露出了笑容。

西奥多、乔治和珍妮特代表了那13名新学生。他们中没有一个人达到了他们年龄应该达到的阅读水平。有些孩子还被之前的老师和心理学家贴上了"教不了"或者"没有学习能力"的标签，并且被放到了或者推荐到特殊儿童学习项目中。这些孩子来到学校时，书包里装满了各种备忘录，上面记录了他们的失常行为和他们在情绪、心理以及社会心理方面的诸多问题。他们是一群与社会格格不入的人，似乎没有人需要他们。而我需要学生，我觉得我可以帮助他们。

大多数家长对我和这所学校知之甚少。我认为，他们来找我，并不是因为这所学校的课程设置或者教育理念。他们来，是因为我们有着敞开的大门和空置的桌椅。我只是他们尝试的另一个选择，如果我放弃这些孩子，那就很可能和他们之前去过的学校或者后面将要试读的学校没有太大差别。

有些父母则带着更加绝望无助的心情来到我这里。对他们而言，我们学校是最后的去处。他们的孩子被撵出学校——有些情况甚至是法律不允许的，他们别无去处。我有这样一种感觉，有些家长不过是想找个地方，摆脱他们的困扰，并不在乎我能为孩子们做些什么。

我做的第一件事就是抛开所有的报告和累积记录。以往的经验告诉我，那些报告错误的概率远超过其正确的概率。我见过太多这样的孩子，他们的性格被圈圈点点，他们的智商被测试探查，甚至他们的一举一动都要被分析解读——那些孩子被看作失败者，被彻底否决了。

对于公立学校，我恨之入骨的一件事就是老师们迫不及待地否定孩子，建议他们去看心理医生。每次他们遇到难以对付的孩子，就会如此，这真是一个方便的借口。私立学校和教会学校也一样匆忙地给孩子贴上标签。埃里卡·麦考伊就是一个例子，而她只是来到这所学校的许多孩子中的一位。一位母亲告诉我，她儿子所在的天主教会学校的校长建议这个男孩转到灯塔学校，一所专为有情绪障碍和没有学习能力的孩子开办的学校。但灯塔学校的一位老师告诉她，"你的儿子不属于这儿。他没有情绪障碍。当一个孩子在天主教会学校表现不好时，他们很快就将之归结于心理问题。"

教师、学校的心理辅导老师和社会工作者对孩子们的看法总是先入为主，并误读他们的能力。他们很容易对父母离异的孩子、来自富裕家庭的孩子、生活在加菲尔德公园这样社区里的孩子有成见。只要告诉人们这些孩子生活的居住地，他们马上就会认为，这些孩子或是被虐待或是被忽视，他们饿着肚子来上学，没有衣服，没有和父亲一起生活过。有些老师甚至认为，这些孩子不可能学会任何东西。

这么多年来，我听到过来自教育领域内外的各种各样的言论。把一个贫民窟的孩子教成莎士比亚又有什么用？教什么文学和哲学，这是何必呢？还不如给他们做一些职业培训，如果他们还能学一点东西的话。

我们生活在一个喜欢贴标签的社会，在这样的社会中，人们永远都在试图给对方贴标签并且划分三六九等。我们总是过度使用诸如"学习障碍""发育障碍""行为失调"和"多动"这些术语，最终这些术语的使用已经超越了其有效范畴。一个坐立不安的孩子不一定就是多动的。也许那个孩子是厌烦了。也许那个孩子不知道怎么做功课，而且不敢寻求帮助。也许那个孩子只是太积极了。曾经有一个小男孩的幼儿园老师声称，这个孩子有多动症，因为他在上午休息时段不肯趴在桌子上。那个小孩的母亲是一位儿科护士，辩驳说，她的儿子每天晚上都睡12个小时，只是白天不累而已。另一位老师建议一位母亲，不要给她的儿子吃有糖霜的早餐食品，因为这个小男孩表现出了多动症的症状。当这位母亲问老师，孩子都有哪些症状时——她的儿子是学习有困难，还是有行为问题？——那位老师回答说，都没有，他非常聪明，只是精力太过旺盛，她无法跟上他的思考速度。

通常情况下，课堂上的问题并不是孩子的过错，而是师生关系没有处理好。一位老师对孩子的评价必然建立在其生活经验的基础之上。那就意味着，由于老师的过去，某些孩子会触发其积极或消极的反应，这一反应与孩子们的能力或者个性没有什么关系。比如，一个孩子也许会让老师想起某个人，也许是他处不来的兄弟姐妹或者同学。

老师毕竟也是凡人，有些时候，他们并非作为教师，而是作为不开心的人对各种情景做出回应。有时，一个孩子突然被贴上标签，仅仅是因为老师无法控制孩子的行为而产生挫败感，进而反应过度，而那些行为不过是正常孩子的恶作剧。有时老师仅仅是很生气，想要报复那个孩子。一个老师的性格、观念和喜好干扰甚至扭曲了他对孩子的反应。

老师可以塑造一个孩子，也可以毁掉一个孩子；可以支持一个孩子，也可以污蔑一个孩子。有老师能够激发孩子的潜能，点燃他们的兴趣，让学生求知若渴，那么就有老师能够让学生厌恶学校，甚至厌恶自己。他们也并非有意为之。做老师的必须时刻警觉，事无巨细。即便像"你的哥哥是个非常聪明的学生"，或者"你是这个班级个头最大的，所以集体表演你站在后排"这样漫不经心的话也会疏远一个孩子。

作为教育者和家长，我会有意识地注意这些问题。在那13个新生登记入学时，我10岁的儿子帕特里克和他刚去的私立学校的一位老师相处得很不好。不知道为什么，帕特里克的老师不喜欢他。她会展示除了他以外的所有孩子的试卷。课间休息时，她会把他留在教室里考试，她甚至当着其他孩子的面批评他，把他变成了班级里的傻子。最后，其他孩子也接受了那位老师对他的描述，在体育馆或者餐厅里作弄他。

我知道帕特里克会做那些功课。我晚上和他坐在一起，他大声朗读乔叟的《骑士的故事》，没有任何问题。我不明白，那位老师为什么如此对待他。虽然克拉鲁斯和我都想让帕蒂离开那所学校，但帕蒂坚持认为，他不想成为中途放弃的人，更不想被呵护成为一个娇气怯懦的胆小鬼。所以，我错误地屈服了，让他继续待在那儿，希望情况能自行得到缓解，那位老师会改变心意。与此同时，帕蒂出现了口吃，我不得不说，"慢慢来，宝贝，妈妈在这儿。"

有几个晚上，我起床后，发现帕蒂睡得很不安稳，咬着牙，咕哝着，"哦，不，我能做到。"愤怒、自责、无助席卷着我——这正是许多我的学生的家长曾经经历的感受。我不知道该怎么做。既然帕蒂心意已决，要在那所学校待下去，至少要待到这一年年底，我又怎么能削弱他的决心？而且，如果真的把他带离那所学校，我还真不知道该让他去哪儿。这些年，我几乎已经把这座城市里的所有私立学校考察完了，我想最坏的情况不过是让他进我的学校。然而，他会觉得自己像一个被打败的小孩，最终还得回到妈妈的身边。

我所能做的只有安抚他，让他安下心来，每天竭尽所能地重建他那支离破碎的自信心。全家人都给予了他全部的爱、鼓励和支持。我恨帕蒂的老师，我从未这样恨过一个人。我想知道，如果他们那样对待我的孩子，那又有多少孩子正在遭受同样甚至更痛苦的折磨呢？

对于学生而言，大量储备的教师资源就好像一个教育界博彩。一个孩子幸运地抽到了一名好老师，起步就赢了一局，但却不能确保下一年的另一位老师会继续让这个孩子走在正轨上。

老师对我自己的孩子和我班级上的孩子的评价，让我不会将任何一个人对于孩子的评价等同于他们的真实能力。我也不相信能力测试。有些孩子一考试就变得晕晕乎乎，无法完成考试。帕特里克就是那种类型的孩子。有时，孩子会因为过度担心考试结果和父母的期望，而在考试期间头脑一片空白。

而且，我认为心理测试并不能让人信服，尤其是其结论常常是被解读出来的。例如，我的一位学生，一个7岁的小女孩，就曾经做过"心智状况检查"。她被要求画一幅自己想画的画，于是，她画了公园的场景——一个黄色的太阳、两朵蓝色的云、一片绿色的草地、一棵棕色绿色相间的大树和三朵鲜花，这一切都环绕着一个正在把东西丢到垃圾桶里的小女孩。心理医生的评估是"垃圾桶的主题暗示了这个孩子可能担心自己被抛弃、丢掉"。然而，另一位心理医生说，那幅画可能暗示了她很在乎周围是否整洁。那么，父母该相信谁呢？

由于我的儿子帕特里克和老师之间的所有那些问题，学校心理医生对他进行了一连串的测试，其中包括了人物画像的测试。因为在测试过程中他先画的是脚，那位心理医生推断帕特里克确实有问题。然而，我认为那太正常了，因为帕蒂有一双大脚，他的哥哥埃里克有一双大脚，而我也有一双大脚。

我知道专家对孩子的评判是不可信的，所以我拒绝把任何孩子看作是不可教的。我不知道我的新学生有没有临床功能障碍。也许有些人确实有。然而，我教他们时，绝不会把他们当作是有问题的孩子。我也不会降低我的期待。我相信，无论如何，我都会以某种方式走进每个孩子的内心。

就像许多我教了多年的其他孩子一样，我的13个新生似乎都觉得自己一无是处，而且没有安全感。无论他们各自的问题是什么，他们共同的问题是失败太多次了。我知道自己必须植入新的与成功有关的信息。我必须给他们提供积极思考的条件，就像我对之前的学生所做的那样。

不过，这些新学生的到来与以往相比，有一个很大的不同。不再是只有我一人的声音在鼓励他们；现在我的后面还有来自我最初5个学生的齐声支持。迄今为止，他们已经熟知爱默生。他们知道所有与"相信自己"有关的名言警句，而且他们正在为新生加油打气。

之前，只有我一个人说"我不会让你失败的"。现在，这句话已经换成了"我们不会让你们失败的。我们一直都在这里帮助你们"。

我转向辛迪、特雷西、埃里卡、加里和艾伦，问他们，"在这里，曾经有一段时间，你们是什么样的？"

"我们一无所知。"他们回答道。

"现在你们必须做什么？你们必须帮助谁？"

"另一个孩子。"他们大喊。

学习是一件需要大家共同努力的事。学校的每个人都是这个团队的一部分，而且和其他团队一样，只有大家齐心合力，这个学校才能有效运作。这是第一次，我需要面对这么多处于不同年龄段和不同学业水平的孩子。如果没有"人人为我，我为人人"的精神，便没有办法让一个12岁的孩子自在地和5、6、7岁的孩子坐在一起。

更重要的是，每个孩子都需要感觉到被爱和被需要。每个孩子都需要归属感。大多数孩子依旧因为在之前的学校里被羞辱和被排挤而痛苦不堪。我们的课堂必须是一个互助小组，不断督促彼此，为彼此取得的小成绩而感到快乐，这就像减肥互助团体给一位新成员鼓劲，或者匿名戒酒者协会关怀一位新会员一样。我不想让任何一个孩子觉得他们是在孤军奋战。因此，我尽力把年龄差距变成一种优势，创造出一种孩子们可以互相辅导、互相帮助的氛围。

10

第十章

截至1976年2月底，在他们来学校一个月后，所有13名新生都能阅读了。当然，有些人读得比其他人好，但他们所有人都牢固地掌握了语音拼读。当我不得不一切都重新来过，教新来的孩子们，声音构成了语言，语言构成了思想时，我以为自己会死掉。然而，我还是做到了，每个新来的孩子我都会从头开始教，带他们反复练习，诵读元音和辅音儿歌。虽然我厌倦了那些重复的工作，但从未表现出来。一位优秀的老师必须是一名演员。我常常竭尽全力让自己表现得充满新鲜感与活力，就好像我是第一次教他们发音练习。

"我在这儿所做的一切并非奇迹，"我告诉学生，"那都是努力工作的结果。我的双脚痛得我快要死了。我的喉咙也痛得说不出话来，晚上你们睡觉时，我却在备课。"

学校里每个孩子都有根据其需求而量身设计的功课。那是我能够有效地教育这些形形色色的学生的唯一办法。我常说，"我们所有人不会穿同一码子的鞋，对不对？我们去看医生时，拿到的也不是同一种药，是不是？"如果一个孩子不会辨别同音异义词to和too，第二天早上针对这个问题的练习题就会出现在那个孩子的书桌上。如果一个孩子不会累加美元和美分，或者不会解答应用题，就会有其他相应的练习题。然而，所有这些一对一的教学都不可能提前准备好，因为我永远不知道，学生每天会展现出什么样的具体需求或者弱项。

这些孩子的阅读能力从语音拼读的胚芽阶段开始，一点点进化而成。一旦孩子们掌握了发音规律，并且学会了如何划分音节，他们就会进步神速。一个学了强化语音拼读的一年级孩子在4到5个月内就能够读出来4个音节的单词。研究表明，一个一年级小孩学会了语音拼读，在这一学年结束时，就能够拥有24,000个单词的阅读词汇量。而那些采用看—说方法学习的孩子在四年级结束时，也只有1,500个单词的阅读词汇量。而且，看—说方法中教授的单词还不包括诸如boil, brain, copy, pain, pity, pray, pride, puff, root, spare, stir, sum, tax, thirty, twelve, vote这些常用词。一个学习语音拼读的一年级学生只要在几个星期后就能够读出以上单词了。

语音拼读能够让孩子读出单词，进而能够加强他们的阅读理解能力。在一个孩子了解了一系列发音和单词之间的关系后，那个孩子便可以专注于理解其意思了。看—说方法之所以会阻碍理解力，是因为孩子看到单词时必须要去猜。孩子忙于从大脑记忆中尽力辨识每一个单词，便无法专注于句子的意思。使用了看—说的方法，学生便有可能弄错单词的意思。如果孩子不得不依赖于记忆和情境线索来识别整个单词，就会很容易读错单词或读成其他单词。一项调查学生错读现象的研究表明，包括通过了大学入学能力测试的高中生会把Solomon读成salami，把delicacy读成delinquency，把hurricane读成hammer，把groceryman读成clergyman，把inert读成inherent，把imbecility读成implicitly。这项研究总共记录了大约100,000个相似词的错读现象，其研究对象范围从一年级学生跨越到大学生。

我的学生学会单词的发音之后，很快就学会了同音异义词、同义词、反义词和单词拼写。当我向孩子们介绍了某个元音的发音后，他们就能用发那个元音的字母组合来拼写单词。例如，使用发元音a和e的拼写，他们填完整了如下单词：_ _ _ _t（一个数字），_ _t（我们用食物做这件事），h_ _（我们喂马吃的东西），f_ _ t（我们靠它们走路），th_ _（复数的代词），pl_ _ n（不好看）和 str_ _ _ _t（不弯曲的线）。

不久，那些孩子又进步了，他们可以把音标转换成单词。对某些学生来说，或许看起来像外语的东西对我的这群孩子来说却是易如反掌。他们知道ə-noi 就是annoy，ə-myo͞oz就是amuse，kāk就是cake，frīt就是fright，frē-kwant就是frequent，i-rā-sər就是eraser，myo͞o-zik就是music，ik-splō-zhən就是explosion。我让他们同时锻炼阅读和书写的技能。我的学生绝不会能想不能写。

批判语音教学法的人声称，这种方法不可能教会孩子阅读，因为在英语里，有太多的不规则发音和拼写组合。比如，中元音有大约30种拼写，包括：tidal中的a，sicken中的e，charity中的i，come中的o，typhus中的u，vacation中的ion，sickle中的le和prism中的m。

我通过关注具有代表性的单词来解决所有的不规则现象。每教一个发音，我就找出那个发音的所有拼写。教z的发音时，我用music，zebra，has和treasure这些单词举例说明。发音为f的三种拼写，fight，phone和cough会放在一起学习。包含ck和ch的单词在都发k的时候，会放在一起学，比如tack和ache。像sugar，tuition，permission，special和ocean这些单词，会和含有sh的单词，比如ship，shall，shelf，以及包含法语ch发音的单词，比如challis和charlatan，放在一起学。而发轻音的ch，比如chime和cheese，会单独学习。

为了让孩子们能够练习辨别这些发音，我还自编了一首船夫曲，这样他们就可以抑扬顿挫地大声朗读了，每句结束后拍两下手。

change和chord，change和chord，
change发成chuh；chord发成ck。
chin和chagrin，chin和chagrin，
chin发成chuh；chagrin发成sh。
go和edge，go和edge，
单元音e把g变成j。
beg和beige，gap和revenge。
cap和rice，或can和nice，

单元音*e*把*c*变成*s*。

*sweater*和*pleasure*，*sweater*和*pleasure*，

元音*ea*现在发成*eh*。

*sit*和*site*，*sit*和*site*，

单元音*e*前面有元音，

前面的元音就发其字母音，发其字母音。

*bread*和*knead*，*bread*和*knead*，

*bread*发*eh*，*knead*发*e*。

*accumulate*和*quotient*，*accumulate*和*quotient*，

*accumulate*发*q*，*quotient*发*kw*。

　　辅音和元音发音一共有180个规则。我们不中断地反复练习和复习所有发音。而且多年来我们一直继续着，尽管他们已经进步到阅读像《卡拉马佐夫兄弟》[1]这样的作品，我们还会复习语音知识。复习语音能够同步提高学生的拼写能力和阅读能力。

　　我从西奥多和乔治开始入手——他们是年纪最长的学生——让他们开始读六年级读本。唯一一个激励孩子们的方法是让他们竭尽全力。虽然两个男孩子的阅读水平在三四年级，但如果让他们觉得他们一直和年纪小的孩子做同样的功课，他们便不会有学习动力。

　　辛迪、埃里卡、艾伦和加里在那一学年的中期，就已经加倍

---

①《卡拉马佐夫兄弟》是俄国作家陀思妥耶夫斯基创作的长篇小说。——编者注

努力，开始学习三年级课本了。特雷西也做到了。我单独给她授课，在课前和课后辅导她学习，直到她达到了辛迪的水平。在课上，我也继续看着她阅读，读几句话，就让她停下来，这样她就不会读错了。几个月过去了，这期间特雷西一直在体验着这种经我控制后的小成功。有一天，当我突然打断她的朗读时，她双眼天真无邪地抬头看着我，说道，"求求您了，柯林斯女士，我能再多读一些吗？我能再多读一句话吗？"我激动不已。她这样做，不仅仅是在试图取悦于我。她终于到了觉得自己能够顺利完成的阶段了。当然，我肯定同意让她继续大声朗读。当她读到那一段的结尾时，班级其他学生在辛迪和艾伦的带领下爆发出了热烈的掌声。同学的支持让特雷西充满自信。从那天起，她便不再害羞了。

这个时候，珍妮特和一些新生正在学习二年级课本。只要他们会读那些教材，我就会跳过去，让他们学习更高级的读本。作为一种激励策略，我总会告诉学生他们读的是几年级的读本。如果他们读得很好，我会说，他们将不用读完手上的那本书，而是将继续向上读三年级、四年级或者五年级的读本。小孩子总是想像大孩子一样。对于年长一些的孩子来说，激励他们努力的就是能够阅读适合或超越他们年龄水平的读本，这样他们就能够成为班级小朋友们仰慕的榜样了。不知为什么，这个班级里没有竞争的氛围。

我深爱着每一个孩子，爱抚他们，与他们聊天，尽我所能创造出一种互相关爱的氛围。他们大声背诵或者朗读时，会为彼此加油打气，有时还会为我鼓掌。当年幼一些的孩子提升到了更高水平，年长的学生就会表示祝贺。他们为同班同学所取得的成绩而骄傲。比如说，截至五月份，艾伦果然证明了自己是一名优秀的阅读者，我觉得他可以学习六年级的读本了。西奥多和乔治也像大哥哥一样照顾着他。

我们所有人分享着彼此成功的喜悦。没有人笑话或者提示别人去关注另一个孩子的缺点。如果真有人胆敢那样做，大家马上就会提醒他《古舟子咏》中柯勒律治的诗句："万物既伟大而又渺小！因为上帝他爱我们大家，也正是他把我们创造。"

* * *

每隔一周，孩子们就必须要看完一本课外读物，并做好读书报告。马文囤积了一大堆书，有的是别人捐赠的，有的是在慈善书展上或在旧书店里买来的。那些存书就是一个文学作品大杂烩，经典作品中混杂着畅销儿童读物。书架上既摆放着爱德华·摩根·福斯特、萨默塞特·毛姆和威廉·福克纳的文学经典，又摆放着朱迪·布鲁姆、罗尔德·达尔和谢尔·希尔弗斯坦的儿童读物。

每个月的第二个和第四个星期五，马文会为每个孩子选一本书发下去，有《屠场》《傲慢与偏见》《欧·亨利短篇小说精选》《神秘岛》《春天在这里》《四年级的无聊事》《蝇王》《一九八四》《厄舍古屋的倒塌》和《远大前程》等等。马文看似在随机发放，然而，她发书的原则是，年龄越大，读的书越难。即便孩子的阅读水平还不够，她也按照这个原则发放。那些习惯了失败的孩子需要更高的目标，才会成功。她把书架上最厚的一本书《白鲸》发给已经12岁却只有三年级阅读水平的西奥多，就是这个道理。

"嘿，柯林斯女士，您给的书不对。"

"没有，亲爱的，我给你的书是对的，《白鲸》。"

"可是，这本书有这么多页，每页还有这么多字。一张图片都没有，这是给大孩子看的书。"

"我认为，你够大了。"

"不，在原来的学校，我拿到的书总是最简单的。"

"哦，可在这所学校，我们从不把容易读的书发给像你这般年纪的年轻人。我们不希望你和小朋友做同样的功课。试读一下这本书。你不必全部理解，尽力就可以。书是由单词组成的，单词是由什么组成的？"

"语音。"西奥多咧嘴笑道。

"对。只要你记住了语音，并且知道如何使用字典，就没问题了。"

那天放学，西奥多离开学校时，紧握着《白鲸》，这样大家就都能看见那本书的书名和厚度了。马文是希望他炫耀一下的。对她来说，两周后西奥多只要能告诉她，那本书是关于一条鱼的，就足够了。出乎意料，最后他告诉她，莫比·迪克是一条白色的、吃人的大鲸鱼。

通过"阅读时段"这个活动——午餐后45分钟的自由阅读时间——马文激发了学生的读书兴趣，让他们接触到了各种故事、主题和作者，涉猎范围十分广泛。每个孩子都阅读一本书的一到两章，或者《世界文学文摘》中的短故事、诗歌或者精彩情节概述。

这是孩子们在班级进行默读的唯一时段。读完之后，还有一个时段，让孩子们探讨他们各自读的东西。

他们阅读时，马文也会和他们一起阅读，她还鼓励他们尝试新作者的作品。她在书架上保留的都是最好的故事，比如奥维德的《变形记》（"不要被那个很长的单词吓住了，这本书不过是把希腊神话重新讲了一遍而已。"她安抚孩子们说）、《萨蒂利孔》、居伊·德·莫泊桑的故事、希腊戏剧、《赣第德》和《罪与罚》。马文知道，这些孩子在多年以后还会重温这些书，就像对待一生的知己好友一样不离不弃。

在默读时间结束后，马文常常是第一个告诉大家她读了什么。她会把故事改编得更加戏剧化，有时还会加入新的东西进去，让她的讲述更加惟妙惟肖、引人入胜。她边在教室前面踱来踱去，边解释拉斯柯尔尼科夫是如何小心翼翼地数着从他的房子到当铺老板的公寓有多少步，同时还筹划着他的犯罪阴谋。

"《罪与罚》是一部心理学小说，"她说道，"心理学（psychology），研究为什么人们的思想和行为是他们表现的那样，这个词来自希腊语psyche，意思是人类的灵魂或思想。这本书是一个有关犯罪的故事。没有人确切地知道，拉斯柯尔尼科夫是不是真的谋杀了老妇人和她的妹妹，但是他认为别人是知道的，所以他自己露出了马脚。如果你做错了事，你会感到愧疚，进而认为所有人都知道那件事。拉斯柯尔尼科夫穷困潦倒，他没有太多朋友。孩子们，那是不是就可以成为产生恶念，进而夺人性命的借口了呢？"

还有一次，她把赣第德的痛苦演绎得极为戏剧化，她告诉学生，赣第德是如何被赶出了男爵的城堡，如何被保加利亚人捉住并且折磨的，如何经历海难，赶上地震，以及如何被人鞭笞的——那一切都发生在前几章。她给学生讲了奥斯卡·王尔德写的《快乐王子》，并强调这个故事讲了"一颗慷慨的心总是有回报的"的道理。作为对比，她概述了《蝇王》中更阴沉的视角。

"你们看到了，当你不在乎你的同胞时，会发生什么事。所有的孩子都喜欢无拘无束。你们都认为，如果没有大人在一边告诉你该做什么，就太好了。然而，我们需要有所约束；我们所有人都需要秩序和纪律。没有规矩我们都会被毁灭。社会也会陷入动荡之中。"

当马文总结完她读的东西，总会有孩子说，"哦，下一个能轮到我读那本书吗？"然后，会有一位同学问，"你读完给我，好不好？"

她的读后总结不仅仅局限于文学。有时，她会给孩子们讲述歌剧背后的故事，比如《波西米亚人》或者《费加罗的婚礼》，或者叙事芭蕾，比如《吉赛尔》《胡桃夹子》和《彼得鲁什卡》。她相信，要想让年轻人受到良好的教育，需要让他们接触所有的文化形式。除此以外，还有什么方式能让来自市内贫民窟的孩子们了解歌剧或者芭蕾呢？

然后，马文逐一问每个孩子，他那天都读了什么？就是在"阅读时段"后的一次口头讲述环节中，乔治·比彻，这个体重超标、郁郁寡欢的11岁男孩最终敞开了心扉。乔治在之前的学校里被忽视得太久了，他发现自己很难打破不参与讨论的习惯。马文一直鼓励他，但从未强迫过他。当孩子们一切都准备好了，他们自然会去做。她问乔治读了什么，突然他从容应答。

"我读了一部分约翰·斯坦贝克的《珍珠》。"他咕哝着。孩子们在开始讲解之前，必须先陈述书名和作者。

"大点声，亲爱的，"马文告诉他，"不要让别人偷走了你的雷声，否则你永远都只是一片小雨云。"

"那个叫吉诺的家伙，"他说道，"发现了世界上最大最好的珍珠。他很穷，在发现珍珠后，所有人都想成为他的朋友。之前，医生不愿意给他的孩子看病，但现在却主动来照顾他的孩子，而且还成了吉诺的朋友。"

"那位医生为什么之前不愿意给那个小孩看病？"一位同学提问道。

"因为医生只医治富人。"乔治说道。看到其他同学能够感兴趣，同时又对自己的答案充满信心，所以乔治满心欢喜。"富人有钱，而穷人只能送给他鱼。"

"是的，我就认识一位生病的女士，医生不愿意给她看病，因为她靠公共救济金生活。"西奥多附和道。

"所有人都喜欢欺负穷人。"艾伦说。

"如果你很穷，房东会关掉暖气，根本不在乎你冷不冷。"加里补充道。

"我们不要大声抱怨这个世界的错误，"马文告诉他们，"抱怨不会改变任何事。竭尽所能去学习，这样你就会成为医生、律师、政治家和思想家。然后，你才能亲自改变这个世界。"

"政客才不会改变什么，"辛迪说，"虽然他们每年在公园里举办野餐活动，免费发放热狗，但其实他们没做什么实事。"

"那么，你们就必须成为有一天回到像加菲尔德公园这样的社区、重建这些社区的人，"马文回应说，"好吧，乔治，继续你的故事。"

"好，起初每个人都表现得好像吉诺的朋友一样，但其实都是装模作样，一切只因为他们想要得到那颗珍珠。很快，就有人鬼鬼祟祟地围着吉诺的房子转，吉诺不得不把他赶走，而吉诺的妻子开始觉得，那颗珍珠会滋生祸端。"

"亲爱的，在这本书中，斯坦贝克在告诉我们什么？"马文问他。

"告诉我们，人们总是想要得到金钱，想要夺取别人已经得到的贵重的东西。"

"非常好。斯坦贝克还告诉了我们什么？他在向我们说明，拥有贵重的东西并不一定就快乐。"

"是的。好东西最后可能会带来恶果。就像您常常告诉我们的那样，柯林斯女士，生活并不完美。"

乔治的哲学思考赢得了全班同学的热烈掌声。自那以后，他在班上变得更加健谈了，总是不停地挥手，要求回答问题。他像一条小狗一样整天围着马文转，和她谈论他最近读的书。有一次，乔治默不作声地跟得太近了，马文被吓得跳了起来，这时，他突然开始讲述亚瑟王和圆桌骑士的故事。马文大笑，抱住了他。就在几个月之前，如果那个孩子悄悄地跟在谁的后面，肯定不是为了讨论什么书。

＊　　＊　　＊

　　有些日子，毋庸置疑，孩子们都在学习。但有些时候，我觉得我似乎没有让孩子们完全理解我所传达的内容。我竭尽所能，呕心沥血，努力让我的学生们与众不同，把他们和大街上的那些孩子区别开来。然而，他们似乎很容易就故态复萌。

　　一遇到比较难的事情，加里·乐福马上就噘起嘴，一蹶不振，自甘堕落起来。特雷西·尚克林似乎忘的比记的还要多。虽然她已经很努力在做功课了，但我还是要花上近4个月的时间才教会她怎样计算30减27。有一次，艾伦浑身散发着臭味来到班级，没有人愿意坐到他旁边。虽然埃里卡的学习技能突飞猛进，但她在社交场合仍然缺乏存在感。她还是趿拉着鞋走路，流着鼻涕，对其他孩子大吼大叫，在每一场讨论中都要争着成为大家关注的中心。

　　我必须不停地提醒自己，这些孩子原来是什么程度，他们都已经向前迈了一大步。我可以在每天的小胜利中衡量他们的进步，比如，加里把作业拿回家，第二天又返还回来，或者特雷西兴致高涨、满怀激情地大声朗读。然而，我还想要更多。因为我管理的这所只有一个教室的学校，没有经过官方认可（伊利诺伊州的法律并不要求私立学校经过注册或者得到州政府的认可），所以我需要一些传统意义上的证据来证明我的学生在学习——那就是考试分数。如果说我在德拉诺小学的经历有什么作用的话，那就是我知道了学生的进步必须要以某种方式记录下来。虽然我对此并不认同，有什么考试能够测出学生观点态度、最看重的事，以及他们生活理念的改变呢？当然没有。

五月下旬，我带领学生模拟练习了斯坦福—比奈智力测试和爱荷华州成绩测试，就像高年级学生为参加高考而准备一样。我要确保我的孩子们知道如何按照考试指令作答。我带领他们复习了考试题目中的语言点，比如整数、反演变换、转换、钝角和锐角这些词语。我们还复习了一些数学符号：大于号、小于号、全等、平行、垂直、等于、不等于、等边三角形等等。我知道，这些知识我的孩子们都会，但我要保证他们不会被考试题目的措辞难住。

正式考试的那一天来到了，是关于斯坦福—比奈的一系列测试。首先，我告诉孩子们，这些测验并不能说明谁比谁更聪明，让他们安下心来。这些考试不过是我用来确定以后在课堂上需要更为重视哪些科目的工具罢了。当考试成绩出来后，我非常高兴。

我并不期待发生什么奇迹，我能期望的不过是，他们能有实实在在的提高，而事实上，他们提高了很多。就连在一月份才进入这所学校的孩子们，他们的阅读和数学理解力也在几个月的时间里得到了大幅度的提升。例如，乔治·比彻，他刚来时，其水平相当于三年级半（3.5）[①]，现在提高到4.2。特雷西和埃里卡的成绩表明，她们的收获更加激动人心。回想去年九月份，她们两个人连一个单词都读不出来。在第一学年结束之前，7岁的特雷西的分数达到了3.7，一年级学生埃里卡则考出了4.2的高分。然而，最让我惊讶的是8岁的艾伦，他居然考出了七年级水平。

[①] 数字代表年级对应的学习能力水平。——编者注

对孩子们来说，这一年真是丰收之年。他们在我的只有一间教室的学校里获得了成功，而在那些有着庞大预算、资源中心、各种教辅设施和视听设备的学校里，他们却做不到。这其中最重要的原因是，这些孩子对学校的态度发生了改变。

在这一学年的最后一天，我让孩子们去室外活动，他们都不肯。

"这是怎么了？"我笑道，"难道你们不知道，放假了，作为孩子就应该很兴奋吗？不用上学，你们应该很开心才对。你们难道不知道吗？"

"不！"他们大声喊道。

"我对你们都做了些什么？上帝啊，我做了什么？"我边开玩笑，边把双手甩得高高的，做出绝望的样子。"虽然我爱你们所有人，但我需要休息一下。而且这一整年，我都让你们努力学习，你们也该休息一下了。但是，记住，休息指的是不上学，而不是什么？"

"不学习。"他们齐声回答道。

"那么，你们打算在暑假都做些什么事呢？"

"读10本书。"

"我自己会把书单上的所有20本书都读完，因为我不知道你们会选哪10本。在学校，你们绝不可能怎样？"

"你们绝不可能欺骗柯林斯女士。"他们大声喊道。

11

[第十一章]

这一学年结束后，我决定把学校从丹尼尔·黑尔·威廉姆斯大学迁出来。尽管我很感激他们给我们提供了免费的场地，这所学校才得以运转起来，但我还是想独立出去。这所大学与政治牵扯太多，所以，我想，最好还是让这所学校脱离这样的环境。当时帮助我组建这所学校的那群女士们说，既然我一直都在管理这所学校，我可以把它接管过来，成为我自己的学校。她们告诉我，我可以带走这些学生、一些书和物品，甚至这所学校的名字也可以带走。

我刚开始把自己的想法告诉克拉斯时，他没有说，我是不是疯了，甚至连"开办自己的学校是个疯狂的想法"这样的话都没说。我和他谈了很多个晚上，谈论经营一所学校所需要的资金、场地、设施还有我的理念。经过几个星期的深思熟虑之后，我投入到规划运行方案的工作中。首先，我简化了学校名字，更名为"西区预备学校"。为了享受免税待遇，我必须把这所学校创建成为一个非营利组织。然后，克拉鲁斯和我开始寻找建校地点了。我们在加菲尔德公园开车转了又转，在日托中心和教堂寻找场地，然而，我们发现，不论我们察看哪处，都发现走进了死胡同。不是房租太高了，就是人们不想让我学校里那样的孩子去他们那儿。他们臆想，一群惹是生非、极具破坏力的孩子会偷窃甚至破坏他们的财物。

到七月中旬，我已经排除了所有的可能性。最终，我决定使用我自己的现有资源——我二层楼房的楼上空房间。克拉鲁斯干了所有的活儿。他拆除了厨房的橱柜和水管，移走了水槽、厨灶和冰箱，打掉了旧墙，又砌了新墙，而且安装了照明设备。他敲敲打打，锯了又锯，每晚都要干到深夜，周末一忙就是一整天。暑假接近尾声时，我有了自己的学校——用厨房和其隔壁的客厅改造出来的一间教室。

而学校的启动资金，我决定使用离开德拉诺小学时从养老金账户中提取的5,000美金。然而，施工材料和创办独立学校所支付的律师费就花掉了大部分钱。剩下的钱已经不够买桌椅、黑板和教学资料了。

可是，如果说在创建学校的过程中，我遇到了重重困难的话，那么幸运之神还是降临到了我的身上。八月下旬，我接到了一个朋友的电话，他告诉我一个位于市郊的校区正在处理桌椅和黑板。这位朋友有一家连锁五金店，同时还在其所在地学校的董事会任职。他买进了一些桌椅和黑板，还有一台复印机、一台电唱机和一套儿童百科全书。他用商店的货车把这些东西给我送了过来。有了这些意外的收获和上一年收集的那些课本，西区预备学校几乎万事俱备了。

我用用于家庭开销的钱买了15张桌子。然后，我开始给周边银行和社区写信，告诉他们这所学校的成立背景和目标——帮助加菲尔德公园的孩子们成就自我。我说，无论他们提供什么，我都需要，不必捐钱，只要办公用品，可以是一台旧打字机，或一台饮水机。然而，我收到的回复却寥寥无几。最后，我收到的所有东西只有大量的废纸，而其中大部分都来自库克县的遗嘱检验法院。我用那些纸油印数学题、阅读书单、单词定义、语音练习和短故事（代替课本）。和之前一样，还是没有任何实质性的公共支持，这让我大失所望。从那以后，不论做什么，我都自己解决。这所学校会成功的，我一定做得到。

九月初，18名学生在我的学校注册了。特雷西、埃里卡、乔治和西奥多回来了，之前的大多数学生也回来了。当然，我的女儿辛迪也在。但我失去了艾伦。他的爸爸拒绝把他送到在别人家房子里开办的学校。珍妮特搬到了城市的另一处，还有一个小女孩，9岁的帕特丽霞·华盛顿也搬走了。她的新房子很漂亮，她的学校又大又开阔，但是，她在电话里告诉我说，"那里的老师不会拥抱和爱抚学生。"

取而代之，又来了3位新生。一位是11岁的叫劳拉·布朗的孩子，她拼写所有单词时，字迹都潦草不堪。还有一位是学龄前儿童，4岁的加尔文·格雷厄姆。第三位学生是我的儿子帕特里克。

我开始觉得帕蒂需要有人给他更多的挑战，激励他进步。最近一段时间，他在提倡"进步主义"①教育改革的私立学校里表现一直都很好，但我相信，一个教育目标更加明晰化的环境能够开发出他更多的潜能。不是每个孩子都能从"进步主义"教育中受益，有些孩子相对于其他人来说需要更多的指导和激励。如果一个孩子做事主动，一直胸怀大志，目标明确，那么在一个学生可以自由设定学习目标的环境中，他就可能做得很好。而对于能动性没有那么强的孩子，这样的自由就会导致设定的目标过低。

这么多年来，我逐渐认识到，危害当代教育的一个弊端就是由过度强调"进步主义"的教学方法造成的。学校为了努力遵从约翰·杜威以学生为中心而非以课程为中心的教学理念，过多地牺牲了教学内容，过度关注如何教而不是教什么。在20世纪60年代晚期和70年代，整个社会都热衷于大众心理学，于是，许多年轻男女都进入了教育领域，认为"只要我能与孩子建立关系，他会不会拼写cat这个单词又能怎么样"。

杜威的哲学被误解、误用，甚至常常被拿来当作不教给学生基础知识的托词。当家长和学校董事会质疑教师的学科能力、控诉学校没有教学生基本技能时，管理者和教学理论家们就会急于为自己辩护，声称"人本主义"教育比知识更重要。

---

① 进步主义教育是20世纪上半期盛行于美国的一种教育哲学思潮，对当时的美国学校教育产生了相当大的影响。起源自反对传统教育的形式主义。主要观点有以儿童为中心的学生观，以生活为内容的课程观，以解决问题为方法的教学观，淡化权威意识的教师观，强调合作精神的学校观。——编者注

其症结在于，一些学校不能在"进步主义"教育和传统的教学方法之间找到平衡。人们错误地认为，教学理念非此即彼。事实上，如果你在传统的课程设置中教授基础知识和技能，你仍然可以关注孩子的情感和态度。而且，为了激发学生的创造力和批判性思维，你就得摒弃任何形式的死记硬背，这样的观点也是错误的。记忆是学习诸如语音、语法、拼写和乘法表这些知识的唯一方法。

在教育领域，还有一种倾向，即教育者们会随意地拒绝某种教学方法，仅仅是因为那种教学方法过时了。事实上，教师可以把进步主义和传统方法结合起来进行教学，两者相辅相成，互为裨益。教师可以关注孩子的需求，与此同时，教给孩子课程知识和技能，我们也没有理由不这样做。而这种融合后的理念一直都是西区预备学校的基本原则。

学校定在9点上课。事实上，只有开学第一天是9点。第二天以后，第一个孩子一大早七点半到校后，学习便开始了。第一个到校的孩子会来到厨房，和我的家人在一起待着，我会开始给他复习他薄弱的学科。当我清理完餐桌，梳头发和涂口红时，那个孩子会继续在厨房转一会儿，喝一杯果汁，或者吃点剩下的熏肉或者煎饼。等我忙完早上的家务事，我们便开始做数学题、阅读题或者练习字母的发音。cake中哪个字母发成a？boat中哪些字母发成o？light中哪些字母发成i？我穿梭在厨房、洗手间和卧室之间，接二连三地提出问题。那个孩子也是边吃边回答。然后，我们上楼，把单词写在黑板上，并且标注上变音符号。我会看他的家庭作业，从而判断他是否可以开始学习新的知识。

我每天都会留家庭作业，但作业量不多。一个孩子没有必要一个晚上做30道数学题。5道或10道数学题足可以看出他是否掌握了这个知识点。我留家庭作业，不是为了让学生忙碌起来，而是为了巩固课上学的知识。而且，当我确定那个孩子能够做对时，就不再留相关的作业了。留作业是为了带给孩子益处，而不是为了家长。

要是看到哪个孩子放学离校时没带作业，我一贯的评论是："除非你是一名天才或者你的爸爸是一位百万富翁，否则你便没有资格把书放在学校，并且不做作业。"

学生不交作业，我也从不惩罚或者批评他们。我只是提醒所有学生，如果他们没有上交每天的家庭作业，便不会收到反馈报告卡（上面写了对学生的评价，而非分数）。这也是在教导他们，在成人的世界中，回报是建立在表现的基础上。

"如果不做事，老板就不会付你工资，"我提醒他们说，"没有人会不劳而获。记住纪伯伦的话：'如果今天是丰收的日子，你是在哪块田地里播下了种子？'就现在而言，上学是你的工作，做作业也是你的工作职责之一。我不想听到'我的作业被狗吃了'或者'我的报告被弟弟撕了'。我们不能为自己没有做的事找借口，不能这样度过一生。"

* * *

在西区预备学校，到处都是学习的地方。就连洗手间的墙上也钉着音标挂图。马文的课堂有组织，有效率，但仍能欢声笑语，其乐融融。30张桌子挤在狭窄的空间里。破损的经典著作摞在地板上和旧书柜的架子上。

就在这个只有一间教室的学校里，各种各样的学习活动同时进行着。在数学课上，有些孩子也许在做加减法，还有一些在做乘法或者长除法，与此同时还有些在学习通分。她不是被动地等着学生向她寻求帮助，而是常常让自己就在学生身边，因为她知道，孩子们总是不太情愿沿着长长的过道走到教室前面，告诉老师自己不会。通常，困惑的孩子会待在座位上，忘记了解决问题这件事，直到最后完全跟不上，彻底放弃。

"6乘以5不可能是11，"马文发现了其中一个小女孩试卷上的错误，说道，"亲爱的，记住，这是把6连加5次。如果你不会乘法，我们会把你的钱骗光的。"

她抬头瞥了一眼，看见另一个小女孩正在嚼着口香糖。

"把口香糖从嘴里拿出来，亲爱的。"她坚定地说道。然后，又充满关爱地说，"把口香糖放进垃圾桶里，不要放在你漂亮的小手里。"

在走向劳拉·布朗的书桌时，她蹲下来把乔治边上一些散落在地面上的纸捡了起来。她把纸递给乔治。"我想，我们是不是得给你请个秘书了，"她打趣道，"因为你总是不能把自己的东西整理得井井有条。"她揉乱了乔治的头发，走到劳拉身边，这个小女孩字母写得十分潦草，就像一锅用字母炖的汤，而且还会把2、4、9写反。

"亲爱的，难道没有人告诉你，不要写到试卷的边线以外吗？你要从这条红线开始，从左往右写，就像这样。"她拿起小女孩的铅笔，在这一页上写下了劳拉的名字。"看看，我们要在纸上工工整整地写上字母和数字。我们不在整张纸上划得到处都是。"

她抬起头，看见加尔文坐在那里，食指放在嘴巴里。"亲爱的，把你的手指从嘴巴里拿出来。你现在可是大孩子了。"

在她转向劳拉时，忽然传来一阵巨大的摩擦声。加里已经快速地把桌子推到了前面。"你这个桌子推得好，"她告诉加里，"你妈妈早上叫你起床和上学，就是为了让你推桌子，对不对？推桌子还能找到好工作，是不是？"

没有什么能逃过她的眼睛。她无所不知，无所不觉，而且，与此同时，还不会因此错失她关注的重点，可以和每一名学生说话。她会告诉一个小女孩停止梳头发，告诉一个小男孩把他的衬衫塞到裤子里，或者擤擤鼻子，同时还能一直关注着她正在指导的某个孩子。马文轻轻地捏了捏劳拉的肩膀，提醒她，老师还在她身边指导她。

阅读课是以小组形式进行的。当马文指导某一组学习，指出他们要注意哪些单词，给出一个故事的背景信息时，其他学生则忙着做阅读理解练习、主题写作、在百科全书里研究某一位作者或者某个话题、造句和做类比（例如，"照片之于漫画像，就好比事实之于夸张"）。

一天上午，在阅读时段，加里大声说，"我读完了。"他用力合上书，把一张纸夹在了书中间，那是写给鲁滨逊·克鲁索的信，用来鼓励鲁滨逊，并给他提出了如何生存下去的建议。他站在书桌旁，双手插兜，看着好像马上就要围着教室闲逛一下了。

马文一直在西奥多这边，指导他学习一本高中文学课本，以便他能够为高中入学考试做好准备。她突然看了加里一眼，对他的行为表示不赞赏。

"不要和我说什么'我做完了'，"她说，"只要活着，我们就永远做不完。我们不能无所事事地站在那儿，或者两手一合坐在那儿，心安理得。上帝和你的事情还没完，我和你的事情也没完。"

"好吧，好吧，千万别犯心脏病。"加里边说，边坐下，举起双手表示投降。

马文笑道，"我喜欢你的精神。不要让任何人打破你的意志。既然你写完了，那就给我们读一读你的作文吧。"

加里从书中抽出那张纸，开始大声朗读："亲爱的克鲁索先生，如果你拥有勇气、力量和耐心，就会感觉好多了。你需要坚韧的斗志（tenacity）。"

"坚韧的斗志！（Tenacity！）"马文惊叹道，"加里，那真是太棒了。既然你帮助克鲁索先生帮得这么好，那么为什么不带一个小同学到楼梯口那儿，帮助他学习发音呢？就像我帮助你那样。"

伙伴制是西区预备学校学习生活的一个组成部分。这一互助制度能够让新来的孩子觉得更加自在，而且更快地调整自己，同时，还能让那些有经验的学生复习一下旧知识，并培养他们的责任感。伙伴制对于加里非常有意义，因为他有封闭自我的倾向；对埃里卡也尤其有益，因为她和其他孩子相处得不好。

马文第一次请埃里卡帮忙的时候，她背靠着墙，头上下移动蹭着墙面，还咬着铅笔。

"我们只吃食物，不吃铅笔。"马文告诉她。埃里卡把铅笔从嘴巴里拿出来，继续在墙上蹭着头。马文给了她一份《语音教授提出的发音建议》的复印件，让她给加尔文复习那些单词表。

"啊？"她用袖口擦着鼻子。

"如果你有问题的话，要说'什么？柯林斯女士？'，而且不要用衣服擦鼻子。拿一张纸巾。你见过我用衣服擦鼻子吗？我怎么做，你就怎么做。现在，我想要请你去帮助加尔文，就像我帮助你那样。我们必须把在这里学到的东西传承下去。我们都要对彼此负责。"

埃里卡摇了摇头，说："我做不到。"

"迄今为止，你应该知道，在这里，我们从不说'我做不到'。一年前，你说你不能阅读，现在你看看自己。你非常聪明，而且学得很快。我需要你帮助我辅导一名新学生。"

埃里卡想了一会儿，把那个小男孩带到了楼梯口处，完美地模仿着马文，教加尔文学习长元音和短元音。她的声音很大，但从声音中能听出她的耐心，并且让人感到安心。马文听到她告诉加尔文，"你能做到。"

最终，指导其他学生让埃里卡变得愿意说话了。当马文的班级来了更多学龄前儿童后，埃里卡和辛迪组队，一同教他们学习基础发音，给他们读童话，还指出其中所蕴含的道理：

从前，有个小男孩名叫皮埃尔，

只会说，"我不在乎任何事儿。"

妈妈说，"不要让糖浆弄脏发丝。"

皮埃尔说，"我不在乎任何事儿。"

埃里卡努力地模仿马文，结果证明她果然是一名天生的教师。而且，对其他学生负责，似乎也让她变得对自己更加负责了。她变得越来越注重外在形象了。也许，她是这样推断的：当老师要为人师表，就像柯林斯女士那样。

在来到西区预备学校时，埃里卡还是一个意志消沉、学习落后且性格孤僻的孩子，然而，4年之后，埃里卡·麦考伊这样写道：

如果弗里德里克·道格拉斯①能做到，我也能做到。如果在学习对于黑人来说几乎是不可为之事的情况下，弗里德里克·道格拉斯能够学习，那么我也能做到。如果弗里德里克·道格拉斯能够帮助我们的人民摆脱奴隶制的枷锁，我当然也能帮助我们的人民摆脱无知的束缚。如果弗里德里克·道格拉斯能够克服不可能克服的困难，我当然也能征服无知。如果弗里德里克·道格拉斯能够对着成千上万的人民讲话，我当然也能在少数人面前演讲。如果弗里德里克·道格拉斯能够攀登成功之巅，我当然也能做到。

---

① 弗里德里克·道格拉斯，19世纪美国废奴运动领袖。——编者注

12

整个学年，和以往教育生涯的每一年一样，我的主要目标一直都是鼓励学生成就自我，让他们创造出生命配得的价值。我们的一言一行都指向这一目标。我最想做的事，就是用积极的自我预期取代学生心中冷漠淡然和自暴自弃的情绪。我不希望我的孩子们由于其出身而感到被人羞辱歧视。如果我开拓出一条路来，那么他们可以怀有梦想、充满希望、努力奋斗，最后取得成功。

我永远都在编写那些积极向上、催人奋进的标语：

你是独一无二的——没有人和你一样。

只有当你知道自己要去哪儿时，世界才会为你敞开一条道路。

所谓个性，就是你了解的那个自己，而不是别人认为的那个你。

在这个世界上，你比任何人都了解自己。

人们的想法实际上告诉了你，他们是如何看待自己的。

我不断地提醒孩子们，历史上一些伟大的人物——苏格拉底、弥尔顿、伽利略、爱因斯坦、爱迪生和哥伦布——都曾经被人嘲笑，并且被告知，他们终将一事无成。

每天，我都会在黑板上写下一句名言警句：

对我而言重要的事情是我所做的事，而非别人对我的看法。

要胸怀大志。（爱默生）

活着就是为了思考。（西塞罗）

请你念这段剧词的时候，一个字一个字打舌头上很轻快地吐出来。（《哈姆雷特》）

懦夫在未死以前就已经死了好多次，勇士一生只死一次。（《裘力斯·凯撒》）

大多数人都生活在平静的绝望中。（梭罗）

我认为观念和学业一样重要。而事实上，观念很可能更重要。没有正确的观念，一切都是徒劳。

我告诉女孩子们，不要穿着脱落的袜子走来走去，也不要甩着指甲油已经脱落的双手四处转悠。我还告诉十一二岁的女孩子们，不要穿低胸的衣服。学校里的每个人都知道，在这里不可以嚼口香糖，不可以咬手指，不可以衣服不扣扣子，不可以把衬衣下摆松散在外面，走路不可以摇摇摆摆，不可以用俚语，不可以打响指。

我会问孩子们，"如果连自己都管不好，又如何能管理一家公司？你们穿着总裁套装，端坐在会议室桌子的后面时，难道还要吹着泡泡糖，或者吃着手指？如果你不能仪表整洁，不能整理好你的桌面或笔记本，又如何能够让你的生活井然有序呢？"

我的方法是就事论事，对事不对人。把人和事要区分开。嚼口香糖的行为令人不愉快，而非孩子让人不愉快。我可能会对孩子说，"你的行为很愚蠢。为什么要这么做？你可不是一个愚蠢的人。"只有把人和事清晰地区别开来，孩子们才能敞开心扉，接受我的意见和批评。孩子可以放弃他们的行为，而不失去尊严或自我价值感。我努力让孩子们看到，我要求他们该做什么，不该做什么，并不是我自己随意决定的，这些都是成人世界所遵守的礼仪规则。

"不要粗鲁地对大人讲话，"我警告道，"我不管大人们做错了什么，只要说'是'或'不是'。我希望你知道，什么时候做恰当的事，说恰当的话。"

"该说时，就说；不该说时，就闭嘴。该自豪时，要自豪；该谦恭时，要谦恭。当一个警察说停，他的意思是停下来，不要再走了。黑人孩子之所以更容易遇到麻烦，就是因为他们说话很无礼。为什么会被暴打一顿，甚至被杀害，就是因为你们不知道什么时候该闭上嘴巴。如果你们不能活着讲给别人听，我教给你们莎士比亚、西塞罗和陀思妥耶夫斯基，又有什么用？"

我让我的孩子们为生活做好准备。我不会拐弯抹角，而是直言不讳地和他们讨论贫民窟里的罪行，滥用毒品、锒铛入狱或者少女早孕。我告诉他们，福利仅仅是另一种形式的奴役。我警告他们，不要去街头巷尾或者任何他们不该去的地方闲逛，因为他们很容易被人盯上并且被捕，即便他们没做什么。我还毫不客气地告诉他们，如果他们头上戴着发夹走进办公室，如果他们好像臀部受伤了一样溜进房间，或者如果男孩子戴着耳环或穿着高跟鞋或戴着宽沿儿帽，是没有人雇用他们的。

我觉得，许多人以寻找黑人身份认同感为借口，进而允许黑人年轻人在穿衣打扮上张扬个性，言谈举止上特立独行，这样的做法是愚蠢且虚伪的——因为他们没有指出其在社会和经济层面所造成的深远影响。我提醒学生，黑人不要只为黑人工作。我鼓励他们成为全球公民、世界公民。

我并没有把黑人历史从美国历史中拿出来，作为一门单独的课程开出来，没有更突出介绍黑人英雄，没有宣扬黑人意识。我的这种拒绝，成了我和一些黑人群体成员之间的一个痛处。但就我而言，用宝贵的课堂时间告诉孩子他是黑人，着实是一种浪费。

我常对我的学生说，"这儿有没有人不知道自己是黑人？"然后，孩子们会摇头大笑。然后我又问，"在这儿，有没有哪个黑人小孩计划变成白人？"又一次哄堂大笑。"那样的话，我们继续好好学习。"

我反对教黑人英语，因为那样会把黑人小孩和社会其他成员隔离开来，而且还暗示着黑人小孩社会地位低下，没有资格学习标准语言的用法。因为没有掌握英语语言，有多少黑人年轻人被人才市场拒之门外？我相信，黑人英语是把我的学生限制在贫民窟内的另一种阻碍，而我绝没有让他们画地为牢的打算。我提醒我的孩子们，"当你不知道这门语言时，别人就会占你便宜。那种感觉就好像初到异国他乡一样。"

我没有告诉孩子们，作为黑人要引以为傲，而是教他们学会自尊。我对他们所有的期待就是接受自己。我曾指出，从许多方面来看，贫民窟不过是一种心理状态。如果你对自己抱有积极乐观的态度，便没有人会由于你的出身来历而看不起你。

自强的概念与自律是齐头并进的。在我的课上，普遍规则是对学习过程有帮助的行为，或者对另一个孩子有益的行为是受到认可的。剥夺另一个孩子学习权利的任何事情都是不可以的。比如，在教室里说话本身是不被禁止的，但我也会根据对话的内容和时间来区别对待。当然，任何人都不可以随意打断我或者正在发言或背诵的其他同学。如果某个孩子谈论的是午餐或任何其他私事，那么其他孩子就没有必要听。但如果他说的是关于如何组装汽车发动机或关于一个故事里的人物，那么这是有助于我的教学的。

打架是最让我生气的事，这一点我的学生都知道。我告诉他们，他们打架，伤害的不是对方，而是我，因为那意味着，我并没有让他们明白，生命中重要的价值观有哪些。学生打架，我从不偏袒任何人，我拒绝听是谁出拳在先。我也不会听谁对谁做了什么的牵强借口，只会让两个犯错的人相互拥抱，并对对方说"我爱你"。多数情况下，这种维持和平的策略都是非常管用的。

十一月初的一个早上，11岁的桑娅走进教室时，满脸都是抓痕。看上去，就好像刚被一只猫袭击过一样。

"发生什么事了？"我一边问，一边把可可脂涂在她的伤口上。

"丽奈特干的，"桑娅嘟囔道，"她在公共汽车上抓的。"

"在公共汽车上？你的意思是，你们两个在公交车上打的架？"

桑娅点点头。

"车上的其他乘客没有制止你们吗？司机做什么了？"

"什么都没做。"

我非常生气。当丽奈特晃晃悠悠地走进教室那一刻，我马上把两个女孩子叫了过来。"无论你们两个女孩子去哪儿，你们都代表了我，"我告诉她们，"想象一下，公共汽车上也许有人会说，'那两个女孩子是去西区预备学校上学的。'我敢打赌，在那辆公共汽车上不会有人知道你们这两个女孩子读过莎士比亚、苏格拉底或者爱默生。他们所看到的就是两只野猫在公共场所对着对方张牙舞爪。所以，我所做的一切、所教给你们的一切都是徒劳的。"

"不是我挑起的，是她。"丽奈特强调道。

"我不想听这个，"我说，"我不在乎是谁挑起的，或是谁叫停的。你们的自我价值感有多少呢？你们愿意为了报复别人毁灭自己吗？你们一定要向那群人证明，你们绝不会允许自己被人冒犯吗？你们一定要证明自己很厉害吗？不要再浪费生命了！"

我非常生气，这一点，她们也很清楚。我让她们向对方道歉。她们不情愿地按照我说的做了，然后很快回到了座位上。这次打架事件让我心神不宁，非常烦躁，因为这和通常情况下教室里发生的小矛盾不一样——那些不过是一个孩子推了另一个孩子，或者把脚伸到过道上绊倒同学这样的恶作剧。她们之间的冲突是一场真正的打斗，展现出了充满仇恨和暴力的一面。我不会让这件事就这样结束的。

"孩子们，"我对全班同学说，"当你们想要伤害另一个人的时候，又怎么能够抱怨这个社会有种族主义偏见？所以，在你们学会互相帮助和互相爱护之前，不要谈论别人都对你们做了什么。"

"我不相信那些托词，什么'哦，他只是个孩子'或者'她只是个孩子'。三岁看大，七岁看老。学校就是一个微缩的社会，我们在这里学习并实践如何成为有用的成年人。你们必须明智地使用时间。当我们内心充满仇恨时，我们做不成什么事的。虽然摆脱仇恨并不容易，但你们必须学会从你的敌人身边走开。如果你做不到，他们就会把你拖垮。"

孩子们都静静地听着。我觉得，他们并没有理解我的话。那一瞬间，我觉得一切都是无用功。

我又一次被一种恐惧所动摇，那就是我并没有让这些学生的生活发生任何质的改变。当然，他们是在吟诵诗歌，引经据典。难道这一切都只是做做样子？我不顾一切地想要给予他们的是教育的实质和内涵，不是教育的表象和骗局。这次斗殴闹剧是一个暗示，它让我痛苦地意识到，我也许并没有成功。这件事让我焦虑了一整天。直到晚上，我因为受到这件事的刺激，起草了一篇《校训》：

社会将会画一个圈，把我拒之门外，但我卓越的思想能将我拉进来。我生来就是胜利者，如果我不在尝试失败上面花太多时间。对于社会给我的标签，我都将置之不理，因为只有我知道自己能成为的样子。

你能阻止失败，便能取得成功。获得教育需要苦苦耕耘，艰辛劳作；绝非玩玩乐乐，便可唾手而得。我有权利毁灭自我，如果那是我的选择。虽然我有权失败，但却无权累及他人。上帝让我能主宰的命运只有一个——我自己的。

我有权自暴自弃，一败涂地，但必须愿意承担失败的后果。当别人辛勤劳作，而我在玩乐、休息、睡大觉时，我绝不可以想着他们会与我分享他们的硕果。

我的成功与我的教育结伴而行，任何不幸都无法压制它们，任何犯罪都无法摧毁它们，任何敌人都无法离间它们。没有教育，人就是奴隶，一个四处游荡、轻信他人的蒙昧之人。

时间和机遇会垂青每一个人。我可以踌躇徘徊，也可以奋勇向前。我可以迅速起立，高声呐喊："这是属于我的时间、我的地方。我将接受挑战。"

我以前曾以许多不同的方式表达过这些意思。它们是我教学的基石，现在都被归为一体。第二天早上，我告诉孩子们，他们需要每天背诵这些信条，直到铭记于心。

"我的希望，"我解释道，"不是你们看上去是有文化修养的，而是你们确确实实是有文化修养的。还记得《皇帝的新装》那个故事吗？我不想把你们变成一群一丝不挂四处招摇的皇帝。我不希望你们装作是有教养的。我希望你们始终能像受过教育的人一样行动和思考。"

然后，我提示孩子们回忆我们从托尔斯泰的《三个问题》中所学到的。

"谁才是最重要的人？"我问。

"我。"孩子们大声回答。

"什么才是最重要的事？"

"做好事。"

"什么时候才是最重要的时刻？"

"现在！"

几个月时间足以消除我对建立一所属于自己的学校的所有浪漫主义幻想。教书是一回事，与此同时，还要做校长、秘书、看门人和削铅笔的人却是另一回事。而其中最难的工作是维持学校正常的资金周转。虽然学校就在我的家里，但学费带来的收入难以覆盖运营费用。我的学生中只有一半人每月会全额支付70美元学费。有些学生能付多少就付多少；剩下的根本不付什么学费。当有资金进账时，也不过是零零星星的一点儿钱。同时，学校每月还要支付公用事业费、保险费和各种日用品的费用。

克拉鲁斯对我全力支持。我常常把一天内的18个小时投入到教学中，克拉鲁斯从未有过一句怨言。只有当他判断我热情过了头时，他才会问，"你在谈论谁的孩子？是学校里的孩子，还是我们自己的孩子？"这就是他的方式，提醒我生活比学校更重要。

没有克拉鲁斯，就不会有西区预备学校。他是一个意志坚定但话语不多的伙伴。我有我的优点，他有他的长处。当各种账单累积起来，我们的钱用光了的时候，他会撸起袖子，兼职做起木工和建筑工作。

和以前一样，我又找了一份周末打医学报告的工作，但经济压力并没有因此得到缓解。除了学校的各种开销，家庭预算也让我们苦不堪言。虽然过去的一年里，作为非传统学校网络的课程开发者，我一直领些薪水，但那要比我在德拉诺小学工作时少一万美金。

除了钱的问题，我还不得不应付一队队城市巡视员，他们没完没了地前来造访并宣读施工规范和防火守则。尽管在建设这所只有一间教室的学校时，克拉鲁斯已经遵守了城市规章制度，但那些巡视员还是纠缠不休。我不明白，在芝加哥教育系统中有些校舍简直就是危房的情况下，为什么他们却如此执着于把西区预备学校树立成遵守建筑要求的典范。一些公立学校早就需要拆除或翻修，却依然凑合着用，这些学校天花板上的石膏不停地掉落，楼梯摇摇晃晃。在有些学校里，学生坐在临时的地下室教室里，头顶上裸露在外的蒸汽管道冒着水珠。

我给市政厅打电话投诉。我说，我想获准教书。虽然我更喜欢在我自己的学校里安静地上课，但如果别无选择，我只能到市政厅的门阶上上课了。我解释说，我的学生没有花纳税人一分钱；通过教育这些孩子，我事实上是在让他们将来不会被登记进福利领取名簿。

那样的巡视连续进行了几个月，我的投诉电话也打了几个月。最后，巡视员不再纠缠下去了。也许他们只是不想再看到我了。

我在账单和城市的官僚主义之间挣扎，每一天都是一场殊死搏斗。我竭尽全力让这所学校运转下去。我知道，只有靠我自己才能让这所学校运转下去，并且孩子们将因为我的努力而付出努力。

我的目标是，让我的学生变得博学多才。"把知识输入大脑，就好像把钱存入银行，"我告诉他们，"以备不时之需。你也许不会永远记得读过和学过的每一件事，但你把它存入大脑，将来也许用得到。有一天，当有人提起陀思妥耶夫斯基时，你不必站在那里，茫然不知所措，还以为那是一种俄罗斯舞蹈的名字。"

孩子们一旦学会了如何学习，便没有任何东西能限制住他们的思维。教学的本质是让学习蔓延开来，让一个想法激发另一个想法。比如，关于《小妇人》这部小说的讨论，可以涵盖很多，从南北战争到对《天路历程》寓意的解释，小说中小妇人们喜欢演《天路历程》。当孩子们学习亚里士多德时，他们也学习逻辑思考的原则。柏拉图的《理想国》引出了德·托克维尔的《论美国的民主》，又进一步引出了对不同政治体系的讨论，进而引出了奥威尔的《动物庄园》，进而又触发了对于马基雅维利[1]的讨论，最后引出了对芝加哥市政会议的审视。

---

[1] 意大利政治思想家和历史学家，代表作《君主论》。——编者注

通过二年级读本中的斯芬克斯之谜[①]，孩子们可以接触到索福克勒斯的《俄狄浦斯王》、希腊话剧以及其他古希腊的英雄和传说。在提到罗马神话中的天空神和光明之神朱庇特时，介绍了有关太阳系的科学知识，进而又介绍了地理学家、天文学家托勒密，哥白尼、艾萨克·阿西莫夫、卡尔·萨根和美国太空计划。在讲到阿基米德发现物体在液体中所获得的浮力等于它所排出液体的重量时，将其与艾萨克·牛顿对重力和光学的研究联系起来，进而引出了爱因斯坦的相对论。当我讲伏尔泰的《赣第德》时，我又引入了蒲柏的《人论》和莱布尼茨的"乐观主义"哲学。如果讲乔叟，我会介绍薄伽丘，我会告诉孩子们乔叟是如何基于薄伽丘的"顺从而有耐心的格丽塞尔"的故事创作出"学员的故事"。

其中，最不可思议的学习进程是，我曾经从讲三角形开始，不断关联，最终以谈论印度教结束。孩子们了解到，毕达哥拉斯想出了如何测量一个三角形的边，还知道毕达哥拉斯是一位哲学家，他相信人的灵魂是永生的，他的灵魂转世的思想就是印度教的组成部分。

孩子们在基础读本中读到的每一个故事，我都引入了补充材料。我还指出了每一个故事中的典故，就连每页下面的脚注也不放过。虽然我用大量的事实冲击孩子们的大脑，但我不会细说每

[①] 出自《俄狄浦斯王》的戏剧。斯芬克斯是希腊神话中一个长着狮子躯干、女人头面的有翼怪兽。坐在忒拜城附近的悬崖上，向过路人出一个谜语："什么东西早晨用四条腿走路，中午用两条腿走路，晚上用三条腿走路？"如果路人猜错，就被害死。然而俄狄浦斯猜中了谜底是人，斯芬克斯羞惭跳崖而死。——编者注

一个话题。多数情况下，我都是以概括的方式来启发他们。我想让学生看见知识的流动。

＊　＊　＊

每天，马文和孩子们都会进行如火如荼的课堂交流与讨论，她测试孩子们的记忆力，并让他们在知识之间进行类比。

"什么药物是根据摩尔莆神（Morpheus）——睡梦之神的名字命名的？"

"吗啡（Morphine）。"孩子们齐声回答。

"地理学（geography）和地质学（geology）这两个词从何而来？"

"女神盖娅（Ge）。"他们回答道。

"盖娅是谁？"

"希腊神话中的大地女神。"

"编舞（choreography）这个词来源于九位缪斯[1]中的哪一位？"

"忒耳普西科瑞[2]（Terpsichore）。"

"圣歌（Sacred hymns）是受哪个缪斯启发而来的？"

"主司颂歌的女神波莉海妮娅（Polyhymnia）。"

"哪种早餐的名字来自司掌谷物的女神克瑞斯（Ceres）？"

"麦片（Cereal）。"

"博物馆（museum）是什么意思？"

"缪斯们的神殿。"

---

[1] 希腊神话中主司艺术与科学的九位古老文艺女神的总称。——编者注
[2] 主司舞蹈。——编者注

“缪斯（muse）是什么？”

“希腊女神。”

“有多少位希腊女神？”

“九位。”

“劳拉，muse这个词还有什么意思？”

“沉思。”她回答道。

“我们为她鼓鼓掌。”马文说。于是，全班响起了热烈的掌声。然后，马文又继续问。“特洛伊国王普里阿摩斯的哪个儿子的名字意思是‘欺侮’？”

“赫克托耳。”全班学生回答道。

“谁杀了赫克托耳？”

“阿喀琉斯。”

“阿喀琉斯怎么死的？”

“被帕里斯用暗箭射中脚踵而死。”在其他人还没连成一句完整的话之前，加里便大声喊道。

“我们什么时候使用‘阿喀琉斯之踵’这个短语，用以指代什么，特雷西？”

“弱点。”特雷西回答说。

“当我们有弱点时，会怎么样？”

“容易受到伤害。”埃里卡回答。

“奥维德的故事中，哪一则和莎士比亚的《罗密欧与朱丽叶》很相似？”

“皮拉缪斯和忒斯彼。”孩子们齐声回答道。

"乔治,哪个圣经故事和俄耳甫斯与欧律狄克的故事很像?"

"罗德和他的妻子。"他回答道。

西奥多大声说,"嘿,柯林斯女士,真是太酷了。每一件事都和另一件事有关联,对不对?"

马文笑容满面。"现在你们明白了。每位学者、每位作家和每位思想家都是师从前人的。你们都变得这么博学多才,我们要给你们起个绰号,叫'聪慧多才的少年郎'。"

* * *

为了把众多信息片段联系在一起,把多门学科紧密结合起来,我孜孜不倦地阅读着。作为商科专业的大学生,我没有上过多少艺术和科学领域的课。我受到的教育和大多数文理学校的教师一样,仅仅上过一些基础课,所以,我必须自学更多的东西。我读书时,总是带着一种紧迫感,只有这样,我才能教给学生他们需要知道的东西。我认为,教师必须不停地锤炼技能。你不可能摆出一副"我知道怎么教"的态度,拒绝学习任何新知识。

我一直关注着是否有能够激发学生兴趣的新书出版。教孩子们阅读是一回事,让学生对阅读产生兴趣却是另一回事。我永远都在跟进并熟知《纽约时报书评》、当地周报和《图书馆杂志》中的最新儿童读物。我通过大型文学工具书《名著概要大全》和《儿童必读书库》搜索资料。而且,我还会定期逛一逛书店和图书馆。

我认为,要成为一名优秀的小学教师,需要对所有领域的研究都有一个大概的了解。一位教师能够受到的最好的训练就是扎实的人文学科教育。教师培训机构不应该只强调教学方法，而应要求教育专业的本科生具备宽广的知识背景，包括文学、科学、艺术、音乐和哲学等领域。教学目标是尽可能传授更多的知识。教师有输出，学生才能有反馈。

最终，我的孩子们开始独立辨别两者间的相似之处和事物之间的各种关系了。有时，在他们朗诵自己的作文时，会不自觉地引经据典。劳拉·布朗，那个初到西区预备学校时把单词写得乱七八糟的女孩，一年之后，写下了下面这篇作文：

> 帕斯卡①说过，"没有思想的人就是一块顽石或一头野兽。人只不过是一根芦苇，但他是一根能思想的芦苇。"西塞罗是对的——"Vivere est cogitare."活着就是为了思考。让我们起立，高喊"这是属于我的时候"。如果我们依赖社会，让自己变成我们所拒绝变成的样子，我们就是傻瓜。夜之女神赫卡忒乐于见到迷路的异乡人。

我们读了有关帕特里克·亨利②和开国元勋的材料，几天之后，一个8岁的小男孩上交了玛雅·安吉洛的《我知道笼中鸟为何歌唱》的读书报告：

> 笼中的鸟儿在歌唱，因为它想要获得自由。它想要

---

① 法国数学家、物理学家、哲学家、散文家。——编者注
② 美国革命家、演说家。积极参加反抗英国殖民者、维护殖民地人民权利的斗争。在美国革命前夜的一次动员会上以《不自由，毋宁死》的演说闻名。——编者注

像其他鸟儿一样歌唱，想要像其他鸟儿一样展翅翱翔。

笼中的鸟儿啊，要么赐它自由，要么赐它死亡。

进行类比和引用文学典故已经成为孩子的第二天性，他们甚至会运用在开玩笑中。一天，4岁的加尔文偶然尿湿了裤子，我把他带到洗手间清洗时，6岁的刘易斯喊道，"去掉，该死的血迹！"[1]也会出现在乔治和西奥多的辩论中。而特雷西则对着天花板举起双臂，恳切地叫喊道，"正义女神，忒弥斯，你在哪儿？我们需要你的帮助，快来吧。"一天，一群学生正在讨论美狄亚在伊阿宋王子移情别恋，另娶她人之后，是如何把她的两个儿子撕成碎片的。"好吧，你知道他们说了什么吗？"埃里卡俏皮地说道，"地狱之烈焰远不及被拒女人之怒火。[2]"

这样的引用还被用到课堂之外。辛迪和我在百货商店买东西时，我们看到一个5岁左右的小男孩哭着抱着妈妈的裙子不放手，而他的妈妈也在试图摆脱他，好买些化妆品。辛迪转向我，摇着头，冷静地评论道，"妈妈，我觉得那个男孩子有恋母情结（Oedipus complex）。"

这群孩子就像炫耀他们的新玩具一样，炫耀着他们刚刚发现的知识。这个学期过了一半时，我带他们去看了《国王迷》，这是一部根据拉迪亚德·吉卜林[3]的短篇小说改编的电影。许多学校

---

① 莎士比亚的《麦克白》中麦克白夫人的台词。——编者注

② 出自威廉·康格里夫的戏剧《悼亡的新娘》。——编者注

③ 英国小说家、诗人。——编者注

受邀参加这部电影的特别展映活动，同时听取有关吉卜林的讲座。我的孩子们对这位作者已经非常熟悉，他们知道他的《原来如此的故事》和《丛林故事》，而且有些人还在每周背诵诗歌时，背过他的《如果》这首励志诗。

孩子们鱼贯而入，进了剧院，那位主讲人向我跑了过来。"哦，一定搞错了，"他说，"你们的孩子理解不了，也欣赏不了这个。"

环视整个听众席，我看到大多数听众都是高中生。"您只要照常对这些大孩子讲就好了。不必担心我的孩子。"

电影结束后，主讲人开始谈论吉卜林的生活经历，他在英国接受教育，并在18岁返回印度。这时，乔治开始猛烈地摇着头。突然，他举起手。那个人瞥了一眼观众席，示意乔治起立。"怎么，年轻人，你有问题？"他问道。

乔治摇头否认。

"那我能为你做什么？"

"我在百科全书里读到，吉卜林是17岁回的印度。"乔治边说边坐了下去。

掌声混杂着笑声，从观众席间回响起来。一些男高中生喊道，"那就对了，小孩，棒极了！"

换个场合，我是不会鼓励孩子这样卖弄学问的。但那个主讲人想当然地认为，我的孩子们听不懂，所以我就破例一次，让他们成为大家关注的焦点。辛迪问那个主讲人，为什么吉卜林这么英国化？乔治，受到之前胜利的鼓舞，又一次起立发言。"泰姬陵的修建是为了纪念谁？"他问主讲人。

"沙·贾汗为纪念他最喜欢的妻子穆塔兹·马哈尔而修建的。"

"对。"乔治点点头，对那个人的答案表示满意。

一月下旬，学校发生了一些变化。来了两名新生，又走了3名老生。西奥多，一年前来到学校时阅读能力还处于三年级水平，已经通过了高中入学考试，被一所教区高中录取了。一位父亲把他7岁的女儿从西区预备学校带走了，因为他交不起学费。我提出可以给他的女儿奖学金，让她留下来继续读书，但被拒绝了，他说，"柯林斯女士，我和您一样有着强烈的自尊心。我和您一样不再相信什么施舍救济。"

另一位家长带走了她5岁的儿子，因为孩子所做的"有创意的事情"——剪裁心形、雪片和制作纸袋玩偶——比较少，对此她不是很满意。她似乎认为，在采取"进步主义"教育的学校里，白人小孩都在做那些事。我没有任何这样的打算，让孩子们剪切和粘贴，做手指画或者围着节奏乐队转圈。因为来自市内社区的黑人小孩承担不起把学校时间花在手指画这样的事上。当这些孩子刚上幼儿园时，在许多情况下，他们就已经在社交和学业方面落后于别人了。而且，数据表明，在进入小学以后，他们会落后得更远，以至于到了六年级，其阅读水平才达到2.2级。对抗这一趋势的唯一办法，就是在孩子四五岁起步阶段时，就加强阅读和写作能力的训练。

可那并不是说，我在扼杀富有创意的表达形式。我也会让学生接触艺术、戏剧和音乐，只不过要在基础课程的情景之下，而不是作为独立的几门课。孩子们会把寓言故事表演出来，创作自己的诗歌和戏剧，为他们读过的故事画插图。他们选择的读物也包括莫扎特、贝多芬、列奥纳多·达·芬奇和米开朗基罗的传记。我们的课堂讨论所涉猎的范围也是相当广泛，从交响乐和奏鸣曲到壁画和细密画，不一而足。

当因为没有涂色和剪纸而失去某个学生时，我并没有试图劝止他的母亲。家长对于孩子都有自己的期待，他们必须要判定，某所学校或者某种教学方法是否满足了他们的需求。并不是所有家长都喜欢蒙特梭利教育法，也并不是所有家长都赞同教孩子学习一种乐器的铃木教学法。所以，我也并不期待每位家长都对西区预备学校满意。我不可能面面俱到，满足所有人，我也没有试图那样做。

13

第十三章

从我执教生涯的第一年开始，我的学生就一直学习并爱上了莎士比亚。甚至那些用弹簧刀剔牙、让老师们下午放学时安全走到车里都需要勇气的男孩，都总是请求我给他们多讲些莎士比亚。在德拉诺小学，上有关莎士比亚的课，我必须得偷偷摸摸地进行，因为这些课绝对不在教育委员会的规定范围内。

许多教育家和教材出版商似乎认为，孩子们不应该读莎士比亚，同样，也不应该读其他伟大的文学作品。课程设计专家的普遍观点是，教市中心贫民区孩子阅读的最好方法是通过"具有现实主义色彩的"故事内容。为了教孩子阅读技巧，他们推荐的阅读内容包括偷窃、性、毒品、离家出走、酗酒的父亲、一无所知的母亲、撒谎和欺骗成年人的儿童以及犯罪的儿童。

过去许多年来，教材公司出版的读本是完全与现实脱轨的。父母之间从不争论；爸爸看上去干净整洁；妈妈从不工作，而且总是在烤饼干；房子里总是干干净净，井井有条；兄弟姐妹从不发生争执。小简的头发总是纹丝不乱，她的鞋子也没有半点儿磨损。

之后，出版商和专家们开始尝试让读本内容更贴近生活。然而，在这个过程中，他们却走向了另一个极端。下文是选自一本流行的课本的片段：

> 我找到了一根绳子，打了个环，出其不意地套在了小猫咪的脖颈上，把绳子拉到一枚钉子上，然后，猛地把这个小动物拉离地面。它喘着气，突然倾斜，旋转，惊惶地在空中乱抓个不停；最终它长大了嘴，白粉色的舌头僵直地吐了出来。我把绳子系在钉子上，去找我的兄弟了。

我也认为，不应该过度保护孩子，不应该把他们的阅读范围局限于只会以盲目乐观的视角审视这个世界的故事。生活是混乱无序且充满瑕疵的，而且，孩子们应该被告知这一点。像死亡、贪婪和暴力这些话题并非不可言说的禁忌。相反，这些话题常常是伟大文学作品的主题。然而，今天的一些教材有点像教育商贩，什么都提供给孩子，只要能让他们阅读就好！

课程设计专家们认为，所有一切都必须具有"相关性"。有一本数学课本，其中讲概率的一章提出了以下问题供学生解答：一位出租车司机收到10美元假币的概率是多少？如果一个女孩服用了有效率为97%的避孕药，那么她怀孕的概率是多少？生活在某一特定群体中的一个人得梅毒和淋病的概率是多少？

所有那些所谓的"相关性"破坏了教育的宗旨。因为这种相关性并没有拓展孩子的知识面，也没有鼓励创新或启发求知欲。相反，这种相关性背道而驰，把孩子的视角限制在让人沮丧的情景中，而那一幕幕，他们每天都会在自己的生活中耳闻目睹。孩子们不需要阅读那些教他们"街头智慧"的故事。这类东西，他们学的就已经够多了。他们需要的是有助于构建人格的故事。他们需要阅读的是包含价值观、道德和普世真理的作品，而那正是我教孩子们学习经典文学的原因所在。

给孩子们专门设计的阅读材料是没有太大意义的，因为我们可以从伟大作家的作品中提取出许多具有相关性的课程。然而，这需要一位具有创造性且努力工作的老师去搜索这些材料，而且要把注意力放在内容上，而不是阅读技巧上。

威廉·莎士比亚的戏剧作品就是一座金矿，里面有着许多具有深刻意义的主题，西区预备学校的学生最爱读莎翁的作品。《麦克白》就是一道风味佳肴。孩子们被深深地吸引住了，女巫、幽灵和冷酷无情且工于心计的杀人凶手，无一不震撼人心。他们从这部戏剧中能清楚地明白，罪行是要付出代价的。

每个年龄段的孩子都会学习《麦克白》。对于四五岁年幼一些的孩子，马文会给他们讲一下故事的梗概："现在，女巫只会伤害那些内心已经变得邪恶的人，因为麦克白已经有了要作恶的意图，所以三个女巫就劝他，当邓肯国王到他家做客的时候，杀了邓肯

211

第十三章

国王……"孩子们盘腿坐在地板上，眼神专注地盯着说故事的人，孩子们听到，邓肯国王的灵魂如何纠缠麦克白，以及麦克白夫人如何一边试图擦掉手上想象出来的血迹，一边尖叫，"去掉，该死的血迹！去掉，我说。"

阅读水平处于一、二、三年级的学生拿到的是改编版的《麦克白》，这一版本选自由伯纳德·迈尔斯编写的《莎士比亚最受欢迎的故事》。和以往一样，这些孩子会大声朗读，马文会定期要求每个学生解释某个单词的意思，给出同义词或反义词，或者讨论某一段的意义。

"是女巫让麦克白作恶的吗？"

"不是。"孩子们回答。

"女巫只是预测到他会作恶。是麦克白自己让那件邪恶之事发生的。别人只能预测，但只有当事人才能决定自己的命运。社会预测你们会失败。但是你们怎样？"

"决定我们自己的命运。"劳拉说道。

"非常，非常好。你们认为麦克白为什么会情绪低落，心烦意乱？"马文问。

"因为他觉得，人们将会发现他是如何杀害邓肯国王的。"一月份刚来到学校的玛丽亚回答道。

"他觉得良心有愧。"一个小男孩补充道。

"对，"马文说，"这个杀人凶手最终毁灭了自己。这样的事也会发生在现实生活中。也许会有人给我们非常好的东西，但他们却不会告诉我们，我们由此必须付出什么样的代价。在麦克白的计划大功告成之后，三个女巫说，'麦克白永远都睡不着了。'善有善报，恶有恶报。即便没有人抓住你，你的良心也不会放过你。我们并不太喜欢做坏事的自己，是不是？"

在马文的手中，莎士比亚成了传播积极态度的媒介。读改编版的孩子们通过了解这部戏剧的故事情节，理解了故事的主题。阅读水平在四年级及以上的孩子则逐字逐句地阅读原著。

"当邓肯说，'跟在我们身后的爱有时候也是我们的麻烦'时，他是什么意思？"

"有时，我们相信人们，觉得他们爱我们，但是他们却背叛了我们。"加里说。

"非常好。当麦克白第二次想要杀掉邓肯时，麦克白夫人做了什么？"

"她骂他是个懦夫。"辛迪说。

"她嘲笑他，没动手，所以不是个男人。"帕特里克说道。

"你们中有多少人也遇到过同样的情况？"马文问道，"是否也有朋友曾经骂你是懦夫或者小小孩或者胆小鬼，只因为你不想顺他们的意？"

几个男孩子环视了整个教室后，不情愿地点了点头。

"那么，麦克白做了什么？他对麦克白夫人说了什么？"

"他说，他会比任何人都像个男人。"乔治说。

"这样，你们就知道要发生什么了，孩子们？最终，麦克白为了证明自己是个硬汉而杀了人。他的妻子奚落他，嘲笑他的男子气概，他觉得自己必须出去杀了邓肯，以此证明他是个男人。如果他喜欢自己，如果他有自尊，那么他就没有必要证明任何事，是不是？就是那些不太喜欢自己的人才会给别人制造麻烦。"

"今天，这个混乱的社会就是由这些不喜欢自己的人一手造成的。面对这种情况，没有什么东西能帮助你。毒品、酒精都帮不了你。那些东西都不会改善你的生活。你必须昂首向前。医生能给麦克白夫人治愈她心灵的药物吗？他能治疗生病的心灵吗？"

孩子们摇了摇头。

"医生告诉麦克白什么？"马文问道。

孩子们用手指在那一页上快速地上下滑动，搜寻那一行。埃里卡突然说，"我找到了，柯林斯女士。他说，'那还得病人自己去设法。'"

"这话和苏格拉底说的很像，是不是，柯林斯女士？"加里说，"麦克白早应该知道'冷静而有条理地思考，才能冷静而有条理地生活'。"加里靠坐在椅背上，显然对自己的答案非常满意。

所有的孩子都为自己而骄傲。阅读莎士比亚给他们带来了巨大的自我价值感。有些日子，马文真希望全世界都能听听他们的声音，尤其是那些专家们——就是他们满口大道理，说什么贫民区的孩子应该读什么，不能读什么。

《麦克白》仅仅是这些孩子了解莎士比亚的开始。后来，他们继续读了《第十二夜》《仲夏夜之梦》《哈姆雷特》《罗密欧与朱丽叶》《威尼斯商人》《裘力斯·凯撒》和《李尔王》。与此同时，马文还要确保孩子们能够一直记得莎士比亚。比如"莎士比亚生活在英格兰"和"《麦克白》中的三个女巫是邪恶的"这类句子还被用来做听写练习，玛克·安东尼①的悼词被用来作为学习修辞的材料。在每周诗歌背诵活动中，有几个孩子背诵了那篇悼词或者哈姆雷特的独白。戏剧台词和十四行诗的诗句成为每天写作的话题。

威廉·莎士比亚已经成为西区预备学校学生们的老朋友。1977年春季的一个早上，马文读了登载在《芝加哥太阳时报》上的一篇关于市郊高中生的报道，说这些高中生不知道莎士比亚是谁，也不知道他生活在什么时代或哪个地方，更不知道他写了什么。比如，一位学生写道"环球剧场是一个三面的八边形建筑"②。她把这篇文章剪了下来，拿到班级给学生看。这大大地鼓舞了学生们的自尊心。孩子们欢欣鼓舞，敲打桌子以示胜利，还紧握双手举过头顶，高呼自己是冠军。他们每天在教室里所取得的无数小成就，完全不能与第一次看到自己与外界相比之后的兴奋感相媲美。

"天啊，您是说，市郊中学里那些富人家的孩子不知道莎士比亚出生于1564年，卒于1616年？"加里的骄傲自大也许是莎士比亚作品中许多英雄的致命弱点，但在马文的学生中，这是他们辛苦得来的，且是受欢迎的美德。

"这下，你们知道了，"马文打破了嘈杂的议论声，说道，"你们取得了属于自己的成功。孩子们可以去昂贵的私立学校，但那并不意味着他们学得更多或学得更好。教育你们的不是高楼大厦，而是人。我们在这里所获得的一切成功，都是我们努力的结果。

①《裘力斯·凯撒》中的人物。——编者注

② 环球剧场位于英国伦敦，最初的环球剧场由威廉·莎士比亚所在宫内大臣剧团于1599年建造。——编者注

没有人的努力，纵然消耗掉世界上所有的钱财也无济于事。"

那天下午，马文也纵容自己骄傲了一回。她给《芝加哥太阳时报》的专栏作家扎伊·史密斯写了一封信，告诉他自己读了他的报道，她的学生都来自"所谓的恶臭的贫民窟"，但他们熟读莎士比亚。对于她的学校，她没有多说。写完信后，过了几天，马文又打电话邀请史密斯随时来访问这所学校。"我的学生和市郊学校的任何一名学生相比，都毫不逊色。"她补充道。

史密斯没有预先通知，第二天上午9点就造访了西区预备学校。正如他后来在《芝加哥太阳时报》专栏中写的那样，"我并不期待会有什么奇迹。所以，我对将要看到的一切毫无准备。"史密斯安静地坐在教室后面，观察着马文学校里的日常。他看到，"4岁的孩子们正在写诸如'看医生'和'伊索写寓言'这样的句子，讨论双元音和变音符号——并能够准确地读出来。"他听到"二年级的学生背诵莎士比亚、朗费罗和吉卜林的作品选段"，"三年级的学生学习托尔斯泰、索福克勒斯和乔叟"。

对于这位创造奇迹的老师，史密斯惊讶不已，于是，他采访了一些孩子。一个小女孩说，"我在之前的学校里，什么都没学到。老师还常常走来走去，揪我们的耳朵。而在这里，有人相信我。"另一个小女孩告诉他，"我们在这里做的事很难，但它们会充实我的大脑。"

史密斯对于西区预备学校的报道，还有几篇学生的习作（关于米开朗基罗、列奥纳多·达·芬奇、伊索和印度教的作文），刊登在了1977年5月8日《芝加哥太阳时报》周日版的第三页，最后全国范围的各大报纸纷纷转载。孩子们的故事触动了许多读者，要知道，这些曾经被认为是"不可教的"并被抛弃的孩子，竟然在一所常常缺少教材、纸张甚至粉笔的学校里，取得了如此高的成就。由此，马文也出乎意料地被抛到了聚光灯下。

*   *   *

对于这次的媒体关注，最让我高兴的是能够让人们看到我的学生都学了哪些知识，因为社会普遍认为，人文学科的课程内容超出了黑人孩子的学习能力。公众对于那篇报道的反应来势汹汹，铺天盖地。人们开始寄给我10美元、20美元和30美元的捐款。还有一个人送给了我一张支票，留言说，他在登上飞往内华达州的飞机后读了那篇报道。对于我正在做的工作，他非常感动，因此在拉斯维加斯机场一下飞机，就给我邮寄了这张支票。

那篇报道在许多不同的人心中引起了不同的回响。对于一些人来说，他们的捐助代表了对另一种教育理念的认可。我猜想，还有些人的捐助，是他们对一名弱者、冒险者和教育改革者的形象做出的回应。无论出于什么原因，能够得到捐助，我非常高兴。我把每一份捐款都用在了学校上，买了一套《伟大的著作》，还为班级的每个孩子买了一本词典，等等诸如此类的东西。

一直以来，我对于教育都有强烈的看法。突然之间，我也有了一个公众平台，可以传播我的看法。报道出来后不久，我便收到了邀请，在佛罗里达州戴德县公立学校教师大会上发表演讲。他们甚至还支付给我500美元酬金。对于从教师那里能收到怎样的反响，我不太确定，只是谈了语音教学法，推荐了书单，并解释了我过去教文学和写作技巧的方法。我还谈了积极态度的重要性，并强调，如果老师足够用心，任何孩子都能学习。

听众的反应褒贬不一。有些老师在会后找到我，迫切地要和我分享他们的想法。还有些人持反对意见，态度粗鲁。他们很可能非常厌恶一个普通的授课教师高高在上地站在那儿，告诉他们她用了哪些方法。如果我是来自教育部的专家，或者是研究了无数学习理论的大学教授，就不一样了。有时候，教师们太过依赖专家了——有些专家甚至都没讲过课——而不是向同事请教技巧或建议。也许，这就是今天教育出现的众多问题之一。老师们常常不愿意从彼此那里搜集信息或者互相学习。

星期一上午，在我做完公众演讲的首秀后，我手拿500美元支票走进了教室，一列一列地传递，让孩子们看一看。

"你们看到了，"我告诉他们，挥动着那张支票，"人们会为了获得你脑中的思想而付钱给你。"

"您的意思是，您只说说话，就得到了那些钱？"加里问道。

"对。我说的不过是关于语音拼读和我给你们听写的内容，还有我写在黑板上的名言警句和你们背诵的诗歌……"

"哎，那些东西我也可以讲给他们听啊。"他说。

"您的意思是，那些人付钱给您，只是为了让您告诉他们，我们每天在这儿都做了什么？"特雷西听上去不太相信。他们听我讲教育的价值是一回事，而亲眼见到教育的成效则完全是另一回事了。

"是的，他们确实这样做了，"我说，意识到这是拓展我的重要主题的好机会。"如果你们有知识，如果你们有技能，人们会主动来找你。你就找到工作了。你不必偷窃，也不必等着别人施舍。另外，免费的东西绝不会是什么有价值的东西。如果我给你我的衣服，我不会把我最喜欢的裙子给你，对不对？我会给你一些旧衣服或破衣服，是不是？对你来说，那些东西又值什么钱呢？"

"但是，那些人又怎么会想知道我们都做了些什么呢？"乔治问道。他和其他孩子还在对那500美元怀着敬畏之心。

"因为对于你们正在学的那些东西，许多人都很惊奇，"我告诉他，"我们总是被人误导，相信黑人肯定会失败。而当我们确实失败了，人们便会蔑视我们，进而导致了许多仇恨。然而，一切本不必如此。你们生来就是可以获得成功的。你们是天生的百万富翁！但是你们必须要学习。你这一生，没有人欠你任何东西。我不要任何人给我的孩子们任何东西——除了尊严。"

那时，整个学年已经接近尾声了，孩子们已经习惯了我的说教。他们中大多数人坐在那儿，听了两年了，我的说教已经在他们心里扎下根了。那些孩子刚来到我这里时，没有任何自信，认为自己什么都做不了，现在却在谈论长大要做医生、法官、科学家和教师。桑娅，6个月前曾在公共汽车上打架的那个小女孩，坚信自己将会成为美国第一位黑人女总统。她和其他孩子走来走去，引经据典，炫耀他们所学到的知识。他们走过来，对我说，"我知道高中里的大孩子，他们甚至连但丁·阿利基耶里都没听说过。"在外人看来，我的孩子们也许看上去就是一群小小万事通。我热爱他们的这种精神。

14
第十四章

虽然承受着巨大的财务压力，但刚刚建立的西区预备学校还是挺过了第一个学年，而且每个孩子都取得了进步。现在，9岁的特雷西早已摆脱了头疼和爱哭的毛病，而且阅读水平要比其年龄段应达到的水平还要高出一个年级。她甚至还写了不少作文，比如"世界四大宗教"这样话题的作文，其中有几句这样写道："印度教徒认为，仅用一生是不可能实现圆满的。因此，世人要不断地轮回转世。"

劳拉·布朗，那个曾经把单词字母写得乱七八糟的六年级学生，在这一学年快结束时，已经开始阅读初二的教材了。乔治学的是高三文学课本，而4岁的加尔文已经在阅读二年级的读本了。埃里卡·麦考伊仍然不能保证鞋子一直穿在脚上，其他孩子虽然谈不上喜欢她，但对她似乎更包容了，七岁半的埃里卡是一个无法被满足的读者，一个暑假都在扎在书堆里，沉浸在狄更斯、梅尔维尔和勃朗特三姐妹的世界中。加里·乐福曾经什么都不肯学，现在已经成了一名野心勃勃的小作家：

> 修普诺斯，睡眠之神，请叫醒我们。因为在我们酣睡之时，无知会接管这个世界……从我们身上解除您的咒语吧。在无知发动叛变并夺取这个世界之前，我们已经没有多少时间。

我的学生们所取得的成功让我以近乎疯狂的热情砥砺前行。现在，我已经逐渐意识到，我正在努力做的事，是在挑战这个体制，而这是一项十分费力的任务。有时我会觉得筋疲力尽，失意沮丧，我害怕自己担负得太多。我担心失去这所学校，担心辜负了孩子们的期望，担心让我自己失望。

这个暑假，我几乎没怎么休息。在扎伊·史密斯发表了那篇报道之后，我参加了几次大会发言，从那以后，我便收到源源不断的来信。在信中，人们针对各种教育问题向我征求建议。越来越多的人邀请我去发言，记者要求采访，家长提出各种问题，因为他们想让孩子到我的学校来上学。截至1977年9月，西区预备学校注册了30名学生，与此同时，大概还有这么多学生在排队等待。

所有家长都有要讲的故事。有些家长来找我，是因为他们拒绝接受学校管理者的评定，说他们的孩子智力迟钝，心理失常或者有学习障碍。还有些家长来到这里，是因为他们的孩子由于行为问题被学校开除了。一位妈妈哭着告诉我，她的儿子经常被学校停课，在街上混的时间比在教室里还多。她确信，西区预备学校是让她的儿子不去少年管教所的唯一机会。

所有父母都是那么沮丧无奈，忧心忡忡；有些甚至几近绝望。其中，最悲痛欲绝的应该是凯茜·马林斯的妈妈了。她在市公交车上从一位女士那里听说了西区预备学校，当时那位女士恰好坐在她身边。她告诉我，她11岁的女儿在学校学业一落千丈之后，已经放弃了自我。这个孩子无论走到哪里，都一直哭，她把自己逼到极度紧张的状态，甚至已经开始脱发了。

我接收了凯茜·马林斯。具有讽刺意味的是，我和凯茜相处要比和她父亲相处要轻松融洽得多。对于妻子让女儿到这所学校上学这件事，他不赞同，甚至还反对我的教学方法。

"你对我的女儿都做了什么？"开学第二个月的一个下午，孩子们正准备离开教室，他冲进来，大声说道。"在你教她这些复杂的单词、拉丁语和诗歌之前，她就已经陷入困境，一塌糊涂了。她是一个迟钝的孩子。难道你不知道，她做不了这些功课吗？"

"如果不总是告诉你的孩子他们学不会，那么任何一个孩子都能学习。"我简单明了地回答道。我相信我的每一名学生。为什么他们的父母却做不到？父母的批评——即便有时是无意的——也会驻留在孩子的大脑里，尤其是那个孩子已经开始怀疑自我了。

"你让凯茜做的功课给她带来的压力太大了。"马林斯先生说。

"是凯茜这样告诉你的？"我问他。凯茜表现很好。不到两个月的时间，她的阅读能力已经从二年级提升到四年级水平了。

"嗯，没有。可是，根据其他老师以前说的来判断，我只是猜测……"

"生活就是压力，马林斯先生。把孩子隔离开来或者保护起来，是没有道理的，那样做，他们会没有能力去应对任何事情。其他学校不教孩子去努力，去争取。我来教他们。"

还有些家长的抱怨是截然相反的。他们觉得，我给孩子们的压力还不够，他们的孩子进步不够快。让我不解的是，这些父母之前能够允许他们的孩子在学校学习落后，随后又认为，我可以在几个月的时间内，把孩子们的能力提升到该有的水平。对于有些孩子，这是可能的，但其他孩子学得要慢一些，要调整好自己并且变得有能动性，则需要更多的时间。有几次，一些家长要求知道，为什么我让他们的孩子从更加简单的书开始读起，或者，做的数学题比其他孩子简单。

有些家长似乎想要把所有对孩子的责任都推给我。我相信，必须强大起来并为孩子定调子的应该是家长。然而，有些家长不花时间读书，也不给孩子读书，家里也没有书。然而，不知为什么，他们却期待老师把他们的孩子变成有能力并且有求知欲的阅读者。有些父母不给孩子立规矩，却期待老师在课堂上维持好纪律和秩序。有些家长想知道，为什么孩子不做作业，然而，这些孩子在家却从未被要求承担责任，或者做些家务。

如果说我不是在反驳家长们的批评，那么我就是在抗击他们的冷漠和不作为。一些曾经祈求我救救他们的孩子的家长，孩子一来到学校，就甩手不管了。有些家长甚至有意不交学费。倘若真有困难，比如父母有人失业或者生病了，我会通过申请奖学金来接收孩子。尽管如此，还是有些父母每个月竭尽所能支付学费。

为了抵掉部分学费，一些妈妈帮助我接电话、拆信件和誊写课本选段。学生数量的增加意味着所有工作都会增加，不仅仅是教学工作量。

然而，最让我感到愤怒的是，有些父母似乎有钱买其他东西，却不认为，为孩子的教育付费才是该最先完成的事；他们想要孩子获得教育，却什么也不愿意付出。这样的父母自身也非常有必要接受教育。

同时，我还得疲于支撑这所资金极度匮乏的学校。我必须不断提醒那些逾期不交学费的家长。可他们只回了一句，没有钱。我告诉他们，如果你不愿意为你自己的孩子努力工作，也请不要仰仗我们其他人。并不是所有的学生都有着"体贴关爱的父母"。有些父母根本不在乎他们的孩子发生了什么，而我却在步履维艰地教育着他们。最后，当许多学生的阅读和学习能力超出了他们的年龄水平时，那些家长却声称，那是因为他们的孩子根本没有什么学习障碍。

然而，我决定不能让我的学生像这些家长一样健忘。让我沮丧的是人们总是会忘记他们最初的样子。于是，我反复地提醒学生，"你们千万不要忘了，刚来到这所学校时，你们的起点在哪里。不要忘记你们当时有多么羡慕别人，有多么难为情，一切只因为你们的阅读水平不如你们的同学。不要忘记这些，因为当你们长大成人，大学毕业后，你们就是那些身兼重任的人，你们必须要回到像加菲尔德公园这样的社区，将其变成人们想要生活下去而不是急于逃离的地方。"

学生数量的多少对我来说都一样。即便是对着30名学生，我也和上一年一样满教室地跑来跑去。我努力把自己的注意力分成几份，同时维持住整个班级的学习势头。我逐一地走过每个孩子，现场纠正错误，每张试卷一完成，就马上给出反馈。而且，我还努力把一切尽收眼底：哪个孩子在说话，哪个孩子在丢回形针，哪个孩子把头放在了书桌上，甚至哪个孩子在抄袭——"你的理解必须是你自己的理解，不是你旁边的人的想法，除非你打算走到哪里都带着他。"

和以往一样，新生的学习重点还是在语音拼读上。老生会分成不同的阅读小组，共同学习。一组读传奇故事、寓言故事、希腊神话和美国传说；另一组学习经典选段，作者包括伏尔泰、尼采、歌德、爱默生、萨克雷、狄更斯、乔叟、托尔斯泰、福楼拜、斯威夫特、陀思妥耶夫斯基、科莱特、薄伽丘和彼特拉克；第三组钻研人物传记，其中介绍了海伦·凯勒、哈丽雅特·塔布曼、亚伯拉罕·林肯和弗里德里克·道格拉斯。

对于数学课，十一二岁的孩子学习代数和几何，学龄前儿童学习读数字和看时间。科学课上，有些孩子学习行星和银河系，有些学习地球和地球的历史，还有些孩子研究动植物、生物适应性和生物分类。社会学也同样丰富多彩，学龄前儿童学习如何建立一个强大的社区，一年级学生学习公民的义务和责任以及民族英雄，二年级学生探索七大洲，三年级学生了解芝加哥历史和政治，四年级学生学习有关州政府和联邦政府的知识，五年级到初二学生学习美国历史和欧洲历史的各个阶段。

管理一个多年龄层次且只有一间教室的学校就像是一直在玩杂耍，需要同时兼顾许多事，但也不像看上去的那么复杂。任何时候，只要可能，我都尽力不去孤立地讲一门课，而是将多个学科融合起来。语言艺术（阅读、写作、语法和词汇）与社会学课和科学课结合起来。比如，当孩子们学习七大洲时，他们读了正在讨论的某一国家的故事。当他们学习太阳系时，他们读了伽利略和哥白尼的生活经历，对比亚里士多德的理论和伽利略的理论，并就此写了报告，同时还分析一些句子的语法。

　　我一直重视词汇，鼓励孩子们在词典中查找同义词，给他们讲拉丁语和希腊语的派生词，并且解释词汇前缀的意思，比如ab（远离）、ad（达；到）、com（一起）、dis（相反的）、re（再次）等等。那个秋天，我发现了构建词汇量的秘密武器——《给准大学生的词汇书》。事实上，我的儿子埃里克，那时已经是高二学生了，他们在英语课上使用的就是这本书。我常常翻阅我的孩子们的课本——对于家长而言，知道孩子正在学什么很重要——而事实证明这本书的确是知识的精华。我给西区预备学校的所有学生都订购了这本书。

　　"词汇构成了思想。如果我们的词汇量有限，我们的思想也因此会受到限制，"我一边说，一边拿着那本书，指着书的题目，"你们看到上面写了什么吗？上面写着给即将上大学的学生，不是注定失败的学生。为了这一生能够取得成功，你必须是一名思想者，为了成为一名思想者，你必须具备一定的词汇量。"

　　我在这本书上给孩子们留的第一次家庭作业，就是要学习并记忆5个词及其定义。我说，我要他们学习这些词，而不是把这些词写上10遍，然后说："哈利路亚！我完成了！"

第二天，孩子们全都高举着手臂，急不可待地要说出单词的定义。

"blithe的意思是什么？"我问道。

"开心和快乐。"埃里卡先声夺人。

"劳拉，buoyant是什么意思？"我问道。

"欢快的。"她回答道。

"非常好。看看你进步多大，现在谁能告诉我，其意思也是'欢快'的另一个单词？"

加尔文，上一年一月份来到学校时刚刚4岁，他挥舞着手，大声说，"叫我，叫我。"

"好吧，加尔文，'欢快'的同义词是什么？"

"Jocund。"他骄傲地说。大家都鼓起掌来。我情不自禁地绽开了笑容。我告诉他，他很可能是这个世界上唯一一个知道这个单词的四岁半小男孩。

我一直都认为，只要小孩子知道如何划分和拼读音节，他们就能掌握复杂的单词。如果一个孩子能够正确地使用语音拼读法，就没有太难的词。小孩子学习有难度的单词的唯一障碍就是他们对于单词的恐惧。我通过让孩子置身于复杂的语言的环境中，让孩子们不再惧怕复杂的单词。

我通过让学生反复发一些单词的发音，比如charlatan, bronchitis, Andromache，Petrarch甚至adiadochokinesis——这是一个医学术语

（描述肌肉功能失常），来强化他们的语音拼读能力。这种方式是由一些男孩子发现的，当时他们正在玩查字典游戏，试图用单词发音难倒对方。每天，我都会给孩子们听写句子，比如"那位政客被控玩忽职守罪"或者"这位总统受到人们的追捧"。任何时候，我只要说话，就会尽可能通过使用新词来拓展他们的词汇量。而且，我会鼓励他们把那些新词用到课堂讨论和写作中。

很多时候，这些孩子会把那些新词连成句子，就像他们使用那些典故一样。当一些孩子正在读《汤姆叔叔的小屋》时，我给他们分配的任务是写一封信，在伊丽莎偷听到儿子哈里要被卖掉后，可能写给哈里的信。有一个孩子这样写道：

> 我快乐的儿子：
>
> 　　这是苦难而非欢庆的时刻。对于你的困境，我哀伤不已，但我却不希望你因为对过去美好时光的留恋而变得阴沉忧郁，寂寞悲伤，甚至萎靡不振。你必须勇敢坚强。我爱你。

十一月，由于《时代周刊》芝加哥分社的建议和推动，《时代周刊》在教育板块报道了这所学校。随后的反响让人难以置信。来自洛杉矶的一位电视节目制作人捐了一张5,000美元的支票。还有一位电影明星捐了2,000美元，留言中写道，他是听从心理医生的建议捐了这笔钱。同时，还忽然收到了许多10美元到100美元之间的支票，都是和来信钉在一起的。对我来说，这一切就好像中了彩票一样，好事不断。学校从18名学生扩张到30名，已经让我们陷入账目亏空中。克拉鲁斯所做的兼职工作比我知道的还要多。我们把所有积蓄都用在了学校上，顾不上房屋的维修，我们的保险单也中断了。然而，这些捐款也只能让我支付部分账单。

之后，每次西区预备学校被大众媒体报道后，都会产生类似于《时代周刊》那篇文章带来的影响。教师们会写信给我，就如何教孩子阅读或者如何让孩子爱上学习等问题，询问我的建议。还有一些教师告诉我，他们自己对这个教育系统和冷漠的同事如何失望不满，那些同事因为他们"太过积极"而批评他们，或者嘲笑他们"把时间浪费在关心学生上"。我还收到一些公司管理层的来信，他们抱怨自己的员工没文化，还有一些大学管理者惊恐地发现，大一新生的阅读能力竟然那么差。

还有2,000多封信件来自家长——恐惧焦虑的家长都在寻求帮助。他们讲的那些大同小异的故事，我之前已经听了许多遍——只是现在说给我听的这些人是来自全国各地的，不只是生活在市内贫民区的黑人了。一位来自加利福尼亚州的母亲想要知道，该拿他的儿子怎么办，这个孩子曾经被他的老师以那些常用的方式下了诊断："过度活跃，大脑受到损伤，虽然聪明，但学习成绩糟糕，不成熟，没有积极性。"还有一位来自一个密歇根州小镇的女士，说她十几岁的女儿是"让人失望的公立教育系统的牺牲品——成绩是A或者B，却不能阅读和理解，不能独立思考，完全不了解这个世界以及这个世界是如何运转的"。

还有一些父母在抗辩，他们认为自己的孩子被错误地划分到迟钝或有学习障碍的群体里。还有一些家长想要知道，怎样才能让他们的儿子和女儿离开公立学校，在家里教他们。一位来自圣路易斯市的妈妈抱怨，她家的两个男孩"抱着开放且乐于接受新事物的心态去学校"，但"学校却不鼓励这些品质"。一位来自马里兰州的女士说，她十几岁的儿子正荒废在一个专为学习障碍者设立的班级里，每天都在玩游戏和画画，一整年所做的事情中没有一件是和学业有关的。

虽然我原本就知道教育已经不成样子，但却从未意识到公众竟绝望到如此程度。一位来自纽约州北部的女士写了一封信，似乎总结了这一切：

> 我的儿子现在上一年级。然而，他已经不喜欢学校了，这使他成了老师眼里不遵守纪律的问题学生。我知道，他没有得到老师的爱和鼓励。她的老师告诉我，她没有时间在教室里应付28名活跃的年轻人，另外，他"年纪太大了"，已经不适合再以爱和鼓励对待了。老师的话吓到了我，让我痛苦之极。这个教育体制就要失去他了，最后，我担心我也许也要失去他了。

人们大声疾呼，寻求帮助，然而，我能做的却微乎其微。我能在信中或长途电话中给家长们提出怎样的补救措施呢？每个人都在寻找灵丹妙药，对于拖延已久的慢性病竟希望能够药到病除。家长们是这样的绝望无助，我有时甚至觉得，只要承诺把他们的孩子变成会阅读的人，哪怕是一剂江湖骗子的万灵油，他们也会买。

与此同时，根据城市建筑条例，30名学生几乎已经到了允许登记入学人数的上限。我只能接受几名新生，再挤进去几把椅子，然后让4岁的孩子们坐在地板上。我想要把学校迁到大一些的地方，但却没有足够的资金和来自学校的稳定收入，所以无法保证交得上房租，而且许多房主都要求提前几个月支付。

在《时代周刊》那篇文章刊登后，其他出版物也报道了我们的学校，其中包括各种教育期刊、《芝加哥论坛杂志》《人物》和《好管家》。这些关注和以往一样，带来了更多的家长、教师、学校管理者和更多的媒体，他们排队进入我的教室。欧洲自由学校[①]的主管在欧洲版《时代周刊》上读到了介绍西区预备学校的文章，不远千里从德国出发，来观察我的孩子们。

在过去的两年里，这些孩子和我已经成为全国范围内报刊杂志文章的宣传对象。我们还出现在本地的和全国的电视专题节目中。我曾出现在美国广播公司的《早安美国》的节目中；1979年11月哥伦比亚广播公司的《60分钟》节目播放了西区预备学校的一个片段，其结果是，我收到了来自绝望无助的家长们给我寄来的6,000多封信。

* * *

马文的学生沉浸在成为社区名人和看到自己的照片出现在报刊杂志上的兴奋之中。一些孩子还接受了记者们的采访。一个男孩子开心地告诉全班同学，他在美国南部的亲戚读了关于这所学

① 这种学校由公共资金资助，不受地方当局的控制，是国家资助的独立学校。相较而言，比其他国立学校在经费、课程设置和教师薪酬等方面有更大的自由。——编者注

校的文章。还有两个女孩子告诉大家，有一天她们两个朝着操场走过去时，一位女士突然在大街上叫住了她们，然后问道："你们不是马文·柯林斯的孩子吗？"

马文认为，对于他们受到的种种关注，她得纠正一下孩子们的看法，让他们明白什么才是最重要的事。

"人们通常情况下读到的都是发生在加菲尔德公园的坏事，因此，我们的责任是展现出这一社区的另一面。大家之所以要跑来看你们，是因为你们很聪明，但是我们却承担不起趾高气昂所要付出的代价。我们不能由于这些关注而飘飘欲仙，忘乎所以。我们不能四处吹嘘，却忘记了来到这里的目的，否则我们终将变成一群佩妮。谁还记得佩妮的故事？"

"佩妮是一只小母鸡，她四处走动，告诉农场里所有其他动物，她能认字，但事实上，她并不认字。"凯茜·马林斯说道。在来到这所学校7个月后，凯茜已经扳回一局，达到了她那个年龄段应有的阅读水平。她的紧张情绪已经消失了，头发也不再脱落了，当别人看着她时，她也不再瑟瑟发抖，哭哭啼啼了。她逐渐获得了自信，几个月后，当这一学年结束时，她还要负责组织学年末的班级聚会。

"那么，佩妮和其他小动物最后怎么了？"

"它们都被炸飞了，最后要么进了医院，要么挂着拐杖，"乔治回答说，"因为当邮递员把一个包裹送到农场时，其他动物请佩妮读一下里面装的是什么。因为她其实并不识字，但她不懂装懂，说里面装的是糖果。"

"包裹里面究竟装的是什么？"

"炸药。"孩子们哈哈大笑起来。

"现在，我们不要成为佩妮，趾高气昂，夸夸其谈，而要付诸努力，好好学习，"马文说，"今天你的照片出现在报纸上，并不会让你的余生幸福美满。就算你的照片登上全国所有的报刊或者杂志上，也不会有人为你付账单，也不会有人把食物放在你的餐桌上，不会在寒冬让你吃饱穿暖。你们迄今学到的东西给人们留下了深刻的印象，但那并不意味着，你就可以坐在那里，为自己庆功，无所事事。一个人越成功，就越要努力工作，只有这样才能稳居高位。我们不要去管别人怎么写我们，只要关注自己做得对不对。"

一切终于尘埃落定，回到了正轨，在随后几周里，孩子们把心思放在了学习上，马文则在教室里穿梭返转，每个人都竭尽全力忽视掉鱼贯而入和坐在后面角落折叠椅上的访客。当孩子们还是受到好奇心驱使，转头盯着某个陌生人时，或者回头看某个正在做笔记的记者时，马文会马上提醒他们，他们来到学校是为了什么。

"10年以后，你也不会认识那个人，"她会说，"他的名字不会出现在你的薪金支票上。"马文的警告足以让所有眼神都回到正前方。

* * *

我的孩子们一直都会学以致用。

在讨论欧里庇得斯的悲剧《安德洛玛刻》之后，我问他们，他们怎么看女主人公从王后沦落为奴隶这件事。

"她很可能想要杀掉自己，就像埃及艳后克利奥帕特拉七世一样。"辛迪说道。

"一个人杀掉自己，叫做什么？"

"自杀（suicide）。"全班学生齐声回答。

"俄瑞斯忒斯杀死他的母亲克吕泰涅斯特拉，叫做弑母（matricide）。"加里补充道。

"杀掉父亲，就是弑父（patricide）。"帕特里克从加里那儿得到启示后，说道。

"那么杀掉婴儿，就是杀婴（infanticide）。"埃里卡插话进来。

"是的，杀死害虫，就是杀虫剂（pesticide）。"另一个声音传来，跟着就是一阵大笑。

孩子们除了在学业上取得了进步，还发生了更加微妙的变化。他们不仅仅对自己的学业有着明显的自豪感，对这所学校也是如此。他们觉得这所学校是属于他们自己的，并对学校的运转和维系展现出了主人翁意识。我决定给学生们注入一种"我们"的思维模式，让他们意识到，只有大家团结起来让学校运转下去，学校才会顺畅运转。

我曾经告诉过他们，他们撕毁或者弄丢的每件东西都需要有新的来替换，然后学费就得上涨，很快，只有富人才能来西区预备学校读书。为了证明这一点，我把学校供给这个班级的物业账单和发票拿来给他们看。这是一节简单但却具有说服力的经济学课。所有东西都要花钱。只有他们好好学习，那些投入才物有所值。"看见燃气公司的账单了吗？我希望你们今天能把这么多开销学回来。"

虽然我得到了媒体的许多关注，但我的首要任务还是教育我的学生。我一旦走进这间教室，外边的世界便不复存在了。我的学生比其他任何人都熟悉我，了解我。相对于那些把我称作"超级教师"和"奇迹创造者"的媒体，他们当然更了解我。我讨厌那些称号。我厌恶他们那种表述方式，听上去好像一切都是那么轻而易举。

在我们的学校里，没有奇迹，更没有魔法，否则教书对我而言就不会那么劳神费力了，学习对于这些孩子而言也不会那么艰辛困难了。正是由于所有的这些付出和艰难，孩子们才会细细品味每一次成功，并甘之如饴。而且一旦他们开始成功了，便会想要更多，甚至不愿再回头。

在1977—1978学年结束之前，乔治和劳拉两个人就被高中录取了，而且辛迪和埃里卡赢得了全州学生写作大赛的表彰。两个人写的文章都以暴力为主题，通过援引《伊利亚特》来说明，暴力无处不在。他们受到伊利诺伊州教育官员的邀请，在伊利诺伊州青年作家大会上朗读她们的文章。

当两个小女孩读她们的文章时，我坐在观众席上，不停地回忆大约3年前埃里卡的一幅幅画面。就是这个孩子，曾经被称为迟钝的孩子，现在正在观众面前表达她的思想。

和每位老师一样，我也有对孩子们的进步失去耐心的时候。

我也有似乎无法让孩子取得突破的时候。有时候上课，为了让孩子们明白某个知识点，无论我怎么敲桌子或者挥动双臂，他们还是不能明白。然而，有一点我很确定，我从不低估孩子们的智力或者学习能力。我时刻谨记，这个国家中不计其数的学校在给孩子们贴上错误的标签，给他们简化的课本和稀释了的课程内容，为那些"下层社会"的孩子专门设立课程。那些人预先假设背景和环境会限制孩子的学习能力，这样的教学理念不知毒害了多少人？因为老师们自以为是地断定谁能学什么，谁不能学什么，又有多少孩子因此灰心丧气，最终放弃接受教育？我从不评判我的学生。作为一名教师，我的工作是让他们的天赋发挥出来。那才是我一直要努力实现的目标。

等待下一学年登记入学的学生有几百人。尽管如此，西区预备学校的生活还是一切如旧。新生取代了离开的学生，和他们的师兄师姐一样，这些孩子的水平必须得提高上来。有些新生的确是惹是生非的捣蛋鬼。一个名叫德林的小男孩，谁坐在他的旁边，他就踢谁。过了一段时间，当他们的脑子开始动起来了，他们的手脚就收敛了。一旦孩子们顿悟到他们为什么上学，自然就遵守秩序了。德林来到这所学校6个月之后，一位记者和他谈的时间过久了，小男孩对他说，"我不是有意这么粗鲁，但你现在正在拿走我的技能。"

和我在一起待了几年的孩子们，就像海绵一样吸收着我给他们一切。就像我以前反复训练他们一样，他们现在开始敦促我了，不断问我，这是什么意思，那是什么意思。他们痴迷于单词学习，他们在词典里搜索，只为了找到多音节单词后，考倒另一个人，由此从中取乐。

那些伟大的作品就是他们最伟大的老师。虽然有些评论家声称小孩子很难读懂经典作品——比如，11岁的孩子不可能理解像《卡拉马佐夫兄弟》那样复杂的作品——而我发现，伟大的文学作品不仅仅教学生阅读，还让他们变得更加求知若渴。这些作品对于学生而言可能超出他们头脑所能理解的范围，但这正是阅读的目的所在。我们阅读，是拓展思想、求知、付出努力、怀疑，然后再次阅读。我们和他人讨论书中的思想，然后融会贯通，调整自己的思想。伟大的作品之所以是伟大的老师，还因为这些作品需要读者集中注意力。而二流的文学作品中平淡无奇的内容只会让学生永远地讨厌阅读。

然后，我并没有把书扔给孩子们，让他们自己读。他们每天在班里会读一章，晚上回家再读一章。我们一段一段地一起阅读，并常常细细品读每一行，讨论其中的思想，追踪人物、情节和故事的进展。他们所读的文学作品已经融入了他们的血液里。我和他们读得越多，他们变得越成熟，他们开始用所学到的东西彼此交流。那些街头俚语开始逐渐消失，偶尔会被他们读过的句子所取代。

在我看来，他们听上去越来越像罗德学者[①]——即使是在嘲讽对方的时候。有一次，一个学生在班级撒了谎，有人说，"请你念

---

① 罗德奖学金是一个世界级的奖学金，有"全球本科生诺贝尔奖"之称，得奖者被称为"罗德学者"。——编者注

这段剧词的时候，一个字一个字打舌头上很轻快地吐出来（《哈姆雷特》台词）。"而另一个孩子插话道，"虚伪的外表必须掩盖住邪恶的心（《麦克白》台词）。"如果一个女孩表现得太过轻浮，那么其他女孩就会指责她的言行就像巴斯夫人一样。一天，我的儿子帕特里克的脸上长了一个青春痘，他的妹妹说他看上去就像《坎特伯雷故事集》里教会法庭的差人。还有一次，一个橡皮筋从教室里弹了过去，我问迈克尔是不是他干的。他说不是，把责任推给了菲利普，菲利普说，"你也有份儿，迈克尔？这是最无情的伤害"（出自《裘力斯·凯撒》）。

1978—1979学年结束时，包括凯茜·马林斯在内的几名学生都升入了高中，他们直接从初一跳到了初三。一完成五年级学业，特雷西·尚克林开始阅读超出她年龄两个年级的课本了。四年级的埃里卡和辛迪读的是高中教材。

那一年，我把所有8岁以上的学生都送到邻近的天主教学校，独立参加考试。他们参加考试的是加利福尼亚州能力测试，18-C卷，这一考试适用于初一到初三的学生。通常情况下，这一考试只有年长一些的学生才能参加，但我觉得这个考试对于初一以下的孩子来说，也是一次宝贵的经验。

这次考试的结果表明，大多数孩子在词汇、拼写、阅读理解和数学方面都取得了巨大的进步。在西区预备学校学习了一年后，一些学生的考试结果表明其能力跳跃了四个年级。然而，并不是所有学生的阅读水平都超前了。有一些学生还是落后很多，但他们相对于以前，还是有了巨大的提高。还有六年级学生读四五年级的书，但这些学生在这一学年最开始，苦苦学习的是二三年级的材料。他们已经取得了令人惊奇的进步。我很满意。

*   *   *

天主教学校招生主任哈维·格罗斯主管加利福尼亚州能力测试，这一考试的参加者是来自七十多所芝加哥地区的在校生。他注意到，马文的西区预备学校的学生，相对于其他任何学校的考生，分数更高，进步更大。然而，他很快又说，单看考试分数并不能了解整件事的来龙去脉。你必须到教室去观察马文的学生，看看马文的精力和她坚信孩子们能学习的决心所产生的全部效果。

15

第十五章

对于教学岗位的申请者，应该提出的一个问题就是：你爱孩子吗？在我看来，这一点是评价一位老师最重要的标准，比资历和大学学位还要重要。对孩子全心奉献，是我在所有申请西区预备学校教学岗位的应征者身上，要寻找的品质。在最有经验的教师身上——那些长期在公立、私立或者教会学校工作的资深人士——我常常感受不到这样的品质。而那些没有接受过任何正规培训或者不具备任何教学经验的人，反而给我留下了很好的印象，让我觉得他们具备那种性格和激情，能够成为一名高效的教师。其中一位就是莉莲·沃恩，她是综合就业培训项目的工作人员，由非传统学校网络安排给我的培训对象。

那时，我急需一位助理协助我管理四五岁的小孩，因为他们的学习速度自然要比大孩子慢一些，而沃恩女士非常适合这个工作岗位。她是一位小巧文静的女士，38岁，非常腼腆。她渴望和孩子们在一起学习工作，这一点让我有充分的理由给她一次试用的机会。沃恩女士只上过一年大学，她唯一的工作经验就是教师助理，在学校间来回跑，协助组织标准化考试，但这些都不重要。在我看来，这样反而更好，她没有任何要克服掉的坏习惯。

莉莲·沃恩似乎很爱孩子。对待孩子，她既温柔又耐心。而且，她乐于接受我的教学方法，我演示给她要怎么做时，她从不回避。我告诉沃恩女士的第一件事，就是找一双舒适的鞋子。

"要成为一名优秀的老师，你需要一双舒适的鞋和两条强壮的腿，才能挺过一整天。你必须要四处走动，查看每一个孩子，不只是坐在前排的孩子。你也必须检查坐在后面的学生有没有错误。记住，孩子只想着快点儿完成任务。他们一点都不在乎做得对不对。他们可不想被打扰。他们会说自己明白了，但其实并不懂。"

我给沃恩女士的指示清楚明了，那就是每天必须表扬和轻拍、拥抱和抚触每一个孩子。对待学得慢的孩子和聪明的孩子一样，每天都需要为了某件事给予表扬。我告诉她，在检查孩子的错误之前，要想一想有没有可以说的积极正面的事。接着，就像对待一名新生一样，我对她进行语音拼读训练。我还就如何从寓言故事、童话和诗歌中总结寓意和进行类比，给她提供了一些建议。我写了详细的教案，然后一步步从头至尾给她讲了一遍。

最开始的几个月，沃恩女士和我一起待在教室里，按照我的步骤，辅导学生。我非常密切地关注她的一举一动，正如我密切关注学生一样。有一次，她在给小孩子们读童话故事时，我听到4岁的安迪在哭，说他害怕故事里的女巫。沃恩女士告诉他不要像一个愚蠢的婴孩。

我离开正在指导的阅读小组，把她叫到一边。"绝对不要让孩子们觉得他们的恐惧或问题是愚蠢的，"我对她说，"他们是真的害怕。而且，尽可能不要在其他孩子面前让某个孩子觉得难堪。他们和我们一样，不喜欢在人前被挖苦嘲笑。"

"可是，我绝不是有意让他难堪的。"她道歉道。

"我相信你不是有意的，但我们必须注意对孩子说的每一句话。你必须要知道他们可能会如何解读我们本无恶意的语言。"

还有一次，吉米·塔克和唐纳德·埃利斯正为了一支铅笔打架，我无意中听到沃恩女士告诉他们，她会给他们的妈妈写信，把这件事告诉她们。我便走过去调解。首先，我批评了两个男孩子，"不要喋喋不休地说'这是我的，这是你的'。如果你们把时间花在学习上，而不是为了铅笔打架上，那么，有一天你们每个人都能有属于自己的铅笔厂。"

随后，我对沃恩女士解释说，作为一名老师，必须自己把问题解决好。"记住，如果你把问题带给家长，你和孩子将永远学不会彼此信任，共同努力。孩子们尊重的老师，通常不会给家长写这样的信。"

我又继续监督了沃恩女士几个星期，观察她的一言一行。我强调，每天都要教语音拼读，绝不可以三分钟热度。当我感觉她读故事的表现力不够时，就会鼓励她说，不要羞于成为一位优秀的女演员。一位老师必须让学生对学习产生兴奋之情。

又过了一段时间，我觉得沃恩女士已经准备好接管年纪最小的那一组学生了，他们都是幼儿园小朋友和学龄前儿童。我把二楼的客厅腾出来，单独为她的班级辟出一块空间。她那里没有桌椅，孩子们坐在地毯上，被一摞摞的书籍和材料包围着。沃恩女士就坐在他们身边，在孩子们中间来回移动，帮助每个孩子写出大小写字母，然后读出来。

"你必须俯下身，和孩子的视线持平，然后直视着孩子说话。"我坚持着我的要求。我这么高的个子，都永远弯着腰，俯下身，和孩子说话。"孩子，尤其是年纪小一些的孩子，很容易被居高临下的气势吓到。"

对我来说，教师培训还是个新领域。其中，最简单的部分就是解释我的课程内容。相比之下，给别人演示如何理解孩子，如何感知孩子的每个需求，才是难上加难的事。正如一位老师了解他自己的家庭成员一样，他也必须了解学生，了解他们的需求和兴趣。每个孩子都是独一无二的。

我的方法与大多数教师培训机构所支持的方法大相径庭，后者的重点主要在抽象理论和专业术语上。直到今天，我都不明白，听了"由倒摄抑制和前摄抑制导致的学习干扰"后，如何有助于一位老师和一个鼻子上有雀斑、牙齿不整齐的小男孩实现沟通，如何帮助他变得积极自信。许多老师都在诚心诚意地寻找能够提高他们教学技能的方法，最终却不得不远离那些充斥着大量信息却没有任何答案的在职培训。这就好像询问公交站在哪个方向，却听了一节有关公共交通系统的讲座一样，毫无作用又倍感无奈。

每个职业都有着听上去很高级的描述职位的术语，教育领域也不例外。有课程协调员、特级教师、考试管理员、学习材料中心主管、作为第二语言的英语教学教师、学习障碍专家、可教育性心智障碍者协调员。由此带来的严重后果是每个人都在集中精力维护自己的职称，而孩子们就只能自己照料自己了。

当老师们向教育专家求助时，他们似乎很难给出任何切实可行的建议。这些专家们都在不停地基于新噱头努力构建自己的职业声望。每种噱头都会风靡一时：新数学、教学机器、持续进步与非分级课堂、开放式课堂、协作教学、核心课程、回归基础、黑人英语和双语教学。一位教育主管让其负责管辖区域开展一年一度的"教师日"活动，以此提升教师的士气和积极性。那么学生的士气和积极性呢？另一位教育主管最喜欢的方式是让企业资助学校。

以上这些解决问题的方式都是典型的美式方法。人们似乎认为，钱可以解决所有问题，就好像在出血处贴上创可贴一样。当芝加哥公立学校苦苦挣扎于财务危机之中时，负责监管学校资金和支出的芝加哥学校财政管理局聘请咨询公司做了一项耗资33,000美元的研究，最后提出节约成本的建议。然后，第二年，教育委员会没有围绕那些建议做成任何事，芝加哥政府又一次拨款200,000美金，针对节约学校开支做了第二次研究。

我还记得，许多年前，有过那样的时候，学校和教师们一同努力解决自己的问题。后来，可以得到联邦政府的钱了，突然之间，每个人都有不能解决的问题，都在撰写经费申请报告。人们拿着数十亿美金去研究问题，当那些研究结论无法解决问题时，人们又从政府那儿获得更多的钱，为了找到第一项研究出了什么问题，再去做新的研究。

针对如何教贫民区的学生，已经做了无数的研究。然而，在我看来，一切显而易见，教贫民区孩子的方法应该和教其他孩子是一样的，因为所有的孩子想要从生活中获取的东西都是一样的。贫民区孩子和其他任何孩子的学习方式都是一样的，他们同样有能力阅读但丁、荷马、帕斯卡或者乔叟。一个孩子，或者说任何一个孩子，也许不能上大学，也许不能成为一名伟大的学者，但没有理由不让他们鉴赏文学，不让他们从对那些伟大作品的讨论中获得有价值的东西。

对于教学，我不赞同什么"贫民区方法"。专家们声称，纠正贫民区孩子的语法将会损害他们的身份认同感。然而，我认为，不纠正他们的语法，将会损害孩子们的一生。其他人降低对贫民区孩子的标准，我反而对他们要求更高。

强制性校车制度[①]也是适得其反。这一制度只会让少数族裔孩子为自己和他们的社区感到羞愧，让他们认为，好像只有白人社区的学校才能提供教育。我的目标是让我的学生感到自豪，并让他们参与到改善社区的行动中来。

强制性校车制度毫无用处。那只不过是逃避实质性问题的另一种方法——不能胜任的教师比比皆是。调查数据显而易见，许多白人中产阶级的孩子毕业时都是功能性文盲。1976年哈德森研究所的

[①] 强制性校车制度是反种族隔离，利用校车强行把黑人、白人学生混合，以实现黑人、白人合校的一种措施。——编者注

一项研究宣告，学生成绩下降最快的是那些最聪明和最有优势的孩子——那些来自中产阶级家庭的孩子。错误的教育无关乎孩子的种族或生活环境，而是他们从幼儿园就开始接触的教育方法。

新方法和新理论并非教育困境的解决之道。事实上，它们反而是错误的教育的主要原因。20世纪60年代中期，许多教育者都支持一种趋势，即不再使用课本，而是倾向于"体验式学习活动"。他们认为，学生需要体验某个概念和思想，而不是仅仅阅读它们。一本用于教师培训课程的教育心理学教材声称："今天的学校很可能过度依赖阅读，将其作为收集数据的手段。"既然如此，那么，当孩子上完学却不能阅读时，教育者们又有什么可惊讶的呢？而且，这批不能阅读的人自己成为教师后，又一次大量生产出一批新的复制品——被以错误的方式教育出来的学生，这时，为什么所有人又都表现得难以置信？

金钱、理论或者新花样都不能治愈教育的痼疾。教师们需要做的是停止寻找借口，好好教书育人。他们必须阅读、准备和学习他们不知道的东西，然后还得把那些知识带给学生，并花上尽可能多的时间确保每个孩子都能学会。把任何一位学生丢在一边不管不顾的老师，没有履行作为一名老师的责任。

我对沃恩女士，以及后来对其他教师进行培训时，给他们的建议和我给学生的建议是一样的。"你不可能哭哭啼啼或者夸夸其谈，就能收拾残局和解决问题，"我说，"当你面对一个难题时，只有努力工作，才能渡过难关。"

* * *

艾拉·麦考伊有几次曾经作为家长志愿者来到学校，帮助马文接听电话和分理邮件。最终，她作为一名老师留在了这里，成为马文的徒弟。在公立学校执教6年后，她辞去了那份工作。压倒她的最后一根稻草，是听到校长叫一名学生时说的那句话，"嘿，白痴，你过来！"

艾拉亲眼见证了她女儿的变化，从一个被认为迟钝的6岁小女孩成长为一个暑假阅读23本书的10岁小学生——这些书包括《双城记》和《简爱》，于是她下决心跟随马文，感恩图报，惠及他人。她要给其他孩子以希望，就像马文给她女儿希望一样。

艾拉不知道如何开始。虽然她毕业于一所中西部的师范大学，但并不知道如何划分音节。对于文学和诗歌，她更是一窍不通。和马文的学生以及沃恩女士一样，艾拉需要从基础学起——语音拼读、反复训练和记忆、词汇、拼写和语法规则。她还学习了寓言、神话和经典文学作品，她也努力地学习一门英语文学入门课。

艾拉一边在教室里接受马文的培训，一边帮助孩子们。"我可能帮不上他们，"她后来坦承道，"因为我自己都不知道这些教材。"一天的工作结束后，艾拉也成了马文的小学生。马文教她，一个元音，什么时候发长音，什么时候发短音，什么时候需要双辅音，什么时候不需要。在这之前，艾拉一直都是连蒙带猜的：在确定一个单词是hoping还是hopping时，她从未有过什么明确的方法。

艾拉感觉，她不仅仅学习了语言基础知识，更重要的是，她第一次学习了如何教书育人——如何鼓励孩子们，让他们不断进步。"只要老师努力工作，一切都会顺畅运转。你的责任是找到主动和每个孩子沟通的途径。如果孩子不能有进步，就是老师的错。"

艾拉观摩马文上课，并照着她的样子上课。艾拉赞扬、轻拍、批评、拥抱和鼓励孩子，和他们开玩笑，严格对待孩子们，握着他们的手，对他们施以信心和爱。她和孩子们相处时，和谐友好，真情流露。她所思考的只有阅读、学习、找到让每个孩子进步的方法。她从未意识到，教书竟是这样劳神费力。

"每名教师都必须备课、备课、备课，再备课，"马文曾经告诉艾拉，"我们从不把自己不明白的东西留给孩子做作业。绝不能让孩子读你没读过的书。记住，他们写的读书报告常常是抄的。孩子们会抄一本书的开头、中间部分和结尾。让孩子口头描述一下书上都写了什么，自己要准备好，因为孩子可能会试探你是否读过那本书。"

因为艾拉自己没有读过太多经典文学作品，所以就成了图书馆的常客。马文鼓励她通读一些很早之前出版的文集，那些书能激发孩子的学习兴趣，而不是现在这些被出版商稀释了内容、让许许多多孩子感到无聊的版本。

艾拉接管了沃恩女士班上一半的孩子，第一次自己上了一天的课，下班后已经精疲力竭。然而，她很清楚，自己不可能既留在西区预备学校当一名老师，还能坐在讲台后，猜测后面的孩子在做什么。在马文的学校，有错误必须马上检查出来，否则，那个孩子就会落后。艾拉从未发现自己还有这样的精力，她相信，她的两条腿会越来越强壮，腰痛也最终会消失。而现在，她需要把全部注意力投入到孩子们的身上。

一个名叫阿诺德·罗杰斯的孩子让艾拉想起了埃里卡以前的样子。这个孩子之前的老师认为，8岁的他注定将一事无成，于是放弃了他。如果有哪个孩子被众多专家的各种诊断结果蹂躏过，阿诺德就是这样的孩子。他在教育体系走了一遭，就好像一只小白鼠穿过迷宫，见到了心理学家、听力专家、眼科专家、语言病理学家和社会工作者，做了一系列详尽的检查。阿诺德确实有生理缺陷：唇腭裂整形手术给他留下了语言和听力障碍的后遗症。没有人能够确定，这些障碍是否妨碍了阿诺德学习。

他的校长和老师只是把阿诺德看作一个有"严重的行为障碍"的孩子，他们想要把他安排在一所专为有情绪障碍和大脑迟钝的青少年设立的特殊学校。一位来自芝加哥教育委员会的心理学家在为阿诺德做检查时，反复问他，"你为什么这么肥胖？"随后，那位心理学家告诉他的妈妈，"太多黑人小男孩最后都进入监狱了……"

对于公立学校的老师们来说，阿诺德的案例清晰明了，因为他们已经连续记录了几个月：

1978-10-11   玩止咳糖。把止咳糖传给周围的同学，
*   没有做课堂作业。*
*   当老师告诉他他没有完成作业时，他把*
*   所有的题目都涂黑了。*

一把抓住排队取午餐的迈克尔·雷恩，
试图把他举起来。

把他的餐盘扣在了迈克尔·雷恩的脸上。
玩德里克的蜘蛛戒指。

数学课上，阿诺德模仿我说的话。他还
玩铅笔，把笔抛到了地上。

他把贝弗利的书桌推到了教室后面。

1978-11-14　阿诺德开始做他上午的功课，这些功课没
有什么难的，但他却向我问了三次问题。

1978-11-15　去吃午饭的路上，阿诺德停在了自来水
管旁边，打开了水龙头。

下午2:30，无缘无故推倒了站在门口排
队的其他小男孩。

1979-2-16　在黑人历史讨论会上，阿诺德似乎很困惑，
不知道该站在哪里，以及该说些什么。在
台上时，他环顾四周——对这个活动有些
心不在焉，而且没什么兴趣。

阿诺德需要有人不停地提醒他，才能完
成整个任务。

1979-2-21　在集体活动中，阿诺德双手捂着耳朵。
当被问到是不是音乐声太大时，他说是
的。有几次，他离开座位。必须提醒他
安静地坐在那儿。

1979-3-26　　　阿诺德有两个小时来完成3张试卷。但
他没有做试卷，却玩了两个小时的钢笔
和球。

　　米里亚姆·罗杰斯并不在乎那些老师拿出针对她儿子的"证据"。她决意证明，他没有行为障碍。她不明白，老师怎么会允许一个小孩在书桌上玩两个小时的球来消磨时间。那位老师为什么不把球拿走，然后告诉阿诺德赶快学习？正如阿诺德的父亲对校长说的："我的儿子非常清楚，你们试图对他做什么。虽然他没有疯掉，但你们正试图让他疯掉。"

　　阿诺德的父母从法律援助基金会找到了一名律师，抗议把他们的儿子安置到为有情绪障碍的孩子设立的特殊学校这一决定。在按程序进行的特别听证会上，在教育委员会代表面前，他们为自己做了辩护。他们赢了。听证官裁决，虽然有充分的证据表明，阿诺德在视觉—运动知觉、视觉处理和眼手协调方面有着"严重的学习障碍"，但对于行为障碍的指控，证据不足。

　　事后，阿诺德还是待在那所学校，还是和那位老师在一起，同时接受校医提供的语言和视觉恢复治疗。在听证会结束两个月之后，问题又出现了。阿诺德因为午餐时间在餐厅抛掷食物和打架被勒令停课。米里亚姆·罗杰斯已经无法再忍受公立学校，于是尝试让阿诺德到西区预备学校上学。

　　当时，马文出城了。已经在这所学校工作了7个月的艾拉和罗杰斯太太私下见了面，让罗杰斯太太惊讶的是，艾拉根本不在乎阿诺德过去的不当行为："在我看来，你的儿子还只是一个年仅8岁的孩子，他将来会学习的。"当马文打电话过来时，艾拉说，"求求你了，柯林斯女士，我们挤一挤，让阿诺德进来吧。我们无论如何都能找得到地方。"还有3个星期，学校就要放暑假了，马文同意接收阿诺德，让他完成这个学期的学业，不收任何费用。

马文在门口见到了阿诺德和他的妈妈。"你为什么被另一所学校停课了？"

"因为打架和抛掷食物。"他的妈妈替他回答道。阿诺德对于自己的语言障碍觉得很难为情，所以回答任何问题都不敢多说一个字。

马文点点头。"阿诺德，亲爱的，你已经知道怎么打架了。如果你想要把时间花在丢食物和垃圾上，如果你希望一辈子做一名清洁工，你可以不用接受教育。"

"啊？"阿诺德抬头看了看马文，满脸疑惑。

"在这里，我们不说'啊'。我们说的都是完整的句子。"马文跪在他旁边，平视着他，双手放在他的肩膀上，说道，"你的妈妈不可能陪你一辈子，我也不会。你必须靠自己。亲爱的，从今天开始，你将每天都在这里学习。"

阿诺德惊讶地看着马文。

"现在，亲爱的，你能为我拼读出cat吗？"马文问道。

"c-a-t。"他犹豫地回答道。

"非常，非常好。你多么聪明。"马文说道。随后，她转向罗杰斯女士。"对于您儿子的问题，只要用时间和耐心就可以解决。"

就这样，阿诺德成了艾拉的学生。她让阿诺德坐下，然后说，"阿诺德，亲爱的，从现在起，你要开始学习了。这儿的孩子不会失败，因为我不允许他们失败。你会学习如何阅读，这样你在生活中才有选择的机会。"

其他孩子正在读《伊索寓言》。阿诺德拒绝翻开书。他逃出座位，跑进了洗手间，在那里辛迪和特雷西正坐在浴缸边上读书。辛迪停了下来，抬头看了看。"你要用洗手间吗？"她问道。

阿诺德摇摇头。他发现了克拉鲁斯落在洗手间旁边地板上的锤子。他抓起锤子，朝着辛迪挥了过去，打在了她的胳膊上。辛迪尖叫着，跑出了房间，阿诺德在后面紧追不舍。

"把那个锤子给我，阿诺德。"马文说道。比起马文的突然出现，更让阿诺德惊讶的是她的语调。她的话语冷静而温柔，但却有一种东西在告诉他，她是认真的。阿诺德把锤子丢给她，正要转身离开。马文抓住他的手臂，同时在安慰辛迪并检查她的伤情。看到辛迪没有受伤，马文放心了，转过头对阿诺德说，"在这所学校里，我们把所有精力都放在大脑上，而不是放在拳头上，当然也不会把精力放在用锤子、棍子或者任何其他东西打人上。"

阿诺德抬起头，看了看她，怀疑她是不是疯了。

"这是你最后的学校，亲爱的，"她继续说道，"你是要在这里待下去的。没有人让你离开。但是，你得学习，你要阅读，因为如果你不能阅读，你这辈子就什么都做不了。"她把他的衬衫塞到了裤子里，然后带着他走回艾拉的教室。"我知道，在你的内心，有很多让你愤怒的东西。但是，那些东西只有当你允许它们出来时，它们才能出来。”

“曾经有一位著名的雕塑家，名叫米开朗基罗。你知道雕塑家是做什么的吗？”阿诺德双目低垂，摇了摇头。“嗯，雕塑家就是把一块块木头或石头雕凿成像的人。米开朗基罗喜欢用大理石雕刻雕像。他常常在意大利佛罗伦萨的大街上四处走动——那里是他生活的地方——他每看到一块大理石，就会想象那块石头被雕刻成的天使有多么美。正如米开朗基罗认为他能在每块大理石中看到一位天使一样，我也认为，在这所学校里每个孩子的身体里都有一个卓越的自己。”

马文让阿诺德坐在学校第二间教室的座位上。艾拉正在给学生做听写。艾拉停下来，握住他的肩膀说：“你能做到，你能做到。”艾拉把他的名字写在一张试卷的上面，然后写出了听写的最后一句话：伊索写寓言故事。她用手托着阿诺德的下巴，说道，“现在让我们一起读第一个单词，这个a是不发音的，所以我们从e开始读。说ee。你得微笑着把嘴巴打开。”

阿诺德重复着那个元音。

“哦，太棒了。现在发sss，让声音从你的牙齿间发出来。然后是ah，张大嘴巴。然后是puh，在你的唇间发出爆破的声音。现在把所有音连在一起，说Aesop。”

“Aesop。”阿诺德说道。

“非常好！Aesop，Aesop。”艾拉重复着。

“我知道是Aesop。你还打算告诉我多少遍？我们读下一个单词吗？”

艾拉笑了，摩挲着他的头发。"你做得很好。"

马文在不远处看着这一幕，自豪地望着那个孩子和那位老师。

第一天放学时，艾拉让阿诺德带回家一页数学题，作为家庭作业。她并不期待他都做完。他能做一道就不错了。然而，他把整页题都做完了。那个星期结束时，阿诺德已经开始阅读了。他在做听写，在试卷的横线上写下答案，这是他以前从未做过的。他衣着整洁地来到学校，衬衫塞到了裤腰里。当他发现没有人嘲笑他说话的样子，他就开始回答问题并且大声朗读——吸引来了全班同学的喝彩和掌声。

阿诺德的妈妈曾经不知如何是好。阿诺德一直都是一个倍感沮丧和愤怒的孩子。他常常说，自己等不到16岁，就会辍学。现在，他每天清早起床，精神抖擞地准备上学，还告诉他的爸爸快点儿开车。他不介意下午在学校多留一会儿，好把功课做完。有时，艾拉开车送他回家，中途还会停下来买个热狗或者奶昔。他盼望着艾拉暑假给他辅导功课。他对他的妈妈说，"我得好好学习，因为等我长大了，要上大学，还要做许许多多的事。"

然而，一天早上，幸福的泡泡忽然破灭了。阿诺德垂头丧气地来到学校。眼神中失去了光亮，取而代之的是，过去那种咄咄逼人的气势。

"怎么了，宝贝？"马文问道。

阿诺德告诉她，自己忘记了带作业，他的爸爸为了这件事在车上吼了他。

"这所学校由谁管，你父亲还是柯林斯女士？"阿诺德从未见到柯林斯女士这么生气——他用锤子打了辛迪时，她都没有这样。

"柯林斯女士。"他回答道。

"这就对了。你知道，在这儿，我们的说法是什么：如果你不犯错误，你便怎么样？"

"做不成任何事。"

"好的。现在，面带微笑。我受不了我身边的孩子忧伤难过。"

那天下午，马文给阿诺德的爸爸打了电话。"麦考伊女士和我竭尽全力给阿诺德建立自信，"她对他说，"然而，你对这个孩子大吼大叫，这会让我们迄今为止所做的一切都毁于一旦。阿诺德已经被之前的老师贴上了各种标签，现在他需要的是赞扬，许许多多的赞扬——来自所有人的赞扬。"

几天以后，又一个学年结束了。从马文离开德拉诺小学，创办非传统学校至今，已经5个年头了。当初来到她这里时，那些脾气暴躁、充满恐惧、消极厌世和学业不佳的孩子们，现在已经迈进了青少年时期，成了意气风发、坚定果敢的少男少女。埃里卡在放暑假离开前，给了马文一本最新出版的萨卡加维亚的传记。"柯林斯女士，您一定要读读这本书。特别精彩。"

加里·乐福也要与马文和西区预备学校道别了，那个曾经执拗地认为自己什么都做不了的孩子，已经获得了北部市郊一所私立专科院校的奖学金。马文的儿子帕特里克这个秋天也要去读高中了。

与此同时，还有其他事情正在酝酿之中，一切都将在九月拉开帷幕。克拉鲁斯辞掉了他在阳光电器公司的工作，准备帮助马文管理学校的事务。西区预备学校已经成长为一所成熟的教育机构，马文终于要把这所学校搬出她的房子了。《60分钟》栏目为这所学校打开了资金来源，让马文得以计划安置候补名单上的部分孩子，这些等待入学的学生已经迅速增长到700人了。近5万美元的捐款进入了西区预备学校，其中包括一张一万美元的支票，是由一位匿名者捐赠的，马文笑称他是电视剧《百万富翁》中的比奥斯福特·蒂普森。还有7.5万美元来自一家电影制作公司，这家公司买断了版权，准备把马文和其学校的故事搬上荧屏。捐款、电影版权费，再加上来自马文举办的专题研讨会和演讲的收入，马文最终有能力租用国家商业银行大楼的二楼作为校址，距离麦迪逊大街只有几个街区。

1980年9月，在西区预备学校登记入学的学生有200人。马文曾说，西区预备学校一路走来，绝不是媒体所说的"一间教室的童话"。未来，她将要证明的是，好的教育在任何一种学校规模下都能实现。

16

第十六章

　　大约3年前，自从拟定第一份30人的候补名单的那一刻，我就开始梦想着扩建学校这件事。然而，当最终梦想成真的时候，扩张竟发生得那么快，让我觉得自己好像坐上了旋转木马，头晕目眩，无法呼吸。学校的扩张速度不能叫作壮大，事实上，即便称之为爆炸式增长，也不夸张。登记在册的学生人数从七月份的34人，一跃增长到秋季的约200人，而且候补名单上还有500多人。

　　那个夏天，一切都乱作一团。每个人都为了学校搬迁这件事忙得不可开交。克拉鲁斯、埃里克和帕特里克紧张忙乱地工作着，刷油漆、搭书架、挂黑板，把桌椅、书和文件柜从我们房子的二楼搬到银行大楼的二楼。辛迪、特雷西和埃里卡从箱子里拿出新课本和学习用品。艾拉、沃恩女士和我则负责拟定班级学生名单、备课、印练习题、摆放桌子、张贴海报和音标挂图。一些家长也鼎力相助，帮助我们完成登记、接听电话和其他文职工作。

学校的扩张，使得有必要对某类家长采取点儿措施了，这些家长从不参与孩子的教育，甚至连学费都不交。其中，一位父亲的话似乎最能代表这类家长的态度，他说，"我知道，即便我不付学费，你也不会让我的孩子离开的。你太喜欢孩子了。"我果断地告知那些家长，这个秋天我们必须要改政策了。学费是这所学校唯一可靠的收入来源。我不能依赖资助和讲座费，来支付每月的房租或者工作人员的薪水。家长们同意成立一个家长协会，专门处理拖欠学费的问题，同时做一些募集资金的工作。

然而，那个夏天，我的主要顾虑是聘用和培训新教师。艾拉和沃恩女士表现得非常好，尽管她们两个在处理学生问题的能动性方面还有待培养。她们喜欢一遇到事情就跑来找我，从孩子受伤需要创可贴到某个学生扰乱课堂，状况不断，但她们都是努力工作、全心奉献的好老师。最重要的是，她们相信孩子们。我还想再找两个像她们一样的老师。

我有一大摞从全国各地寄来的简历，甚至一些欧洲人也来咨询。然而，简历和书信并不能展现我想知道的事。我更感兴趣的是态度，而不是资历。那些对弱势的黑人小孩抱有怜悯之心的老师，我不要。那些对孩子能够取得的成绩期望不高的老师，我也不要。

因为八月份的时间必须要用来专门培训新老师，所以我没有太多时间花在面试上。幸运的是，我可以不用面试。我聘请了一位名叫帕特丽夏·尤尔根斯的老师，她是我的朋友引荐的。另一位老师，我决定聘用马塞拉·温特斯，她是我一位学生的母亲。她曾经中断学业，后又返回学校，拿到了教育学学位。在我知道她是一名教师之前，我就了解并且很喜欢这个人。她性格开朗，朝气蓬勃，精力充沛。然而，我聘用她最主要的原因是，她对这所学校很感兴趣，而且相信我们正在做的一切。而她的女儿已经加入西区预备学校两年了。

我依照自己的方法训练两位新老师。"那些只能教能动性高的孩子和遵守纪律的孩子的老师，无法在西区预备学校立足，"我告诉她们，"我需要的老师，要让迟钝的孩子变得优秀，让优秀的孩子变得卓越。"

* * *

马文的新学校位于国家商业银行大楼内，位于其入口两侧的分别是一间假发商店和女士内衣商店。在大厅，一位年长的保安坐在铁门入口处，这个入口径直通向那家早已人去楼空的银行。这家银行20年前就已经关闭了，当时，加菲尔德公园的所有店面、机构、银行都关门了。

这座大楼里唯一的租户就是西区预备学校。马文每月支付2,400美元，来租用这个没有窗户的发霉的空间，而且这里春秋闷热，冬季阴冷。虽然这里的租金很高，但在这个社区，现实情况就是如此。

下午2：30，孩子们排着队走出了学校，在外面门廊，小商贩们已经在折叠桌上摆好了商品，催促着家长买他们的人造钻石戒指和镀金链子。在外面，汽车尾气混杂着从马路对面的炸鸡连锁店飘出来的香味，而人们在拐角处的几家酒馆娱乐。

对于一所学校而言，这样的环境实在有些荒谬，甚至比马文家的房间还要荒谬。尽管如此，西区预备学校还是吸引了来自这座城市所有地区的学生，甚至有来自芝加哥西部郊区和南部偏远地区的学生。现在，许多父母都觉得，唯一一个能让他们的孩子获得高质量教育的地方就在这个贫民区的中心。

一位学生从35英里外的伊利诺伊州埃尔金乘火车往返上学。初二学生桑德拉·帕森斯——之前是一名初中生，但她的阅读和数学能力只达到了四年级水平——来自印第安纳州的东芝加哥，每天往返60英里。9岁的布莱恩·舒马克来自林肯公园地区，那个社区有着面湖而建的公寓楼和价值250,000美元的维多利亚式连体住宅，居民都是詹姆斯·汤普森州长这类人物。布莱恩曾经就读于林肯学校，那是芝加哥公立学校中最好的学校之一，但在那里，他作为四年级学生，阅读却只达到了一年级水平。

西区预备学校的200名学生被分为5个班级。有一些班级学生人数超过了40人——这比芝加哥教师工会允许的公立学校每班人数上限还要多出10到15人。莉莲·沃恩、帕特丽夏·尤尔根斯和马塞拉·温特斯负责学龄前儿童、幼儿和一年级学生——占了学校注册人数的近一半。大多数孩子在学习上没有任何困难。父母把他们送到西区预备学校，希望他们永远不会在学习上有困难。少数有问题的孩子，情况就比较极端了。沃恩女士有一个6岁的学生，展现出自闭症的一些症状。据抚养他的祖父说，查尔斯从未说过话。他所发出的声音都是咕哝声。

马文和艾拉则负责教年长一些的学生，绝对的问题儿童。其中有些孩子，不具备学习技能，情绪失常的状况却多得足以编成一本心理学教科书的术语表。有一个男孩子，在4年间进进出出的学校有13所。还有一个孩子，特别喜欢用铅笔戳人，曾经在德拉索心理健康中心接受治疗。还有一个8岁的孩子，常常会把卷笔刀上的刀片取下来，然后，一边到处跑动，一边切割同学的外套、帽子、手套和围巾。

而12岁的汤米长期处于抑郁之中，憎恨自己，憎恨他的兄弟，讨厌所有不喜欢他的人；他甚至讨厌自己的姓，所以拒绝用那个姓。他的嘴边常挂着"死"字。如果马文说，"今天感觉怎么样？"汤米会说，"我想要杀死自己。"马文说，"周末愉快。"他会回答，"如果我没骑车摔死的话"或"如果我没被足球撞到头部撞死的话"。

马文总是把脸正对着他，赞扬他，说他很帅，或者说她喜欢他穿的某件衣服。她认为，汤米并不是真的要毁灭自我，他只不过是需要关注而已。马文下决心要让他明白，要得到关注，有更积极的方式。他们师生之间的交流听上去越来越像伯恩斯与艾伦的幽默短剧和《等待戈多》两者的混合体。

"我不喜欢自己。我想杀死自己。"

"亲爱的，你穿的衬衫很漂亮。"

汤米会耸耸肩膀，试着再来一个回合。"我的兄弟憎恨我。我想杀死自己。"

"哦，你有一双可爱的眼睛。"马文回答。

这样的交流持续了数月。直到有一次下午放学，马文祝愿他度过一个愉快的夜晚。

"我……"汤米停顿了一下。

这次他会说什么呢？马文很想知道。

"我……我爱您，柯林斯女士。"汤米大声说，给了马文一个大大的拥抱。

* * *

虽然这第一次的突破让我欣喜若狂，但这还只是个开始。汤米学习仍未有成效，仍然难以捉摸，仍然在试探着他人的底线。一天里，他有一部分时间待在艾拉的班级里，学习语音拼读和数学，然后来到我的教室学习社会学和科学。在一次社会学课上，学生在轮流大声朗读，我叫汤米读一段我专门为他选的段落，里面包含了我确定他能读出来的11个单词。在他朗读时，我站在他旁边，紧握着他的肩膀。他读完那一刻，整个班级都响起了掌声。

"我要去见麦考伊女士。我能去见麦考伊女士吗？"他激动地说道，半蹲半站着。当我说好的一瞬间，他马上冲到门外，急急忙忙进入了艾拉的教室。"我在柯林斯女士的班级里让他们震撼到了。我让他们惊讶了一回！"

看到西区预备学校的神童们在电视荧屏上大放异彩，而且成为报纸和杂志的封面人物，一些怀疑论者说我精挑细选了最聪明的学生。他们只看到那些孩子们现在的水平，却不曾看到他们最初的样子。

从某方面来说，我确实挑选了学生。通常情况下，一个孩子的问题越严重，越会提早被西区预备学校接收。年纪大一些的学生比学龄前儿童或幼儿园小朋友更优先进入学校，这样做是出于两方面考虑。首先，年长一些的孩子相比之下更需要马上给予关注，有时他们只有四五个月的时间训练自己的技能，以便符合上高中的资格。其次，登记在册的学龄前儿童和幼儿激增，我不想我的老师们因为学生太多而力不从心。

有时，我会让不在候补名单上的孩子先入学，这会引来家长的抱怨。我还惹怒了一些黑人家长，因为我接收了一些白人学生到西区预备学校读书。虽然我努力做到公平公正，但我还是不能让所有人满意。不管怎样，是否决定接收一个学生，决定权在我。

这是我的学校，因此我认为，公众没有权利告诉我该如何管理它。这些话尤其针对那些政府官员和维护少数族裔权利的特殊利益群体。生活在加菲尔德公园的是我，不是他们。他们不知道，在这里什么是起作用的，而我知道。那些从未涉足这个社区的人们，似乎总认为，他们才确切地知道什么对这个社区有益。所有“好心人”都过来批评哪里做错了，但他们有更好的办法吗？

一些人批评我的这种“严厉的爱”，然而，我不需要任何局外人来告诉我我对学生太严厉了。我和他们一样为这些孩子感到难过。没有人比我更了解他们中的一些人都来自什么样的家庭。但是，我做了有建设性意义的事情。我可没有只发发糖，摸摸孩子们的脑袋，说他们有多可爱，就到此为止了。我努力给予他们的是生存技能，我一直反复告诉他们，每个人都应该明确他要留给这个社会些什么，以回报社会。我希望通过我的学校里的孩子们，把这一理念传承下去，进而改变后代的态度。

而这所学校自身也体现了我要求孩子们拥有的那些品质：坚决果敢、锲而不舍、持之以恒和自尊自爱。有时，当我走过教室时，或者在我无意中听到四五岁的孩子边跑边说"我是世界公民"时，我惊喜地发现，5年来我们所取得的成就如此之大。

西区预备学校的发展几经周折。200名学生登记在册，管理这样一个规模的学校复杂繁琐且劳神费力。我突然要面对高额的管理费用、工资支出和各种各样的行政职责。我还不得不处理新组建的家长协会的相关事宜，偶尔还要在会上对协会的决定进行裁决。一位父亲无论如何都和其他家长处不好，最后我不得不要求他把他的两个孩子带离这所学校。还有一两次，我不得不解决两位工作人员之间的争吵和仇恨——他们之间的矛盾与我在德拉诺小学经历的如出一辙。我不得不提醒我的教师们，他们并不重要，重要的是孩子们。

1980—1981学年是一个过渡阶段。我感觉自己已经分身乏术了。虽然我必须监督我的工作人员们都在做什么，但我不可能同一时间出现在所有教室里。我必须管理整个学校，同时还要上课。我不断提醒自己，人们之所以把他们的孩子送到这里，是因为他们想要的是在亚当斯大街上那所只有一间教室的学校所展现出来的教育。

当然，现在这所学校少了些一间教室的背景下才有的那种亲昵，但我确定自己认识200名学生中的每一个人。我下决心，绝对不能忘记建立这所学校的初心——我们是为每个孩子的个体需求服务的。我反复告诉我的老师们，他们才应该是削铅笔和擦黑板的人。孩子们是来学习的，学习是一项全职工作。

我还提醒我的工作人员们，一个孩子在之前的学校本应该学到什么却没学到，这并不重要。他们的职责是以孩子现有水平为起点来教他们。有时，我还得提醒我的老师们不要因为学生课上说话，就把孩子的名字记在黑板上。然而，我强调最多的，还是赞扬和积极强化法的重要性。

我不想当校长。做一名管理者，则会远离学生，我一直对抗着这种疏离。我在课堂上教课的几个小时对于我来说更加珍贵，因为这几个小时让我没有和孩子们失去联系。然而，我不得不当一名校长。有一位新来的老师最后还是表明不愿意遵从我的教学方法，虽然我一直希望她最终能转变。让我特别担心的是，我不想在这一学年的中期辞退她，因为孩子们的教育需要有持续性。如果说这些孩子在生活中的其他方面混乱不堪的话，那么就只能靠我来给他们所需的稳定性。很遗憾，那位老师最终还是不能适应，第二年离开了。

截至一月份，学校运营良好，总体来说，教师们都是按照我的方法——尤其是艾拉，她的个性鲜明，在我不得不离开时，她完全可以掌控一切。其中，孩子们才是学校运转状况的最好表征。8岁的加尔文·格雷厄姆，4年前来到西区预备学校，他现在的阅读能力已经达到了初三水平。年纪长他一些的孩子们早已经把他奉为班级活宝，而从他嘴里说出来的一些话连我都忍不住想笑。一天下午，我在班级一边转悠，一边问孩子们，他们对那一天的学习有什么想法。他们依次转述了一段爱默生、莎士比亚和苏格拉底的名言警句。当我来到加尔文身边时，他说，"和傻瓜待在一起，就好像带着剃刀上床睡觉。"我很惊讶，告诉他我没听过这句台词。他说那是他自己编的。

阿诺德·罗杰斯，就是艾拉一直密切关注的那个孩子，那一年也开花结果了。他的妈妈说，他很不喜欢缺课，即便生病，也要上学。一次他得了胃肠道感冒，但却拒绝待在家里养病。还有一次，在班上，他发生了一次小事故，我带他到洗手间时，他对我说，"哦，柯林斯女士，我太懊恼了。我实在太丢人了。"我告诉他，一个8岁的小男孩能用懊恼（chagrin）这样的单词，可没有必要为任何事感觉到丢人。几个月后，就是那个曾经挣扎着克服严重的学习障碍，同时还有口吃的小男孩，站在坐满听众的礼堂里，背诵了诗歌《不可征服》①。

所有孩子都让我引以为荣。他们用成绩证明了自己。比如，桑德拉·帕森斯，这个13岁的孩子，九月份刚来时做的功课是四年级水平，几个月后参加测试，竟达到了十年级水平，最后被印第安纳州的一所私立高中录取到高中一年级。还有一个女孩，秋天从一所享誉全市的公立学校来到我这里，本来计划重读初一的，结果在一月份参加的加利福尼亚州能力水平测试中，词汇达到了高一水平，阅读理解达到了高二水平。与此同时，1981年6月，6年前开始和我在一起的特雷西·尚克林，被一所教会高中接收——她提早了一年上高中——并可以学习高等代数和高二生物。

---

① 英国诗人威廉·欧内斯特·亨利的名篇。——编者注

我之前的那些学生都在读各种高中，有私立高中、教会高中和公立高中，他们中大多数人学习成绩一直很好。有一些成绩平平。还有几名学生很难适应，所以不得不努力学习，把成绩提上去。当然，所有这些学生初到西区预备学校时，学业成绩远远低于平均水平，如果考虑到这一点，他们取得的进步是非常显著的。

不知为什么，人们总是难以接受这样一个事实，即贫民区的孩子可以取得比大多数学校要求的更高的成绩。而这样的执念恰恰就是我要去粉碎的东西。正因为时刻铭记这一点，所以我于1981年夏接手了卡布里尼—格林公共住宅的孩子们。

* * *

卡布里尼—格林公共住宅是芝加哥众多破旧的街区的中心，那是一片画满涂鸦的高层公共住宅，每天充斥着谋杀、强奸和帮派斗争等事件。1981年3月，卡布里尼—格林吸引了全国媒体的关注，因为简·拜恩市长搬进了那里的一套公寓，为遏制暴力和安抚惶惶不可终日的居民贡献自己的一份力量。

那个夏天，为了让卡布里尼—格林有良好治安，市政府官员加强了警力巡逻，为了不让孩子们在街头巷尾闲逛，建了一个棒球场，同时还针对140名卡布里尼—格林地区的孩子——从幼儿园到小学六年级的学生——资助了一个免学费的暑期学校项目。

拜恩市长请马文来组织这个为期8周的暑期学校项目。她毫不犹豫地接受了，尤其要求那些有纪律问题，或者阅读能力低于正常年龄水平两个等级的学生参加这个项目。这次，批评者们将很难再指责马文挑选最聪明的学生了。

在这个项目中马文使用的教科书和材料，与她的学校使用的是一样的，不是市教育系统要提供给他们的那些教材。她设置了课程计划，准备了教案，还聘请了教师。然而，有一点：她的工作人员必须包括来自公立学校的5名教师，这是对芝加哥教师工会做出的让步。

有20多个人申请了这个项目。其中一些面试非常简短。一位申请者要求教室必须有窗户。还有一位申请者对于项目场地拜尔德小学没有空调这件事很失望。第三个想要知道她会有多少个助手。还有些人，在听马文说他们不能坐在讲桌后面时，就退缩了。毋庸置疑，那些老师都没被聘用。

所有准备工作在项目开始的前一天就做好了，这让一些不想比学生更早到校的老师很生气。马文不同意把任何课堂时间浪费在分发课本和材料上。第一天早上8：30，马文和她的工作人员已经准备好上课了。

马文要监管7间教室。第一周，她把每天3小时中的大部分时间都给了六年级学生，因为年纪最大的学生也是积习最难改的不学习的学生。看到那一刻的她，就看到了最典型的工作状态下的马文——她传道解惑，不吝赞美，常常说出名言警句，时而又妙语连珠，她鼓舞人心，振奋士气，她是父母，更是严师。

"早上好，我爱你们，"马文问候学生，"你们都是独一无二的，你们要在这里学习……"一开始，她就介绍了语音拼读，她兴奋地在教室里快速地走来走去，不停地催促孩子们拿出和她一样的激情。"如果一个老师没有精神，"她警告她的工作人员，"全班都无精打采。"

虽然是夏季，但在这个班级谁都不可以睡觉或做白日梦。"等一下，"马文在解释diary和dairy中的元音字母颠倒时，忽然停下来说道，"大家坐直了。坐直了，精神点儿。"

一个男孩子向前靠在书桌上，趴在了胳膊上。马文走过去，轻轻地把他扶起来。男孩子被碰醒了，生气地一把推开马文。

"如果再碰我，我就杀了你！"

"好啊，反正我已经活了很久了。"马文依旧平静如水。

"您为什么不打他？去年他的老师常常用棍子打他。"一个小男孩从教室对面喊道。

"因为那不是人类应该对待彼此的方式。我是一名老师。我所接受的训练，不是为了成为一名狱警或者纪律监督员。学校不是我们打人的地方。学校是我们为了过上更好的生活而努力学习的地方。打人损人不利己。你打完人后，自己就会好过些吗？会变得更富有吗？"

马文转过头对那个男孩子说："亲爱的，你叫什么名字？"

他没回答。

"山姆，他是山姆。"一位同学代他说道。

"现在看着我，山姆，"马文继续说，"你马上坐直了，否则我就得给你喷点冷水了。我是不会让你消沉堕落下去的。我不会让你消沉堕落。你在这儿就得学习。别无选择。"

马文站在山姆身边，把手放在他的肩膀上，转身对全班学生说道："你们中一些人已经六年级了，但却连一年级的阅读水平都达不到。我说这些，不是为了打击你们。我只是就事论事。九月份你们回到学校时，就会成为你们班级里最聪明的孩子。"

马文走到教师前面，经过时把一张纸巾递给了一个男孩子，同时还提醒另一个男孩把他头发里的发夹拿出来。她指着之前在黑板上写下的一长串单词，讲解说，词尾是字母e时，中间的元音发长音。她背诵单词，孩子们跟读："rod和rode，pin和pine，cut和cute，sit和site，dim和dime，cub和cube，man和mane，kit和kite，mad和made，pal和pale，fin和fine。"

一个穿着金色超人T恤的男孩子开始做鬼脸，边笑边和旁边的一个孩子小声说话。两个人都咯咯地傻笑着。马文停下来。

"当我们一败涂地时，是不是也很好笑？"她问道，"没有食物时，是不是很好笑？没钱看医生时，是不是很好笑？"

马文怒视着扰乱课堂的那个学生。"身无分文时，是不是很好笑？"她重复道。那个孩子摇了摇头。"好了，那么，不要再做鬼脸了。"马文指着黑板上的元音音标说道。

她走到第二个男孩子面前，又问，"你为什么要理他？不要对着他笑。他这样是很糟糕的，为他祈祷吧。不停捣乱的孩子之所以那样做，是因为他们做不了其他事。"

"孩子们，把在校时间花在做鬼脸和咧嘴傻笑上，是愚蠢的做法。老师们穿着漂亮的衣服来到这儿，然后开着漂亮的汽车离开。那一切都是从你们那里获得的，是公众付给他们薪水。你们付钱给他们，他们才来教你们。如果你只是坐在那里傻笑，不学习，那就花了冤枉钱。"

马文牵起穿着金色T恤衫的男孩子的胳膊，慢慢地把他从椅子上拉起来。"现在，我们走到黑板那里，一起把这些元音读出来。"

男孩子慢慢地跟在后面，在马文的帮助下，他读出了那一列单词。他昂首阔步地回到座位上，成功的喜悦溢于言表。

马文让全班学生把读本翻到毕翠克丝·波特的作品《彼得兔》那一课。

"我们要把整个故事抄写下来吗？"一个女孩问道。

"抄写故事？"马文被问糊涂了。

"当然，我们一直都是先抄一篇故事，然后回答故事后面的问题。"

"这本书上的所有东西都不用抄。你们学习的是这本书教给你们的东西。习惯了抄写，就不愿意思考了。在我这里，你们要思考。我不会让你们看图填词。你们要做的事情是要用大脑思考的。"

马文给孩子们介绍了作者背景，告诉他们毕翠克丝·波特生长在英格兰。"英格兰位于不列颠群岛。'英格兰、爱尔兰、苏格兰和威尔士，四只没有尾巴的小狗。'这样，你们就能记住不列颠群岛了。"接着，马文讲了作者孤独的童年，这样的经历在她故事的视角中有所体现。"那么，什么是视角？视角就是作者在一个故事中所呈现的态度。"

马文强调了需要注意的单词，给出了那些单词的发音和定义。"implore的意思是恳求。我做了什么，才叫'我恳求你'？"

"你求我。"全班学生异口同声地回答道。

"Exert。其中ex发成eg。ert的发音和zurt很像。exert的意思是非常努力地去尝试。这个词是什么意思？"

"非常努力地去尝试。"

"哦，你们太聪明了。现在我们读一下关于一只调皮兔子的故事。做了坏事的人会发生什么？"

"恶人有恶报。"一个穿着长袖衬衫的瘦瘦的小女孩回答道。

"所以，作恶之前最好马上收手，是不是？"马文一边说，一边走到小女孩面前，挽起她衬衫的长袖。然后，马文弯下腰，对她耳语说，夏天太热了，不适合穿长袖衣服。

"我要所有人的眼睛都看着书。不要读着读着，就找不到地方了。那样的话，有一天，你会迷失在这个世界上的。"

她叫起来一个孩子，让他开始朗读《彼得兔》："从前……"他读完前几句话，马文就叫停，检查他的理解情况。"这是关于谁的故事？"她问道。

"兔子。"一个坐在前排的胖乎乎的小男孩回答说。

"故事里有许多兔子。这些兔子都叫什么名字？"

"哎呀，这个故事太长了。"一个男孩子一边抱怨，一边重重地合上了书。

"你们一整年都在抄书。那就是你们阅读有困难的原因所在。这个故事，我至少读了60遍。这本书我使用了14年。对我而言，作为一名老师，坐在讲台后面，让你们回答课文后面的问题，那是再容易不过的事了。比站在这里，问你们这个是什么意思，那个是什么意思，要轻松多了。如果说这个故事太长的话，那么人生也很长。你们中有多少人想马上死掉？学习是要花时间的。如果我把20美元放在你们书桌上，你们有多少人会让我停下来呢？那么，也不要告诉我停止教你们。我教给你们的所有东西，就好像存在银行里的钱。"

孩子们读了一半故事。马文感觉孩子们的热情锐减，就告诉他们把书合上，拿出伯纳德·迈尔斯的《莎士比亚最受欢迎的故事》。她开始介绍《麦克白》。

"女巫虽能预言，但做决定的是人，"马文说道，"当我告诉别人我要到卡布里尼—格林来上课时，所有人都说，'哦，卡布里尼—格林啊。'他们试着预测些什么。他们试图预测，我在这儿会遇到麻烦。然而，这是由你们决定的。你们决定自己将来会做什么，会把卡布里尼—格林变成什么样子。你想变得多伟大，就能变得多伟大。你想要这个社区变好，它就会变好；你想要这个社区变坏，它就会变坏。"

后面的一个孩子发出了呻吟声。"如果你头疼，或者胃疼，就回家吧。没有人会因为疼痛和痛苦付钱给你。你只有工作，别人才会付钱给你。"

"快到午饭时间了吧？"另一个孩子脱口而出。

"当我为了让你们一生都能够得到属于自己的牛奶和面包而教你们知识时，你们这些孩子却在惦记拿到一罐免费的牛奶和一块免费的三明治？"

马文站在那个问午餐的孩子旁边。"我爱你，"她告诉他，"我不会回家，在背后议论你。我会当着你的面就事论事。看到你身上穿的破衬衫了吗？没有接受教育，你永远都只能穿破衬衫。我明天会拿一件衬衫给你，我希望你的一举一动能像个仪表堂堂的人，从现在开始。马上。"

全班学生都读了一部分《麦克白》，剩下的留到第二天再读。他们又继续学习了同义词。十二点一刻，马文开始分发家庭作业纸。

"我已经有了。（I already got one.）"那个穿着超人短袖的小男孩又做起了鬼脸。

"不要说'我已经有了（I already got one.）'，说'我有了（I have one.）'。①但是，不要跟我说，别给你布置作业。我之前问过你，你会让我停止给你发钱吗？你知道，你是一个很帅的小伙子。你不必像那样咧着嘴笑。你是为胜利而生，不要让自己成为一个一事无成的人。"

听到纸张的沙沙声，马文抬起头来，看见一些男孩子把作业折好，一把塞到裤兜里。

"不要把你们的试卷折成小块，"马文说，"大人物都是把他们的文件展开拿回家的。如果看到哪位律师或者总裁像你们那样把重要文件带回家，那会是怎样的情景？所有人都坐下，把试卷展开。你们在你们自己心中的形象太差了。要为你的工作而骄傲，为你做的事而骄傲。"

当孩子们离开教室时，马文拦住了穿着超人T恤衫的那个男孩。

---

① 马文在纠正他的表达错误。——编者注

她把双臂放在他的肩膀上，说，"你已经六年级了，但阅读分数却只有1.1。我没有把你的分数藏在文件夹里。我跟你说这些，是为了让你知道自己必须做什么。现在，你做鬼脸的一天已经结束了。你所做的事情对我没有丝毫影响，受到影响的是你自己。如果我必须爱你比你爱自己还要多一点，我会那样做的。"

马文在卡布里尼—格林遇到的最大麻烦不是那些孩子，而是部分教师。有些老师没有丝毫教学热情。他们看着钟，任由孩子们打瞌睡，挪一挪脚简直像要杀了他们似的。一位女士4天后就辞职了，她告诉马文真是太难了：整个上午都要站着，真是太累太痛苦了。还有一位老师，是马文不得不替换下来的，这位女士自称是阅读方面的专家。然而，事实证明，她对语音拼读一窍不通。马文发现，她不做什么事，却让学生忙个不停。有一次，马文走进教室，发现她正在给学生布置作文，题目是《我的国外之旅》。她要求学生写到国外旅游的事，而有些学生甚至连卡布里尼—格林都没真正走出去过。这样的做法不仅不合适，更糟的是，这个话题太过无聊。

马文不会因为这些糟糕的老师，而让这个项目失败，所以她找来了援军。艾拉·麦考伊过来帮助她。甚至连埃里卡也做了一些教学工作。她在过道上走来走去，不断给出近义词或反义词，和年幼的孩子一起边大声朗读，边鼓励他们。一个8岁的小男孩说功课太难了，他不会做；埃里卡坚定地看着他，说，"不，你做得到。只要努力，没有做不到的事。你是世界上最聪明的孩子。"

随着暑假一天天过去，许多孩子都退出了暑期学校。然而，8

个星期后，那些留在项目中的孩子，学习能力都有所提高。暑期课程刚开始时，他们都进行了词汇、拼写和阅读理解方面的测试，他们在项目后期的分数都显示出一定程度的提高。有些学生在不过几周的时间里，所用的读本就跳了一级。

在项目的最后一天，拜尔德小学的礼堂里挤满了各大媒体和政府官员，因为这次结业典礼由拜恩市长主持，并把结业证书颁发给87名学生。随后，媒体包围了几个孩子。

"你都学到了什么？"一位电视台的记者问道。

"北欧神和希腊神。"一个小男孩回答道。

"我学了莎士比亚、《麦克白》、阅读理解和听写，"另一个孩子说，"学习很有趣。"

"我会继续研究和学习单词。"8岁的道林·赫德森告诉一位报纸记者。还有一位11岁的女孩说，"我要把我学到的一些东西带回我自己的学校，把那些知识教给其他人。"

那位记者问那个女孩叫什么名字，她回答说，"沙特佩恩尼·加尔文。元音e发长音。"

后 记

1981年9月，西区预备学校搬进了属于自己的永久性建筑物——两幢相邻的用砖瓦砌成的一层办公建筑，混杂在加菲尔德公园外围芝加哥大街上的工厂、仓库和临街的教堂之间。从建筑物的正面望去，没有人能看出那是一所学校。然而，所有人都知道，它就是马文的学校。

虽然那是马文的学校，但它似乎属于整个社区。人们把这所学校看作是西区希望的灯塔，它抗击着世事无常，抵制着衰落荒芜，这些在过去近20年都在无休止地纠缠这个地方。这里的人们以之为荣。有多少位于贫民窟中的学校能够成为成功的典范？在马文身上，这个社区里的孩子找到了让他们仰慕的对象，她不是什么实干家，不是艺人，也不是体育明星。马文和西区预备学校用时间证明了，一个人不一定必须成为J博士或者莲纳·荷恩①，才能取得成功。

然而，不是所有人都那样看待她。也有嘲笑和诽谤马文的人。她的大多数批判者都在教育领域。媒体对她的报道，以及她对教育体系弊端的评论，这些必然会让她成为众矢之的，这是可想而知的。从教师联合会主席阿尔伯特·尚卡尔到她之前在德拉诺小学的同事，许多批评者都对马文和她的学生取得的"所谓的成功"提出异议。他们指责马文夸大了学生的成绩，改动学生的成绩，并通过摆脱进步慢的学生来提高学校的平均分。还有人控诉她经营着一家教育血汗工厂，她的学生没有学习阅读、思考或讨论伟大的文学作品，只是在死记硬背作品中的段落。

媒体和公众越颂扬马文，批评者的声音就越强烈。1981年12月，关于马文的传记电影《马文·柯林斯的故事》播出后，赞扬与批评的声音更多了。《马文·柯林斯的故事》引发了芝加哥公立学校教师的强烈反对，因为他们觉得那部电影是对他们和整个公立教育的冒犯。出于防卫，他们开始损坏她的名誉。

两个月后，一家由代课教师组织发行的报纸发表了一封检举信，控诉围绕马文和西区预备学校的宣传报道是一个"精心策划的"为期5年的"媒体骗局"，其目的是"进一步破坏芝加哥市乃至全国的公共教育"。那篇文章宣称，关于马文的新闻报道言过其实，并且具有误导性。文章还声称，马文的学校并没有接收那些

---

① 美国歌手、女演员和舞蹈员。——编者注

被公立学校排斥或拒绝的孩子，西区预备学校的学生主体是由依据能力精挑细选出来的中产阶级的孩子们所构成。与此同时，他们还质疑马文接受了综合就业培训项目的钱，而她却一直以来都在直言不讳地批判联邦资助。

一些当地媒体也跟着进行了报道，它们攻击马文用的夸张语句和当初颂扬马文时不相上下。它们还探究马文的品性——把她描述成一个自我本位的，怀恨在心且脾气暴躁的人——它们把她当作高调的政治家对待，开始在她身上寻找不可告人的秘密。在一个访谈节目中，一位新闻播报员竟然问"马文是不是一个阴险的女人"。因为马文曾公开说"钱不是解决教育问题的答案"，一位专栏作家由此被激怒了，她指责马文"正中右翼党派的下怀"，让她自己为支持学校经费削减的政治家们所利用。

还有两位广播电视记者长篇累牍地对马文进行了最狠毒的指控。他们借用几位心怀不满的家长和一名前西区预备学校的老师的话，声称马文徒有虚名；说她为《芝加哥太阳时报》的评论专栏写的文章剽窃了另一位教育家的思想；西区预备学校的老师们虐待学生；马文拒绝公开学生分数以供核实；她强迫家长交学费，禁止那些没按月交学费的在校生进入学校。

由于马文声名远扬，这场争论成了《纽约时报》《华盛顿邮报》《华尔街日报》和《新闻周刊》接连刊载的全国性报道。然而，并非所有的新闻报道都是消极的。事实上，还有一些记者在为马文辩护。《芝加哥太阳时报》的专栏作家麦克·罗伊科称所有针对马文的控诉就是在"吹毛求疵——那种教师们在茶歇时间所发的牢骚。没有什么内容值得成为头条新闻"。他还说,"那些抱怨并不能改变一个基本事实,那就是柯林斯在她的学校已经和仍在取得的成果,会让大多数公立学校的校长欣喜不已。"

记者莫利·赛弗,1979年曾在《60分钟》栏目中对马文进行了报道,仍然坚持他最初的立场。他告诉《新闻周刊》,那个他自己所在的媒体网络的芝加哥分社的批评性报道"粗暴、极不公正",且"充满了不属实的报道",他还说,"我相信马文·柯林斯是一名非常棒的老师。"

《华尔街日报》把这场争论看作是"一个关于这个国家的教育政治的故事,尤其是市中心区的教育,在那里公立学校悲哀地失败了。柯林斯女士的个人成功之所以引发了强烈反应,是因为她的成功成为了对公立学校失败的一种责备"。这篇文章说,"很明显,批评者们头脑中想的不仅是她个人的不足,他们想的比这要多得多。他们知道,她的成功证明了贫穷的黑人小孩能够在公立学校之外很好地学习——仅用很少的钱,并且没有官僚体制。"

《新闻周刊》这样总结道,或许,马文至少给这个国家上了两课。"其中,微不足道的一课是,即便是传记电影中的英雄人物也不能保证没有凡人的弱点。而重要的一课是,一个国家能把多少信任、信仰和希望投入到一位坚守一个简单承诺的老师身上,她的承诺:教孩子们学会阅读,这曾经是被人们认为理所当然的事情。"

最开始,马文拒绝对那些指控做出回应。她告诉记者,"在我看来,最有力的辩护是我所做的事:这些孩子能够阅读了。"然而,她的朋友和支持者却力劝她回应那些批评者，她最终这样做了，《菲尔·唐纳修脱口秀》为此做了上下两期专题节目。与此同时，西区预备学校的家长们和社区的支持者们为马文组织了多次集会，各大报纸也收到了给编辑的信件，信中称那些批评是"一种清除异己的政治迫害"。

这样的争论只持续了数个星期。当一切告一段落的时候，马文已经被这场战事折磨得精疲力竭，但她和西区预备学校最终没有受到损害。这所学校登记在册人数仍处于上限，同时还有一份很长的、人数不断增加的候补名单。仍有许多公众和崇拜者支持着她。对大多数人而言，这场喧嚣只证明了一件事，那就是马文只是个凡人，不是女超人——她自己也一直都是这么认为的。在《纽约时报》的一次访谈中，她说："我从未说过，自己是一名超级教师，或是一位奇迹创造者，所有的那些称号都是别人给我的。因此，人们期待我不辜负这些称号，这样的期待是毫无道理的。我只是名教师。"

尽管批评者们使尽浑身解数诋毁马文的形象，但却从未质疑过马文对教书育人的奉献精神。她唯一在乎的是这种奉献精神被评判。那些讥笑讽刺和含沙射影的批评永远不可能减少她真正的成就：那些孩子接受教育，受到鼓励，变得自信果敢，最后在这个世界上闯出了属于他们自己的路。他们才是马文的宝贵遗产。

为家长答疑

家长们，你们是孩子的第一任老师。你们还是他们所有老师中影响力最大的。你们的一言一行都为他们最终会变成的样子树立了榜样。因此，你们与孩子们的交流方式对于他们能学到什么产生着巨大的影响，不论在课上还是课外都发挥着作用。

这些年来，许多认真对待孩子教育问题的家长反复问我的问题都大同小异。以下就是家长们最常问我的问题，以及我给出的答案。

问题：我如何能为孩子上学的第一天充分做好准备？

答案：率先给孩子开始家庭教育，当他上学时，他就能领先一步。创造一种鼓励好奇心和学习即是乐趣的家庭氛围。如果你的孩子天生就喜欢刨根问底，不要打消他们的积极性。绝不能让他们闭嘴，或者说，"不要再问这么多问题了。"好奇心是学习的必要因素，有疑问说明他们有一个积极思考、不断探究的大脑。不要制止他们问问题，他们问了聪明的问题，就要表扬。记住，如果他们不能和你说话，还能和谁说话？

即便你的孩子年纪还很小，你也可以把日常活动变成学习体验。比如：

- 教你的孩子认识形状，比如圆形和正方形。你可以购买一些物美价廉的书，帮助你进行这样的活动。

- 在购物时，带着你的孩子，给他们讲解数字和度量单位。

- 上下楼时，让你的孩子数台阶。

- 和你的孩子玩一些文字游戏。

- 把坐车的旅程当作学习体验：对途经的景物进行分类，并计数，比如：有多少辆红色轿车，有多少座教堂，等等。

- 始终保证自己说出的句子语法是正确的，句子是完整的，坚持让你的孩子也这样做。

- 读故事和童谣时，给孩子提出问题，以此培养他们积极聆听的习惯。比如，读《杰克和吉尔》时，你可以问，"爬上山的孩子都叫什么名字？""谁第一个到达山顶？""谁摔倒了？"你还可以用故事刺激他们的想象力，你可以问，"你认为，他们在爬山的途中看到了什么？"或者"你认为，他们的父母在哪里？"

问题：我如何确保我的孩子们能学会阅读？

答案：也许你能做的最重要的事就是确保孩子们看见你常常阅读，以此树立个好榜样。再者，每天都给孩子读些东西，不论他们多大都要这样做。即便是青少年也需要且常常希望你和他们一起阅读，或者让孩子们读给你听。给他们读书，或者和他们一起阅读，是发现他们的优势和劣势的好途径。读完书，还要提出问题，比如，"故事里发生了什么？""你认为下面会发生什么？"

对于年纪很小的孩子，用图片来教他们单词。比如，给孩子看鸭子的图片，说出这个单词，并且拼读出来。每天坚持这样做，直到孩子掌握了这个过程，然后，开始鼓励孩子在没有图片的情况下说出并拼读这个单词。

和你的孩子玩元音游戏。说出带有元音的单词，比如：cat, fig, pot, pet, rid, rut等等，然后让孩子说出每个单词中的元音。这个活动不仅能提高孩子的阅读技巧，还能提高他们的口语能力。

当孩子们成长到可以自己阅读的时候，坚持让他们每天拿出至少30分钟在一个安静的地方阅读，花些时间和他们讨论一下他们都读了什么。

每天，用词典教你的孩子学习3个新单词。要想成为一名优秀的阅读者和讲述者，一本内容丰富多彩的词典是必不可少的。让孩子能使用多个单词来表达同一个意思。比如，不要一直让孩子说"大（big）"这个词，告诉他们"大（big）"的同义词，比如"巨大（huge）"、"庞大（enormous）"和"极大（gargantuan）"。

每天进行各种活动时，你也可以教他们相关的单词和拼写。比如，在做饭时，让他们说出单词pot, corn和steak的第一个字母。

读一些有挑战性且积极的故事，这样的故事能够植入价值观和道德观，不要读那些陈腐乏味的书，那些写着"看见迪克在跑"

的书没有任何教育意义。比如，《傻鹅皮杜妮》的故事告诉我们阅读和独立思考是非常重要的。《哈默林的花衣吹笛人》教给我们信守诺言是很重要的。《皮埃尔》的故事告诉我们要关爱生命。

问题：为了帮助孩子获得积极的自尊心，我能做些什么？

答案：给孩子建立自尊心和自信心，是一位家长所能做的最重要的事情之一。为了给孩子建立自尊心，你可以不断地提醒你的孩子们，他们是独特的、聪明的和有价值的个体。不要羞于拥抱他们，或者告诉他们你爱他们。也不要想当然地认为他们知道你的感受，要一如既往地经常告诉他们你的感受。

做父母的总会不停地专挑孩子的错误来说事。我们应该赞扬他们做得对的事。比如，"早上你自己穿戴好衣物，我喜欢你这种配合他人的做法。"或者"今晚你帮助我洗了碗，做得非常好。"

每天都要告诉你的孩子们你喜欢他们什么，并问他们喜欢自己什么。这样做，他们就能改变或者改善自己，进入你喜欢的行为模式——同时，还要问问他们，他们都喜欢做出怎样的改变。

早上，你把孩子送到学校后，用鼓励的话语提升他们的自我形象："今天要尽全力做到最好。""记得，不论发生什么，你都是一名胜利者，我特别爱你。"

当你的孩子们面临有难度的任务时，不要说"你做不到"或者"你太小了，还做不到"诸如此类的话。只要他们想做，就让他们去尝试。即使他们没有成功，也要赞扬他们付出了努力，并且说，"你做得非常棒，但让我帮你一下。"

当孩子的家庭作业出错时，或者错用了某个词，或者把数字加错了，不要只说，"那是错的。"取而代之的是，"那是一个很好的尝试，但不太对。"

问题：我如何能管教好孩子，同时还不会伤害他们的自尊心？

答案：每位家长都必须纠正孩子的问题或者训斥他们，但做这些事的方法至关重要。我们要用充满爱意的方式管教孩子，绝不能轻视、贬损甚至羞辱孩子。如果你的耐心被逼到了极限，就说"我很爱你，但我现在不想和你说话"或者"我一直都爱你，但此刻我对你的行为很失望"。

不要用完全否定的方式和孩子说话，试着说，"你非常聪明，不应该做那样的事。虽然我必须惩罚你，但我要你记住，即便我不赞同这样的行为，我也会一直都爱你。"

如果你的孩子突然发脾气，试着说："虽然我不认识此刻情绪失控的这个人，但我确定，我的聪明伶俐、行为得体的孩子很快会回来，所以我现在就离开房间，直到他回来为止。"

管教孩子甚至也可以被用作一次学习体验。不要让消极的话脱口而出，事后你会因此追悔莫及。如果孩子的年纪足以拼写单词和写作，就让他们拿出一张纸，写下10个理由，解释一下他们如此特别而不应该展现出那种行为的原因。然后，把这张纸挂在显眼的地方，时刻提醒孩子该怎么做。

问题：如果孩子在学校遇到问题，我能做些什么？

答案：记住，人多力量大。如果你孩子的学校有家长协会，就成为其中积极的一分子。如果没有，那么就考虑自己组建一个协会。无论怎样，至少要和你孩子的同学的家长保持联系。和他们讨论学校里的情况，并做一些研究，确定你想要给孩子们什么样的教育。来自家长的压力确实能够让学校做出改变。

如果孩子的问题源于某位老师，那么一定记住，直接和老师对质会给你的孩子造成更多困扰，因为你的孩子每天都得待在那间教室里。取而代之的是，去见校长。同时，调查一下，看其他家长是否也遇到了相似的问题，如果他们也遇到了，就一起去找校长。无论是一群家长还是独自一人，都要让校长同意不要泄露投诉家长的身份。

然而，你不应该等到问题出现了，才密切关注孩子的学校教育。家长应该从孩子上学的第一天就有规律地参与其中。一个让自己跟进最新情况的好办法，就是让你的孩子每天告诉你他们在学校学到的三件事。

不要只挑老师的毛病。如果你孩子的老师是一位无私奉献的老师，就要让她知道，你非常欣赏她所付出的努力。你甚至可以组织其他家长用奖品或奖赏回报优秀教师。把这些优秀教师树立成典范，以激励其他教师追求卓越。

问题：如果我被告知，自己的孩子过度活跃或者有学习障碍，该怎么办?

答案：去征求第二方的意见，如果有必要，进一步征求第三方甚至第四方的建议。那类情况通常都是误诊。许多孩子被告知，他们有学习障碍，而事实上，唯一出错的是他们被教育的方式。用恰当的方法教孩子基础知识，大量被认为有学习障碍的孩子都形成了正常的学习能力。

至于过度活跃，太多孩子被错误地贴上了标签。许多情况下，这样的孩子非常聪明且精力充沛，只是能动性很差。一些孩子甚至聪明到可以先于同学完成任务。他们因为表现得厌烦和不安，就被说成"具有破坏性"，或因为过度活跃被误解，而他们还只是孩子。悲哀的是，许多这样的孩子都在使用药物后安静下来，结果常常变成毫无生机的人。在一个要求孩子学会"说不"的时代，我们竟为了控制他们的行为如此随意地给孩子发放药物，这样的做法，实在让人匪夷所思。

为老师答疑

老师们，你们是提高教育质量这场战斗的主力军。虽然你们从事的是一份艰难的工作，但也可能是最有收获的一份工作。你们有能力成为课堂上的皮格马利翁[①]。你们能够把这些年轻的、可塑性极强的人塑造成他们可能成为的最优秀的成年人。

有时，我们过于忧心这个体制以及其他人都在做什么，却没有在自己的一隅之地追求卓越。尽管有如此多的系统性问题——居住条件恶劣，预算不足，工资过低，你所做的工作没有得到足够的尊重——但每位老师都应该在其课堂上为了卓越而努力，并让学生的生活发生真正的改变。榜样的力量是无穷的，星星之火最终会发展成耀眼的光芒。

[①] 希腊神话中的塞浦路斯国王。后来被用在教育心理学上。皮格马利翁效应，比喻教师对学生的期待不同，对他们施加的方法不同，学生受到的影响也不一样。——编者注

问题：你对孩子的教育很成功，你觉得，成功的关键是什么？

答案：我相信我的孩子们。如果老师认为她的学生不能学习，那么她的学生就不会学习。如果老师认为，来自下层社会家庭的孩子不可能有什么成就，那么那些孩子便不会有什么成就。相反，如果你为学生创造了积极的环境，你就会看到奇迹发生。如果你告诉学生，他们是聪明博学的胜利者，他们就会表现出聪明博学的胜利者该有的样子。

在西区预备学校，我们冲洗掉消极的洗脑内容，用正向激励取而代之，我们不断告诉我们的学生，他们是独一无二的，他们生来就是胜利者，他们有着高贵血统，他们什么都能做到。我们是认真的，因为我们相信他们，所以学生也逐渐开始相信自己。

老师的态度和期望是非常重要的，这一点早已得到实验研究的证实。哈佛大学心理学家罗伯特·罗森塔尔随机地把小学生分成人数相等的两组，仔细对比了两组的年龄、性别、种族背景和智商分数。然后，罗森塔尔告诉老师们，一组是由学习很快的学生组成的，而另一组只是普通学生，事实上两组的构成是一样的。一年以后，当对比两组学生所取得的成绩时，罗森塔尔发现，被认为是"快速学习者"的成绩远远超出了"普通"学生。他们在学业成就上差别悬殊，是因为老师给出的期望值不同；他们对待那组学生的态度就好像他们真的很出色，而学生的表现也正如他们所期待的那样。以下是一些加强学生自信心的方法。

当孩子把题做错了的时候，不要只用红笔批改；把孩子叫到一旁，帮助他更正过来。记住，如果他知道怎么做是对的，一开始就不会做错了。

一定要让学生知道，如果他们不能犯错，那么什么事都做不成。创造积极的课堂氛围，这样你的学生就会知道，相对于怕出错而不做任何回应，不怕犯错则更需要勇气。

在检查作文时，使用"校正"这个词，而不仅仅是修改错误。

不要羞于承认自己错了。学生应该知道，即便是老师也会犯错，没有人能永远回答出所有的问题。鼓励他们检查你在黑板上写的东西对不对。

让自己免于受到周遭消极态度的影响。如果你的同事对学生持悲观态度，那么就离教师休息室远一点儿，因为在那儿，你对学生的期待值可能会因那些持否定态度的教师而降低。

问题：我怎样才能成为一名更好的老师？

答案：下面就是提供好的教育的十个基本原则：

信念：强大的信念能移山倒海，相信学生，能够促使他们攀上想象不到的高度。

收获：每一天都让学生收获满满。决不让学生失败。

忠实：坚持让你的学生踏实地做好每一件事。他们如何走进教室，如何保持桌面整洁，如何在试卷上写名字，如何穿戴——要以一种热忱去完成所有这些事情。小事做对了，做好大事才能更容易。

不要做一个叛徒：不要损害学生的自信心。做学生的老师，只是一时的；做学生的朋友才是永远要做的事。比如，绝不能在学生的档案记录中写下消极的评语，因为未来这会对他造成损害。相反，要花时间打磨每一个心灵，直到从内而外发出光芒。今天的问题学生也许会成为明天的领袖人物。

公平对待每一名学生：不论他的背景或家庭条件如何，教育每一名学生时，都把他当作哈佛大学或耶鲁大学毕业生的孩子。

发自内心地去教书育人，而不是为了薪水：教书育人要有激情。从事教育事业要投入，要奉献，要有坚定的决心，绝不允许学生陷入平庸或者失败之中。

认真、用心做好每一件事情：认真用心教书育人，即便最倔强的学生也会放下他的冷漠，变得积极起来。

把教育事业当作你的生命：积极的态度是有感染力的。当你的课生动活泼——我称之为热情四射时，每个孩子都会成为成功者。

做一名前来拯救学生的教师，不要让学生失望：任何一位平庸的老师都会让学生失望。优秀的老师让后进生变得更好，让优秀的学生变得卓越。如果其他人声称某个孩子是个失败者，要敢于说，"我会拯救你，孩子。"

决不放弃：如果你对某个孩子的教育最开始并未成功，要继续努力，要知道，再多一点努力，情况就会大不相同。

问题：你对当前的阅读材料有什么看法？

答案：在西区预备学校，我们一直使用的书单和其他学校的截然不同。我们相信，学生是可以不断接受挑战的，让他们阅读有意义的作品，能够丰富他们的人生经验。如果我们只让他们接触像"看这个球，看这个大球"这样单调乏味的东西，就不能期望孩子能够批判性地阅读、写作和思考。他们当然看到了那个球，书上一幅巨大的图片赫然在目。我们让学生读的故事，已经教育了来自不同文化背景的人们长达数百年。恰当使用，诸如《麦克白》这样的经典不仅能让你教孩子们阅读，还教了他们道德准则和价值观。

问题：你是如何管教学生的？

答案：我相信，没有规矩，不成方圆。但我相信的是，管教应融入充满爱意的抚触，否则会造成痛苦和愤恨，而非成熟。以下方法可以用来指导教师打造有纪律的课堂。

通过和学生做朋友及赢得他们的信任来防止纪律问题发生。每天都要找到一些积极的事并告诉每个学生，比如"你的运动鞋真漂亮"或者"我昨天想你了"。不要和同事或管理人员一起吃饭，和学生坐在一起——要么和全班学生坐在一起，要么每天和不同的孩子坐在一起。

主动帮助学习较慢的学生。通常情况下，就是那些学习慢的学生扰乱课堂，让老师很难给其他学生讲更多的东西。在上课前或放学后，拿出额外的时间给学习较慢的学生补课。

当某个学生行为不当时，不要罚他抄写诸如"我再也不会在班里嚼口香糖了"这样的话，让他围绕口香糖的词源写一篇作文或者做一个3分钟的演讲。除此以外，还要问一下全班学生"你们为什么不在班级违反纪律"，然后，让他们一起回答，"因为我太聪明了，不会做浪费时间的事。"你教了他们这些问答的套路，不需要提醒，他们就能给出恰当的答案。

当你必须执行纪律时，尽可能不要用惩罚的方式，而要引导。比如，如果全班学生嘲笑某个犯了错的同学，告诉那个被嘲笑的学生，他是勇敢的。然后，解释一下：冒着犯错的风险大声说出来，要比嘲笑他人需要多得多的勇气。如果哪位学生没有认真听讲，就说："我在这里不是逗你乐的。我们现在是在上课，任何一个不认真听课的人必然会遇上麻烦。虽然有时我会纠正你们的错误，但我一直都爱着你们。"

问题：课堂上的学生太多，我们怎样才能保证教学质量？

答案：学生相对于教师的比例过高，做起事来难度肯定会变大，但有时这也常被当作借口。一位优秀的老师能有效地教育50名学生；而一名很差的老师，10个学生也教不好。

问题：能谈谈你的教师培训工作坊吗？

答案：西区预备学校全国教师培训学院一直运作得非常成功。许多来自全国的教师、校长和学校主管都参与进来，他们中许多人都在资金充足的教育系统中工作。这个工作坊，我们每个月举办一次，每次持续3天。第一天，参与者坐在我们的教室里，观摩老师上课。后两天，工作坊会针对教学方法、课程设计和相关主题进行紧凑的学习和研究。任何感兴趣的人都可以写信申请这个项目。我们每个月接收60到80名参与者。

问题：为了提高我们国家的教育质量，我们能做些什么？

答案：由于严重的教育问题，我们被称为"处境危险的国家"。这场危机规模之大，原因之复杂，想要寻求一个简单的公式来解决问题是不现实的。然而，依据经验，我越来越相信，一定要采取某些措施。以下是一些最重要的措施。

激励更多的最聪明的大学生从事教育事业。这一做法不仅仅需要提高教师的薪酬待遇，还需要公民和政府发出强有力的信息，即我们尊敬并且看重教师在这个社会所发挥的作用。我们的学校应该雇用最优秀的人才，而不是那些在其他领域找不到工作的最迟钝的毕业生。

重新思考和重新构建培训教师的方式方法。今天的教育学理论与真实的课堂没有联系。教师应该在真实的课堂上花更多时间和真正的学生待在一起，只有这样他们才能体会到日常教学是什么样的。

更好地利用电视的教育潜能，尤其是对于有特殊需求的学生。然而，与此同时，我们应该停止寻找各种新花样和高科技设备，开始最大程度地利用好我们已有的内在工具：学生与生俱来的好奇心、我们自己的大脑和给予孩子们最好课堂体验的决心。

延长在校上课时间，早上8：00开始，下午4：00结束，拿出周六时间给后进生补课。

根据学生的表现决定教师的待遇。学生退学，是因为小学老师没有给予他们鼓励，也没有给予他们在高年级学好知识所必需的基础技能。教师应该对那些三年级结束时阅读能力却没达到三年级水平的孩子们负责。

增加课堂上的阅读量和写作量。从幼儿园开始，孩子们就应该每天写一篇作文，他们应该定期做口头演示，英语发音要标准，句子语法要正确。除此以外，更好地利用口语考试，关注学生的发音、语调、重音和停顿。

为整个国家制定统一的课程设置和达标要求，让优秀教师做以上工作，不要让一天课都没上过的理论家做这件事。同时，制定全国义务教育法案，要求所有学生在掌握初三课程内容之前都必须待在学校——不能根据年龄判断，要根据能力做出判断。

每隔一年就要对所有教师进行培训和测试。这一措施能督促教师不断学习，并能防止他们停滞不前，不思进取。同时，为新教师向经验丰富且成绩斐然的同事学习创造更多的机会。

要求学生辅导年纪较小或者进步较慢的其他学生。这一要求对双方都有益处，并让他们明白一个重要的道理：我们都必须回馈社会。

建立真正支持孩子成长的学校。我们必须教育孩子做一个完整的人，充分开发学生的潜能，让学校成为学生期盼去的地方。只要有学生讨厌学校，就说明我们让孩子们失望了。

致　谢

　　我要感谢我的丈夫克拉鲁斯、我的孩子埃里克、帕特里克和辛西娅，在我和希维娅·塔玛金合作写书的这几个月，他们对我付出了极大的耐心。我也非常感激西区预备学校的学生和家长，是他们让我实现了梦想；我还很感谢我自己教的班级，是他们给予我写这本书的主要背景。我尤其要感谢罗琳·尚克林、艾琳·威尔斯和帕特丽霞·德邦尼特。我很感激来到这所学校的许多拜访者，感谢他们喜欢他们的所见所闻，并把我一直努力在做的事传播出去。感谢我的母亲贝茜·梅耶斯·约翰逊，是她一直坚持要求我用正确的方式做好每一件事。感谢罗伯特和南希·绍库普，他们从我在德拉诺小学的时候直至今天一直追随我的教育事业。感谢露易丝·盖伯德，她为我省下了数千美元的心理咨询与治疗费用。感谢莉莲·沃恩，她亲历了这所学校从一开始的默默无名发展到了今天，而且从未请过一天假。感谢艾拉·麦考伊，是她接管了一半的学校管理工作，为我减轻了负担。同时，我还要感谢我所有的员工，他们一整天都不落座，用无尽的耐心和充沛的精力完成他们的工作。最后，我要谢谢这个国家里所有善良的人，他们寄给我许许多多的信件，其中充满了对我的支持。

马文·柯林斯

没有马文·柯林斯、她的家人、西区预备学校的学生、家长和教师们的帮助与合作，这本书是不可能完成的。评价一位教师的工作也需要理解这个国家整体的教育状况，因此我非常感谢许许多多的教师和前任教师、心理学家、家长和学生，是他们促成了我的这一理解。

我要对编辑维多利亚·帕斯特纳克表达我最诚挚的谢意，感谢她给予我信心、理解、指导，还有最重要的，友谊。我还要向珍妮丝·加拉赫表示我的谢意，她在编辑书籍方面给了我许多建议和帮助；同时，还要感谢我的出版人杰里米·塔彻，他总能很敏锐地感知作者的需求。我最诚挚的谢意还要送给我在《时代周刊》的前任主管本杰明·卡特，是他鼓励我跟踪报道教育，最终成就了这本书。我还要感谢林恩·德里奎德力和拉里·格林，最初是他们建议我写这本书的。

我要感谢艾德文·布莱克、伊丽莎白·布莱克、勒妮·多尔扎尔、休伯特·多尔扎尔、莫特·埃德尔斯坦、玛西娅·范辛、贝弗利·弗兰克尔、罗纳德·富特曼、帕尔梅拉·富特曼、艾斯特·莱文、艾拉·莱文、埃利斯·莫斯科维茨、朱迪斯·夏皮罗和尤金·怀尔德曼，是他们给了我无私的帮助、建议和鼓励。最重要的是感谢我的丈夫鲍勃·塔玛金——他是我最好的老师、编辑、批评家和朋友——感谢他在写自己的书的同时，还抽出时间阅读我的书；感谢我的女儿伊丽莎，她不仅付出了耐心和热情，还与我分享了她对学校和教师的看法。

希维娅·塔玛金

"常青藤"书系——中青文教师用书总目录

书名	书号	定价
特别推荐——从优秀到卓越系列		
★ 从优秀教师到卓越教师：极具影响力的日常教学策略	9787515312378	33.80
★ 从优秀教学到卓越教学：让学生专注学习的最实用教学指南	9787515324227	39.90
★ 从优秀学校到卓越学校：他们的校长在哪些方面做得更好	9787515325637	59.90
★ 卓越课堂管理（中国教育新闻网2015年度"影响教师的100本书"）	9787515331362	88.00
名师新经典/教育名著		
最难的问题不在考试中：先别教答案，带学生自己找到想问的事	9787515365930	48.00
在芬兰中小学课堂观摩研修的365日	9787515363608	49.00
★ 马文·柯林斯的教育之道：通往卓越教育的路径（《中国教育报》2019年度"教师喜爱的100本书"，中国教育新闻网2019年度"影响教师的100本书"。朱永新作序，李希贵勖荐）	9787515355122	49.80
★ 如何当好一名学校中层：快速提升中层能力、成就优秀学校的31个高效策略	9787515346519	49.00
★ 像冠军一样教学（全新修订版）：提升学生认知、习惯、专注力和归属感的63个教学诀窍	9787515373287	79.90
像冠军一样教学2：引领教师掌握62个教学诀窍的实操手册与教学资源	9787515352022	68.00
★ 如何成为高效能教师	9787515301747	89.00
★ 给教师的101条建议（第三版）（《中国教育报》"最佳图书"奖）	9787515342665	49.00
★ 改善学生课堂表现的50个方法：小技巧获得大改变（中国教育新闻网2010年度"影响教师的100本书"）	9787500693536	33.00
改善学生课堂表现的50个方法操作指南：小技巧获得大改变	9787515334783	39.00
美国中小学世界历史读本/世界地理读本/艺术史读本	9787515317397等	106.00
美国语文读本（1~6册）	9787515314624等	252.70
和优秀教师一起读苏霍姆林斯基	9787500698401	27.00
快速破解60个日常教学难题	9787515339320	39.90
★ 美国最好的中学是怎样的——让孩子成为学习高手的乐园	9787515344713	28.00
建立以学习共同体为导向的师生关系：让教育的复杂问题变得简单	9787515353449	33.80
教师成长/专业素养		
如何爱上教学：给倦怠期教师的建议	9787515373607	49.90
如何促进教师发展与评价：一套精准提高教师专业成长的马扎诺实操系统	9787515366913	59.90
人工智能如何影响教学：从作业设计、个性化学习到创新评价方法	9787515370125	49.00
项目式学习标准：经过验证的、严谨的、行之有效的课堂教学	9787515371252	49.90
自适应学习与合作学习:如何在学校课程体系中实现学生的深度学习	9787515371276	49.90
教师生存指南：即查即用的课堂策略、教学工具和课程活动	9787515370521	79.00
如何管理课堂行为	9787515370941	49.90
连接课：与中小学学科课程并重的一门课	9787515370613	49.90
专业学习共同体：如何提高学生成绩	9787515370149	49.90
更好的沟通：如何通过训练变得更可信、更体贴、更有人脉	9787515372440	59.90
教师生存指南：即查即用的课堂策略、教学工具和课程活动	9787515370521	79.00
如何更积极地教学	9787515369594	49.00
教师的专业成长与评价性思考：专业主义如何影响和改变教育	9787515369143	49.90
精益教育与可见的学习：如何用更精简的教学实现更好的学习成果	9787515368672	59.00
教学这件事：感动几代人的教师专业成长指南	9787515367910	49.00
如何更快地变得更好：新教师90天培训计划	9787515365824	59.90
让每个孩子都发光：赋能学生成长、促进教师发展的KIPP学校教育模式	9787515366852	59.00
60秒教师专业发展指南：给教师的239个持续成长建议	9787515366739	59.90
通过积极的师生关系提升学生成绩：给教师的行动清单	9787515356877	49.00
卓越教师工具包：帮你顺利度过从教的前5年	9787515361345	49.00
★ 可见的学习与深度学习：最大化学生的技能、意志力和兴奋感	9787515361116	45.00
学生教给我的17件重要的事：带给我爱、勇气、坚持与创意的人生课堂	9787515361208	39.80
★ 教师如何持续成长与精进	9787515361109	39.00
从实习教师到优秀教师	9787515358673	39.90
像领袖一样教学：改变学生命运，使学生变得更好（中国教育新闻网2015年度"影响教师的100本书"）	9787515355375	49.00

	书名	书号	定价
★	你的第一年：新教师如何生存和发展	9787515351599	33.80
	教师精力管理：让教师高效教学，学生自主学习	9787515349169	39.90
	如何使学生成为优秀的思考者和学习者：哈佛大学教育学院课堂思考解决方案	9787515348155	49.90
	反思性教学：一个已被证明能让教师做到更好的培训项目（30周年纪念版）	9787515347837	59.90
★	凭什么让学生服你：极具影响力的日常教育策略（中国教育新闻网2017年度"影响教师的100本书"）	9787515347554	39.90
	运用积极心理学提高学生成绩（中国教育新闻网2017年度"影响教师的100本书"）	9787515345680	59.90
	可见的学习与思维教学（教学资源版）：成长型思维教学的54个教学资源	9787515354743	36.00
★	可见的学习与思维教学：让教学对学生可见，让学习对教师可见（中国教育报2017年度"教师喜爱的100本书"）	9787515345000	39.90
	教学是一段旅程：成长为卓越教师你一定要知道的事	9787515344478	39.00
	安奈特·布鲁肖写给教师的101首诗	9787515340982	35.00
	万人迷老师养成宝典学习指南	9787515340784	28.00
	中小学教师职业道德培训手册：师德的定义、养成与评估	9787515340777	32.00
	成为顶尖教师的10项修炼（中国教育新闻网2015年度"影响教师的100本书"）	9787515334066	49.90
★	T. E. T. 教师效能训练：一个已被证明能让所有年龄学生做到最好的培训项目（30周年纪念版）（中国教育新闻网2015年度"影响教师的100本书"）	9787515332284	49.00
	教学需要打破常规：全世界最受欢迎的创意教学法（中国教育新闻网2015年度"影响教师的100本书"）	9787515331591	45.00
	给幼儿教师的100个创意：幼儿园班级设计与管理	9787515330310	39.90
	给小学教师的100个创意：发展思维能力	9787515327402	29.00
	给中学教师的100个创意：如何激发学生的天赋和特长/杰出的教学/快速改善学生课堂表现	9787515330723等	87.90
	以学生为中心的翻转教学11法	9787515328386	29.00
	如何使教师保持职业激情	9787515305868	29.00
★	如何培训高效能教师：来自全美权威教师培训项目的建议	9787515324685	39.90
	良好教学效果的12试金石：每天都需要专注的事情清单	9787515326283	29.90
★	让每个学生主动参与学习的37个技巧	9787515320526	45.00
	给教师的40堂培训课：教师学习与发展的最佳实操手册	9787515352787	39.90
	提高学生学习效率的9种教学方法	9787515310954	27.80
★	优秀教师的课堂艺术：唤醒快乐积极的教学技能手册	9787515342719	26.00
★	万人迷老师养成宝典（第2版）（中国教育新闻网2010年度"影响教师的100本书"）	9787515342702	39.00
课堂教学/课堂管理			
★	如何成为一名反思型教师	9787515372754	59.90
	设计有效的教学评价与评分系统	9787515372488	49.90
	卓有成效的课堂管理	9787515372464	49.90
	如何在课堂上使用反馈和评价	9787515371719	49.90
	跨学科阅读技能训练：让学生学会通过阅读而学习	9787515372105	49.90
★	老师怎么做，学生才会听：给教师的学生行为管理指南	9787515370811	59.90
	精通式学习法：基于提高学生能力的学习方法	9787515370606	49.90
	好的教学是设计出来的：一套详细、先进、实用的卓越课堂设计和实施方案	9787515370705	49.00
	翻转课堂与差异化教学：以学生为中心的课内翻转教学法	9787515370590	49.00
	精益备课法：在课堂上少做多得的实用方法	9787515370088	49.00
	记忆教学法：利用记忆在课堂上建立深入和持久的学习	9787515370095	49.00
	动机教学法：利用学习动机科学来提高课堂上的注意力和努力	9787515370101	49.00
	目标教学法	9787515372952	49.90
★	课堂上的提问逻辑：更深度、更系统地促进学生的学习与思考	9787515369983	49.90
	可见的教学影响力：系统地执行可见的学习5D深度教学	9787515369624	59.00
	极简课堂管理法：给教师的18个精进课堂管理的建议	9787515369600	49.00
★	像行为管理大师一样管理你的课堂：给教师的课堂行为管理解决方案	9787515368108	59.00
★	差异化教学与个性化教学：未来多元课堂的智慧教学解决方案	9787515367095	49.90
	如何设计线上教学细节：快速提升线上课程在线率和课堂学习参与度	9787515365886	49.00
	设计型学习法：教学与学习的重新构想	9787515366982	59.00
	让学习真正在课堂上发生：基于学习状态、高度参与、课堂生态的深度教学	9787515366975	49.00

书名	书号	定价
让教师变得更好的75个方法：用更少的压力获得更快的成功	9787515365831	49.00
技术如何改变教学：使用课堂技术创造令人兴奋的学习体验，并让学生对学习记忆深刻	9787515366661	49.00
课堂上的问题形成技术：老师怎样做，学生才会提出好的问题	9787515366401	45.00
翻转课堂与项目式学习	9787515365817	45.00
★ 优秀教师一定要知道的19件事：回答教师核心素养问题，解读为什么要向优秀者看齐	9787515366630	39.00
从作业设计开始的30个创意教学法：运用互动反馈循环实现深度学习	9787515366364	59.00
基于课堂中精准理解的教学设计	9787515365909	49.00
如何培养自主学习者的课堂管理系统	9787515365879	49.00
如何设计深度学习的课堂：引导学生学习的176个教学工具	9787515366715	49.90
如何提高课堂创意与参与度：每个教师都可以使用的178个教学工具	9787515365763	49.90
如何激活学生思维：激励学生学习与思考的187个教学工具	9787515365770	49.90
男孩不难教：男孩学业、态度、行为问题的新解决方案	9787515364827	49.00
★ 高度参与的线上线下融合式教学设计：极具影响力的备课、上课、练习、评价项目教学法	9787515364438	49.00
★ 跨学科项目式教学：通过"+1"教学法进行计划、管理和评估	9787515361086	49.00
课堂上最重要的56件事	9787515360775	35.00
★ 全脑教学与游戏教学法	9787515360690	39.00
★ 深度教学：运用苏格拉底式提问法有效开展备课设计和课堂教学	9787515360591	49.90
★ 一看就会的课堂设计：三个步骤快速构建完整的课堂管理体系	9787515360584	39.90
如何有效激发学生学习兴趣	9787515360577	38.00
如何解决课堂上最关键的9个问题	9787515360195	49.00
多元智能教学法：挖掘每一个学生的最大潜能	9787515359885	39.90
★ 探究式教学：让学生学会思考的四个步骤	9787515359496	39.00
课堂提问的技术与艺术	9787515358925	49.00
如何在课堂上实现卓越的教与学	9787515358321	49.00
基于学习风格的差异化教学	9787515358437	39.90
★ 如何在课堂上提问：好问题胜过好答案	9787515358253	39.00
★ 高度参与的课堂：提高学生专注力的沉浸式教学	9787515357522	39.90
让学习变得有趣	9787515357782	39.00
★ 如何利用学校网络进行项目式学习和个性化学习	9787515357591	39.90
基于问题导向的互动式、启发式与探究式课堂教学法	9787515356792	49.00
如何在课堂中使用讨论：引导学生讨论式学习的60种课堂活动	9787515357027	38.00
如何在课堂中使用差异化教学	9787515357010	39.90
★ 如何在课堂中培养成长型思维	9787515356754	39.90
每一位教师都是领导者：重新定义教学领导力	9787515356518	39.90
★ 教室里的1-2-3魔法教学：美国广泛使用的从学前到八年级的有效课堂纪律管理	9787515355986	39.90
如何在课堂中使用布卢姆教育目标分类法	9787515355658	39.00
如何在课堂上使用学习评估	9787515355597	39.00
7天建立行之有效的课堂管理系统：以学生为中心的分层式正面管教	9787515355269	29.90
积极课堂：如何更好地解决课堂纪律与学生的冲突	9787515354590	38.00
设计智慧课堂：培养学生一生受用的学习习惯与思维方式	9787515352770	39.00
追求学习结果的88个经典教学设计：轻松打造学生积极参与的互动课堂	9787515353524	39.00
从备课开始的100个课堂活动设计：创造积极课堂环境和学习乐趣的教师工具包	9787515353432	33.80
老师怎么教，学生才能记得住	9787515353067	48.00
多维互动式课堂管理：50个行之有效的方法助你事半功倍	9787515353395	39.80
智能课堂设计清单：帮助教师建立一套规范程序和做事方法	9787515352985	49.90
提升学生小组合作学习的56个策略：让学生变得专注、自信、会学习	9787515352954	29.90
快速处理学生行为问题的52个方法：让学生变得自律、专注、爱学习	9787515352428	39.00
王牌教学法：罗恩·克拉克学校的创意课堂	9787515352145	39.80
让学生快速融入课堂的88个趣味游戏：让上课变得新颖、紧凑、有成效	9787515351889	39.00
★ 如何调动与激励学生：唤醒每个内在学习者（李希贵校长推荐全校教师研读）	9787515350448	39.80
合作学习技能35课：培养学生的协作能力和未来竞争力	9787515340524	59.00
基于课程标准的STEM教学设计：有趣有料有效的STEM跨学科培养教学方案	9787515349879	68.00
如何设计教学细节：好课堂是设计出来的	9787515349152	39.00

书名	书号	定价
15秒课堂管理法：让上课变得有料、有趣、有秩序	9787515348490	49.00
混合式教学：技术工具辅助教学实操手册	9787515347073	39.80
从备课开始的50个创意教学法	9787515346618	39.00
给小学教师的100个简单的科学实验创意	9787515342481	39.00
老师如何提问，学生才会思考	9787515341217	49.00
教师如何提高学生小组合作学习效率	9787515340340	39.00
卓越教师的200条教学策略	9787515340401	49.90
中小学生执行力训练手册：教出高效、专注、有自信的学生	9787515335384	49.90
从课堂开始的创客教育：培养每一位学生的创造能力	9787515342047	33.00
提高学生学习专注力的8个方法：打造深度学习课堂	9787515333557	35.00
改善学生学习态度的58个建议	9787515324067	36.00
★ 全脑教学（中国教育新闻网2015年度"影响教师的100本书"）	9787515323169	38.00
全脑教学与成长型思维教学：提高学生学习力的92个课堂游戏	9787515349466	39.00
★ 哈佛大学教育学院思维训练课：让学生学会思考的20个方法	9787515325101	59.90
完美结束一堂课的35个好创意	9787515325163	28.00
如何更好地教学：优秀教师一定要知道的事	9787515324609	49.90
带着目的教与学	9787515323978	39.90
★ 美国中小学生社会技能课程与活动（学前阶段/1~3年级/4~6年级/7~12年级）	9787515322537等	215.70
彻底走出教学误区：开启轻松智能课堂管理的45个方法	9787515322285	28.00
破解问题学生的行为密码：如何教好焦虑、逆反、孤僻、暴躁、早熟的学生	9787515322292	36.00
13个教学难题解决手册	9787515320502	28.00
★ 让学生爱上学习的165个课堂游戏	9787515319032	59.00
美国学生游戏与素质训练手册：培养孩子合作、自尊、沟通、情商的103种教育游戏	9787515325156	49.00
老师怎么说，学生才会听	9787515312057	39.00
快乐教学：如何让学生积极与你互动（中国教育新闻网2010年度"影响教师的100本书"）	9787500696087	29.00
★ 老师怎么教，学生才会提问	9787515317410	29.00
★ 快速改善课堂纪律的75个方法	9787515313665	39.90
★ 教学可以很简单：高效能教师轻松教学7法	9787515314457	39.00
★ 好老师可以避免的20个课堂错误（中国教育新闻网2010年度"影响教师的100本书"）	9787500688785	39.90
★ 好老师应对课堂挑战的25个方法（《给教师的101条建议》作者新书）	9787500699378	25.00
★ 好老师激励后进生的21个课堂技巧	9787515311838	39.80
★ 开始和结束一堂课的50个好创意	9787515312071	29.80
好老师因材施教的12个方法（美国著名教师伊莉莎白"好老师"三部曲）	9787500694847	22.00
★ 如何打造高效能课堂	9787500680666	29.00
合理有据的教师评价：课堂评估衡量学生进步	9787515330815	29.00
班主任工作/德育		
30年班主任，我没干够（《凭什么让学生服你》姊妹篇）	9787515370569	59.00
★ 北京四中8班的教育奇迹	9787515321608	36.00
★ 师德教育培训手册	9787515326627	29.80
★ 好老师征服后进生的14堂课（美国著名教师伊莉莎白"好老师"三部曲）	9787500693819	39.90
优秀班主任的50条建议：师德教育感动读本（《中国教育报》专题推荐）	9787515305752	23.00
学校管理/校长领导力		
改造一所学校的设计新方案	9787515373737	69.90
★ 哈佛大学教育学院学校创新管理课	9787515369389	59.90
如何构建积极型学校	9787515368818	49.90
卓越课堂的50个关键问题	9787515366678	39.00
如何培育卓越教师：给学校管理者的行动清单	9787515357034	39.00
★ 学校管理最重要的48件事	9787515361055	39.80
重新设计学习和教学空间：设计利于活动、游戏、学习、创造的学习环境	9787515360447	49.90
重新设计一所好学校：简单、合理、多样化地解构和重塑现有学习空间和学校环境	9787515356129	49.00
学校管理者平衡时间和精力的21个方法	9787515349886	29.90
校长引导中层和教师思考的50个问题	9787515349176	29.00
如何定义、评估和改变学校文化	9787515340371	49.90

书名	书号	定价
优秀校长一定要做的18件事（中国教育新闻网2009年度"影响教师的100本书"）	9787515342733	39.90
学科教学/教科研		
精读三国演义20讲：读写与思辨能力提升之道	9787515369785	59.90
中学古文观止50讲：文言文阅读能力提升之道	9787515366555	59.90
完美英语备课法：用更短时间和更少材料让学生高度参与的100个课堂游戏	9787515366524	49.00
人大附中整本书阅读取胜之道：让阅读与作文双赢	9787515364636	59.90
北京四中语文课：千古文章	9787515360973	59.00
北京四中语文课：亲近经典	9787515360980	59.00
从备课开始的56个英语创意教学：快速从小白老师到名师高手	9787515359878	49.90
美国学生写作技能训练	9787515355979	39.90
《道德经》妙解、导读与分享（诵读版）	9787515351407	49.00
京沪穗江浙名校名师联手教你：如何写好中考作文	9787515356570	49.90
京沪穗江浙名校名师联手授课：如何写好高考作文	9787515356686	49.80
★ 人大附中中考作文取胜之道	9787515345567	59.90
★ 人大附中高考作文取胜之道	9787515320694	49.90
★ 人大附中学生这样学语文：走近经典名著	9787515328959	49.90
四界语文（《中国教育报》2017年度"教师喜爱的100本书"）	9787515348483	49.00
让小学一年级孩子爱上阅读的40个方法	9787515307589	39.90
让学生爱上数学的48个游戏	9787515326207	26.00
轻松100课教会孩子阅读英文	9787515338781	88.00
情商教育/心理咨询		
如何防止校园霸凌：帮助孩子自信、有韧性和坚强成长的实用工具	9787515370156	59.90
连接课：与中小学学科课程并重的一门课	9787515370613	49.90
给大人的关于儿童青少年情绪与行为问题的应对指南	9787515366418	89.90
教师焦点解决方案：运用焦点解决方案管理学生情绪与行为	9787515369471	49.90
9节课，教你读懂孩子：妙解亲子教育、青春期教育、隔代教育难题	9787515351056	39.80
★ 学生版盖洛普优势识别器（独一无二的优势测量工具）	9787515350387	169.00
与孩子好好说话（获"美国国家育儿出版物（NAPPA）金奖"）	9787515350370	39.80
中小学心理教师的10项修炼	9787515309347	36.00
★ 别和青春期的孩子较劲（增订版）（中国教育新闻网2009年度"影响教师的100本书"）	9787515343075	39.90
★ 100条让孩子胜出的社交规则	9787515327648	28.00
守护孩子安全一定要知道的17个方法	9787515326405	32.00
幼儿园/学前教育		
幼儿园室内区域活动书：107个有趣的学习游戏活动	9787515369778	59.90
幼儿园户外区域活动书：106个有趣的学习游戏活动	9787515369761	59.90
中挪学前教育合作式学习：经验·对话·反思	9787515364858	79.00
幼小衔接听读能力课	9787515364643	33.00
用蒙台梭利教育法开启0~6岁男孩潜能	9787515361222	45.00
德国幼儿的自我表达课：不是孩子爱闹情绪，是她/他想说却不会说！	9787515359458	59.00
德国幼儿教育成功的秘密：近距离体验德国学前教育理念与幼儿园日常活动安排	9787515359465	49.80
美国儿童自然拼读启蒙课：至关重要的早期阅读训练系统	9787515351933	49.80
幼儿园30个大主题活动精选：让工作更轻松的整合技巧	9787515339627	39.80
★ 美国幼儿教育活动大百科：儿童学习与发展指南用书 科学/艺术/健康与语言/社会	9787515324265等	600.00
蒙台梭利儿童教育手册：3~6岁儿童学习与发展指南（实践版）	9787515307664	33.00
★ 自由地学习：华德福的幼儿园教育	9787515328300	49.90
教育主张/教育视野		
为问题提出而教：支持学生从问题走向问题解决的学习模型	9787515372716	59.90
重新定义教育：为核心素养而教，为生存能力而学（中国教育新闻网2023年度"影响教师的100本书"）	9787515369945	59.90
重新定义学习：如何设计未来学校与引领未来学习	9787515367484	49.90
教育新思维：帮助孩子达成目标的实战教学法	9787515365848	49.00
用心学习：教育大师托尼·瓦格纳的学习之道（中国教育新闻网2023年度"影响教师的100本书"）	9787515366685	59.90

书名	书号	定价
为什么学生不喜欢上学？：认知心理学家解开大脑学习的运作结构，如何更有效地学习与思考（中国教育新闻网2023年度"影响教师的100本书"）	9787515367088	59.90
★ 教学是如何发生的：关于教学与教师效能的开创性研究及其实践意义	9787515370323	59.90
★ 学习是如何发生的：教育心理学中的开创性研究及其实践意义	9787515366531	59.90
父母不应该错过的犹太人育儿法	9787515365688	59.00
如何在线教学：教师在智能教育新形态下的生存与发展	9787515365855	49.00
正向养育：黑幼龙的慢养哲学	9787515365671	39.90
颠覆教育的人：蒙台梭利传	9787515365572	59.90
如何科学地帮助孩子学习：每个父母都应知道的77项教育知识	9787515368092	59.00
学习的科学：每位教师都应知道的99项教育研究成果（升级版）	9787515368078	59.90
学习的科学：每位教师都应知道的77项教育研究成果	9787515364094	59.00
真实性学习：如何设计体验式、情境式、主动式的学习课堂	9787515363769	49.00
哈佛前1%的秘密（俞敏洪、姚甲、姚梅林、张梅玲推荐）	9787515363349	59.90
基于七个习惯的自我领导力教育设计：让学校育人更有道，让学生自育更有根	9787515362809	69.00
终身学习：让学生在未来拥有不可替代的决胜力	9787515360560	49.90
颠覆性思维：为什么我们的阅读方式很重要	9787515360393	39.90
如何教学生阅读与思考：每位教师都需要的阅读训练手册	9787515359472	39.00
成长型教师：如何持续提升教师成长力、影响力与教育力	9787515368689	48.00
教出阅读力	9787515352800	39.90
为学生赋能：当学生自己掌控学习时，会发生什么	9787515352848	33.00
★ 如何用设计思维创意教学：风靡全球的创造力培养方法	9787515352367	39.80
如何发现孩子：实践蒙台梭利解放天性的趣味游戏	9787515325750	32.00
如何学习：用更短的时间达到更佳效果和更好成绩	9787515349084	49.00
教师和家长共同培养卓越学生的10个策略	9787515331355	27.00
★ 如何阅读：一个已被证实的低投入高回报的学习方法	9787515346847	39.00
★ 芬兰教育全球第一的秘密（钻石版）（《中国教育报》等主流媒体专题推荐）	9787515359922	59.00
培养终身学习能力和习惯的芬兰教育：成就每一个学生，拥有适应未来的核心素养和必备技能	9787515370415	59.00
★ 杰出青少年的7个习惯（精英版）	9787515342672	39.00
杰出青少年的7个习惯（成长版）	9787515335155	29.00
★ 杰出青少年的6个决定（领袖版）（全国优秀出版物奖）	9787515342658	49.90
★ 7个习惯教出优秀学生（第2版）（全球畅销书《高效能人士的七个习惯》教师版）	9787515342573	39.90
学习的科学：如何学习得更好更快（中国教育新闻网2016年度"影响教师的100本书"）	9787515341767	39.80
杰出青少年构建内心世界的5个坐标（中国青少年成长公开课）	9787515314952	59.00
★ 跳出教育的盒子（第2版）（美国中小学教学经典畅销书）	9787515344676	35.00
夏烈教授给高中生的19场讲座	9787515318813	29.90
★ 学习之道：美国公认经典学习书	9787515342641	39.00
★ 翻转学习：如何更好地实践翻转课堂与慕课教学（中国教育新闻网2015年度"影响教师的100本书"）	9787515334837	32.00
翻转课堂与慕课教学：一场正在到来的教育变革	9787515328232	26.00
翻转课堂与混合式教学：互联网+时代，教育变革的最佳解决方案	9787515349022	29.80
翻转课堂与深度学习：人工智能时代，以学生为中心的智慧教学	9787515351582	29.80
★ 奇迹学校：震撼美国教育界的教学传奇（中国教育新闻网2015年度"影响教师的100本书"）	9787515327044	36.00
学校是一段旅程：华德福教师1~8年级教学手记	9787515327945	49.00
★ 高效能人士的七个习惯（30周年纪念版）（全球畅销书）	9787515360430	79.00

您可以通过如下途径购买：
1. 书　　店：各地新华书店、教育书店。
2. 网上书店：当当网（www.dangdang.com）、天猫（zqwts.tmall.com）、京东网（www.jd.com）。
3. 团　　购：各地教育部门、学校、教师培训机构、图书馆团购，可享受特别优惠。
　购书热线：010-65511272 / 65516873

如何成为高效能教师

作者：（美）黄绍裘　黄露丝玛丽
定价：89.00元

- ○ 美国教师培训经典
- ○ 一套完整的高效能教师培训系统和教师核心素养提升解决方案
- ○ 全球销量超400万册
- ○ 超值赠送60分钟美国专业、受欢迎的网络教学视频
- ○ 200页网络版主题教学拓展资源

卓越课堂管理

作者：（美）黄绍裘　黄露丝玛丽
定价：88.00元

- ○ 获中国教育新闻网2015年度"影响教师的100本书"奖
- ○ 获2016年第25届上海市中小学、幼儿园"优秀图书"奖
- ○ 一套高效管理课堂的完整体系，为广大教师提供50种有效的课堂管理方案
- ○ 并示范高效能教师的6套开学管理计划，让学生通过严格执行50种教育程序获得成功。

T. E. T. 教师效能训练

一个已被证明能让所有年龄学生做到最好的培训项目（30周年纪念版）

教师培训、学校团购热门图书

著者：（美）托马斯·戈登
ISBN：9787515332284
定价：49.00元
出版社：中国青年出版社

◆ T.E.T. 教师效能训练，各国教育家口碑相传的革命性教师培训课程。50年来，遍及全美及世界27个国家，全球千万名教师受惠于此套方法。

◆ 课程的设计者托马斯·戈登博士，前美国白宫儿童顾问，连续3次获诺贝尔和平奖提名，被誉为"沟通之父"。他创建的"戈登方法"，闻名全球，畅销书《如何说孩子才会听，怎么听孩子才肯说》理念的精髓即来自此方法。

◆ 本书的神奇魔力：快速建立优质师生关系，高效改善学生课堂表现，显著提高教师效能。

◆ 这本教育经典著作中的"戈登方法"，这套引起全美父母与教师效能运动的方法，适用于当今每个课堂。

内容简介

T. E. T. 教师效能训练课程由美国著名心理学家托马斯·戈登博士于1965年创建，旨在向教师传授如何建立有效的师生关系，帮助学生做到最好。该课程被美国公、私立学校广泛采用，参加培训的包括幼儿园、中小学教师与校长，全美有数百万教师在大学或在职学习过这一课程。该课程现已发展成全球性的教师培训课程。

本书的技能与方法正是来自这一课程，通过让教师在课堂上运用一系列有效的沟通技巧与冲突解决方法，帮助其获得高质量的师生关系，从而减少课堂冲突与纪律问题，提升课堂时间的质量，提高学生的学习主动性、专注力、自控力、学习效率以及课堂教学的参与度，最终实现教师的高效能与学生的成长与发展。

通过本书，教师将学会：

如何说，学生才会听；怎么听，学生才肯说；

让学生就教学内容展开高效讨论；

知道自己发怒的原因，以及怎样采取不同的态度；

有效处理学生抵触情绪；

处理师生之间、学生之间的冲突，且不伤害学生自尊；

……